高等学校交通运输与工程类专业教材建设委员会规划教材

Fundamentals of Microscopic Traffic Simulation
微观交通仿真基础

张国强　主　编
王园园　王　涛　杨海飞　副主编
任　刚　主　审

人民交通出版社股份有限公司
China Communications Press Co.,Ltd.

内 容 提 要

交通仿真是将数学模型通过计算机算法和程序实现来模拟和重现道路交通流的时间空间运行变化特征的技术方法。本教材以 PTV VISSIM 微观交通仿真软件 6.0 版本为基础，介绍了微观交通仿真的基本原理，详细地描述 VISSIM 仿真软件各个关键要素的多种操作方法及注意事项，并在此基础上以具体详实的案例系统地讲述各种道路交通系统仿真模型的构建方法和构建过程，具有很强的可读性。

本教材共十七章，主要内容包括：绪论、VISSIM 软件基本设置、路段与连接器、速度和通行权的管理与控制仿真、公交和停车仿真、车辆仿真、行人仿真、仿真评估、仿真参数标定、T 形平面交叉口、公路十字形平面交叉口、城市道路十字形平面交叉口、环形交叉口、立体交叉口、公共交通、交通流时空分析、交通冲突分析。

本教材可作为交通工程类专业学生的学习教材，也可供从事交通仿真的工程技术人员参考使用。

图书在版编目（CIP）数据

微观交通仿真基础 / 张国强主编. —北京：人民交通出版社股份有限公司, 2017.7
ISBN 978-7-114-13922-2

Ⅰ. ①微… Ⅱ. ①张… Ⅲ. ①交通系统—系统仿真 Ⅳ. ①U491.2-39

中国版本图书馆 CIP 数据核字（2017）第 133973 号

Weiguan Jiaotong Fangzhen Jichu

书　　名：微观交通仿真基础
著　作　者：张国强
责任编辑：肖　鹏　李　晴
出版发行：人民交通出版社股份有限公司
地　　址：(100011)北京市朝阳区安定门外外馆斜街 3 号
网　　址：http://www.ccpcl.com.cn
销售电话：(010)59757973
总 经 销：人民交通出版社股份有限公司发行部
经　　销：各地新华书店
印　　刷：北京印匠彩色印刷有限公司
开　　本：787×1092　1/16
印　　张：17.5
字　　数：425 千
版　　次：2017 年 7 月　第 1 版
印　　次：2022 年 12 月　第 3 次印刷
书　　号：ISBN 978-7-114-13922-2
定　　价：35.00 元

(有印刷、装订质量问题的图书，由本公司负责调换)

高等学校交通运输与工程类专业（道路、桥梁、隧道与交通工程）教材建设委员会

主 任 委 员：沙爱民　（长安大学）

副主任委员：梁乃兴　（重庆交通大学）
　　　　　　　陈艾荣　（同济大学）
　　　　　　　徐　岳　（长安大学）
　　　　　　　黄晓明　（东南大学）
　　　　　　　韩　敏　（人民交通出版社股份有限公司）

委　　　员：（按姓氏笔画排序）

马松林	（哈尔滨工业大学）	王云鹏	（北京航空航天大学）
石　京	（清华大学）	申爱琴	（长安大学）
朱合华	（同济大学）	任伟新	（合肥工业大学）
向中富	（重庆交通大学）	刘　扬	（长沙理工大学）
刘朝晖	（长沙理工大学）	刘寒冰	（吉林大学）
关宏志	（北京工业大学）	李亚东	（西南交通大学）
杨晓光	（同济大学）	吴瑞麟	（华中科技大学）
何　民	（昆明理工大学）	何东坡	（东北林业大学）
张顶立	（北京交通大学）	张金喜	（北京工业大学）
陈　红	（长安大学）	陈　峻	（东南大学）
陈宝春	（福州大学）	陈静云	（大连理工大学）
邵旭东	（湖南大学）	项贻强	（浙江大学）
胡志坚	（武汉理工大学）	郭忠印	（同济大学）
黄　侨	（东南大学）	黄立葵	（湖南大学）
黄亚新	（解放军理工大学）	符锌砂	（华南理工大学）
葛耀君	（同济大学）	裴玉龙	（东北林业大学）
戴公连	（中南大学）		

秘　书　长：孙　玺　（人民交通出版社股份有限公司）

前言
FOREWORD

交通仿真是采用计算机数字模型来反映复杂交通现象的交通分析技术和方法,是再现交通流时间和空间变化的计算机模拟技术。它以相似原理、信息技术、系统工程和交通工程领域的基本理论和专业技术为基础,以计算机为主要工具,利用系统仿真模型模拟交通系统的运行状态,采用数字方式或图形方式来描述动态交通系统,具有安全性、可重复性、易用性、可控制性和可拓展性等特点,对于交通规划、交通设计、交通管理与控制的工程实践具有重要的实用价值,能有效支持交通领域的科学研究。

针对微观交通仿真的复杂性,以及 VISSIM 仿真软件出现的更新和调整,本教材体现以下特色:

1. 由浅入深地介绍微观交通仿真的基本原理和 VISSIM 仿真软件的操作方法,并在此基础上以具体详实的案例系统地讲述典型道路交通系统仿真模型的构建方法和构建过程,提升教材的可读性。

2. 重视微观交通仿真技术的工程应用,从微观的软件操作细节到宏观的模型设计都进行了详细的解释和描述,使读者能够全面系统地掌握微观交通仿真技术,关注微观交通仿真的模型与理论,同时系统地介绍了 VISSIM 软件的主要模型及参数标定方法。

3. 将系统分析、方案设计和交通仿真融合为一体,全面培养读者综合能力,在巩固和掌握微观交通仿真操作方法的同时,巩固和加深对交通设计、交通管理与控制和交通流理论等相关理论知识的理解和掌握。

4. 以高版本的 VISSIM 6.0 为对象,更好地响应了 VISSIM 仿真软件的界面和结构的重大变化及调整,使得读者能够更好地适应VISSIM软件的发展趋势。

5.适用"应用型本科"对于实践教学的要求,可以支持面向交通工程实践的各类工程应用;同时,还适用"研究型本科"对于科学研究的要求,可以支持面向研究项目的交通虚拟仿真实验。

本书共分为十七章。其中,第1章和第2章介绍了微观交通仿真的原理以及软件的基本功能与操作,第3章至第9章分别就微观交通仿真的各个关键要素展开了系统、详实的讲解与说明。第10章至第17章以一些特定的交通系统为例,说明仿真模型的构建、运行与分析,并引导读者对相关的专业知识进行复习。

本教材由东南大学、同济大学、桂林电子科技大学和河海大学的中青年学者共同完成。由任刚担任主审,编著者为张国强、王园园、王涛、杨海飞,曲栩和杨帆。主要分工如下:

第3章、第4章、第10章、第11章、第12章、第13章、第14章:张国强(东南大学)

第1章、第2章、第7章、第16章、第17章:王园园(同济大学)

第5章、8章、第15章:王涛(桂林电子科技大学)

第6章:杨海飞(河海大学)

第9章:曲栩 杨帆(东南大学)

本教材得到了江苏高校品牌专业建设工程项目(交通工程专业PPZY2015B148)的资助,在此表示衷心的感谢!

限于水平,书中难免有疏漏及不足之处,敬请读者批评指正。

编 者
2017年7月

目录 CONTENTS

第1章 绪论	1
1.1 交通仿真概述	1
1.2 VISSIM 交通仿真流程和理论模型简介	2
1.3 交通仿真的应用示例	4
第2章 VISSIM 软件基本设置	8
2.1 VISSIM 软件的开发和应用	8
2.2 VISSIM 软件界面介绍	9
2.3 全局参数设置	14
2.4 路网对象窗口	16
2.5 列表窗口	17
2.6 入门操作案例	18
2.7 几个重要概念	23
第3章 路段与连接器	26
3.1 直线路段	26
3.2 曲线路段	31
3.3 坡道路段	34
3.4 自行车道和人行横道	36
3.5 连接器	38
第4章 速度和通行权的管理与控制仿真	43
4.1 车速管理仿真	43
4.2 让行管理仿真	51
4.3 信号控制仿真	61
第5章 公交和停车仿真	71
5.1 直线式公交站点及线路	71
5.2 公交专用道路及港湾式公交站	74
5.3 停车场仿真	76

第6章 车辆仿真 ··· 83
- 6.1 车辆2D和3D模型 ··· 83
- 6.2 车辆参数与交通组成 ··· 88
- 6.3 车辆输入 ··· 101
- 6.4 车辆路径 ··· 102

第7章 行人仿真 ··· 106
- 7.1 行人2D和3D模型 ··· 107
- 7.2 行人类型、类别和行走行为 ··· 111
- 7.3 行人设施 ··· 114
- 7.4 行人输入 ··· 120
- 7.5 行人路径 ··· 121
- 7.6 行人仿真 ··· 122

第8章 仿真评估 ··· 124
- 8.1 节点评估 ··· 124
- 8.2 数据采集点 ··· 126
- 8.3 车辆出行时间 ··· 127
- 8.4 排队计数器 ··· 129

第9章 仿真参数标定 ··· 130
- 9.1 主要驾驶行为参数介绍 ··· 131
- 9.2 主要行人行为参数介绍 ··· 132
- 9.3 参数标定流程 ··· 135
- 9.4 校正指标选择 ··· 136
- 9.5 校正参数敏感性分析 ··· 137
- 9.6 校正算法的选取 ··· 138
- 9.7 基于SPSA算法的VISSIM驾驶行为参数标定方法实例 ··· 139
- 参考文献 ··· 141

第10章 T形平面交叉口 ··· 142
- 10.1 基本情况 ··· 142
- 10.2 道路设施仿真 ··· 144
- 10.3 交通管理仿真 ··· 153
- 10.4 车辆和行人仿真 ··· 155
- 10.5 仿真评估 ··· 157

第11章 公路十字形平面交叉口 ··· 160
- 11.1 基本情况 ··· 160
- 11.2 道路设施仿真 ··· 163
- 11.3 交通管理与控制仿真 ··· 166
- 11.4 车辆仿真 ··· 169
- 11.5 仿真评估与优化 ··· 170
- 参考文献 ··· 173

第12章 城市道路十字形平面交叉口 ·········· 174
- 12.1 基本情况 ·········· 174
- 12.2 道路设施仿真 ·········· 179
- 12.3 交通管理与控制仿真 ·········· 189
- 12.4 车辆和行人仿真 ·········· 196
- 12.5 仿真评估 ·········· 200
- 参考文献 ·········· 204

第13章 环形交叉口 ·········· 205
- 13.1 基本情况 ·········· 205
- 13.2 道路设施仿真 ·········· 208
- 13.3 交通管理仿真 ·········· 214
- 13.4 机动车和行人仿真 ·········· 215
- 13.5 仿真评估 ·········· 218

第14章 立体交叉口 ·········· 221
- 14.1 基本情况 ·········· 221
- 14.2 道路设施仿真 ·········· 224
- 14.3 交通管理仿真 ·········· 227
- 14.4 车辆仿真 ·········· 228
- 14.5 仿真评估 ·········· 230

第15章 公共交通 ·········· 234
- 15.1 基本情况 ·········· 234
- 15.2 公交设施仿真 ·········· 237
- 15.3 仿真评估与优化 ·········· 239

第16章 交通流时空分析 ·········· 244
- 16.1 车辆时空轨迹数据分析 ·········· 244
- 16.2 路段时空数据分析 ·········· 251
- 16.3 瓶颈路段模拟 ·········· 258

第17章 交通冲突分析 ·········· 261
- 17.1 基本模型建立 ·········· 261
- 17.2 冲突数据获取 ·········· 263
- 17.3 冲突数据分析 ·········· 263

第 1 章
绪论

1.1 交通仿真概述

1.1.1 计算机仿真

随着计算机软硬件的发展,计算机仿真在工程界被广泛使用。计算机仿真逐渐成为一门对模型和场景进行动态实验的综合性技术,其具有高效、安全和受环境约束小的特点,并且时间尺度和空间尺度都有较大的灵活性,以及较低成本和可重复性等优点。计算机仿真已经成为很多行业在设计、分析、评价以及培训等系统中的重要工具。

1.1.2 计算机交通仿真

计算机交通仿真是将数学模型通过计算机算法和程序实现来模拟和重现道路交通流的时间、空间运行变化特征的技术方法。交通仿真软件提升了交通仿真的计算机方法应用,逐渐成为交通工程和其他相关领域的重要工具。

从仿真对象的规模和仿真分辨率角度,目前的交通仿真可以分为宏观、中观和微观三个层次。宏观交通仿真一般是指一个区域或者一个城市交通网络层面的交通需求和交通流量分析,反映的是交通走廊或者重要节点的整体运行状态或者流量;微观层面的交通仿真以交通参与的每个交通元素个体(例如车辆、行人或者信号灯)的行为作为模拟对象,通过对各个个体行为的模拟来体现交通设施的运行状况,对设施和方案进行评价分析。中观仿真介于宏观和微观之间,能够反映一定区域范围内的路径选择情况,同时对交通流的分析一般能体现车队整体动态的排队消散过程,但不能像微观仿真一样细化到每辆车。如无特殊说明,本教材后述的交通仿真均属于微观仿真。

1.1.3 微观交通仿真软件 PTV VISSIM

本教材介绍的 PTV VISSIM 微观交通仿真软件由德国 PTV 集团开发,目前在全球得到广泛使用,在微观交通仿真软件领域市场占有率最大,截止到本教材出版,PTV VISSIM 的软件版本已经发展到9.0,本教材以6.0版本为基础。该软件主要包含四个核心功能模块:

(1) 路网模块,反映道路和轨道交通基础设施;

(2) 交通模块,反映路网上的车辆移动;

(3) 控制模块,反映车辆由于冲突而采取的行为;

(4) 输出模块,得到各个仿真的运行结果。

各个模块之间的关系结构如图 1-1-1 所示。

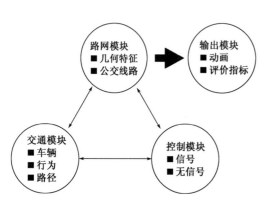

图 1-1-1 VISSIM 交通仿真软件的模块构成

1.2 VISSIM 交通仿真流程和理论模型简介

1.2.1 PTV VISSIM 微观交通仿真流程

PTV VISSIM 中的机动车仿真模型所需的输入数据类型可以归纳为四种,即:车辆通行环境(例如车道数、交通控制、限速等);驾驶员行为(例如期望速度、可接受的安全间距、跟车行为特征、变道行为特征等);车辆性能特性(例如加减速度能力、车身长度等);需求产生特性(例如车辆组成、交通流量、路径比例等)。通过这四种类型数据的输入,根据不同的使用目的,经过交通仿真模型计算,可以对已有的或者未来的道路交通进行模拟仿真,交通仿真流程如图 1-2-1 所示。

1.2.2 跟车模型

PTV VISSIM 机动车仿真的核心模型是威德曼(Wiedemann)于1974年建立的生理—心理驾驶行为模型。考虑关于驾驶员察觉能力的生理限制以及心理方面的问题,所以将这种模型称之为生理—心理跟车模型。

该模型的基本原理是,后车驾驶员根据其所驾驶车辆与前车的距离以及当前速度来确定采取的行为策略,当后车驾驶员与前车距离小于其当前速度下的心理安全距离时,后车驾驶员开始减速,当减速到使后车速度低于前车速度时,后车与前车的距离增加,直到这个距离大于后车驾驶员在当前速度下的安全距离时,后车驾驶员开始缓慢加速,直至速度大于前车,与前车的距离又小于当前速度下的心理安全距离,如此周而复始,形成一个加减速不断循环的过程。除有新的行为需求之外,比如超车、改变路径或者交通控制条件变化,后车与前车的距离差和速度差保持在一定的范围内摆动。

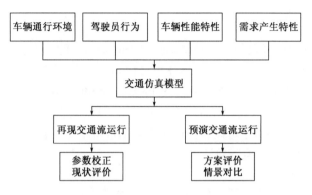

图 1-2-1　交通仿真流程

关于驾驶行为的详细说明和参数定义在后续章节中将详细说明。

1.2.3　横向变道模型

PTV VISSIM 中的横向变道行为分为两类:必要的变道和自由的变道。

必要的变道是由于车辆路径引起车辆需要通过变道到达下一个连接器的行为。自由的变道是由于车辆可以获得一个更高的速度或者更多的空间而进行的变道。

变道模型中车辆根据待变车道车辆的速度以及目标车道上后车的速度,通过两个速度计算变道的时间差,再根据车辆的加减速度特性考虑是否进行变道。具体的模型可以参考 PTV VISSIM 说明书。

1.2.4　行人社会力模型

PTV VISSIM 里的行人仿真可以分为两种,一种可以理解为类似于车辆行为的行人仿真模型,也就是使用 Wiedemann 模型模拟行人。如果根据 Wiedemann 模型行人作为车辆类型建模,那么行人将不能在空间各个方向自由移动,只能沿着用户自定义路段像车辆一样朝一个方向移动,一般用于模拟简单的行人过街。另一个是根据 Helbing 和 Molnár 在 1995 年发表的研究成果而开发的社会力模型,行人可以自由地在两个空间维度内自由移动,不能预定义其轨迹,只能通过模型计算。因此,对于行人来说,这种仿真方法灵活、详细、可实现。

社会力模型的基本原则与牛顿力学类似,使用力作为行人移动原因建模。社会、心理和生理力会产生合力,包括最终导致加速度的纯物理参数。这些力源于行人为了实现目标的期望,但是受其他行人和周围障碍物影响。图 1-2-2 为行人社会力模型原理图。

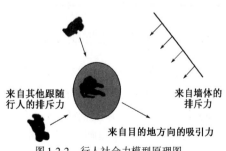

图 1-2-2　行人社会力模型原理图

1.3 交通仿真的应用示例

1.3.1 交叉口评价

VISSIM 在仿真过程中可以记录下每辆车在每个时间步长的状态,包括速度、位置、加减速状态等,也就是说,通过对这些数据的统计分析可以得到几乎所有的交通工程需要的评价指标,例如停车次数、平均延误、平均速度、排队长度等。VISSIM 中也提供了很多检测评价工具,例如排队检测器、车道数据检测器、行程时间检测器等,这些会在第 8 章仿真评估中进行介绍。对于常规的平面交叉口,VISSIM 可以直接对仿真数据进行汇总,得到交叉口的各项运行指标。图 1-3-1 是某城市的一个信号控制交叉口的仿真。

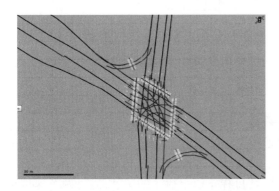

图 1-3-1 某城市一个信号控制交叉口的仿真

通过 VISSIM 建模和仿真分析得到该交叉口机动车通行的主要评价指标,具体见表 1-3-1。

某城市信号控制交叉口部分仿真结果　　　　表 1-3-1

项　目	西进口	南进口	东进口	北进口	整个交叉口
车均延误(s)	32.5	12.6	20.0	15.8	17.6
车均停车次数(次)	1.00	0.61	0.57	0.33	0.63
平均排队长度(m)	24.3	3.0	9.0	7.5	8.3
最大排队长度(m)	130.5	46.3	55.9	35.3	130.5

1.3.2 信号感应控制测试

道路交通除了固定信号配时的控制方法,在很多情况下信号控制方案需要进行一定的实时动态变化。例如,公共交通信号优先控制,根据交通流量进行的信号方案实时调整和实时信号控制等。这些控制方案里涉及一定的逻辑算法和检测器布局设计,通过交通微观仿真,可以在项目实施前对设计控制方案进行位置功能检测、信号逻辑的效果检测以及潜在问题实验分析,以改进和优化控制方案。

图 1-3-2 是一个简单的有轨电车信号优先控制方案仿真画面,图 1-3-3 为与之对应的实时信号灯组、检测器实时状态以及逻辑流程。

图 1-3-2　有轨电车信号优先控制方案仿真画面

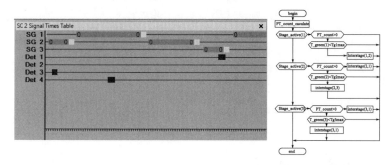

图 1-3-3　有轨电车信号优先控制信号灯组、检测器实时状态以及逻辑流程

该路口通过在有轨电车进入交叉口和离开交叉口相应位置布置感应器,通过逻辑编程设计交叉口控制方案,在有有轨电车到达时,通过相应的逻辑提前将主路有轨电车直行方向信号切换成绿灯,保证有轨电车不停车通过交叉口;在没有有轨电车被检测到状态下,该路口按常规的固定配时方案控制。

1.3.3　绿波协调

信号协调需要在信号周期长度相同或者有相同固定公约数的情况下,确定相邻交叉口的信号相位差,使得上游车队到达交叉口时能遇到绿灯,保证大部分车辆可以不停车通过,提高交叉口的控制效率。下面是一个绿波协调控制的案例对比,图 1-3-4 上下两个仿真路网的每个交叉口都具有相同的渠化和信号控制方案,下面的仿真路网中的信号控制方案的相位差被

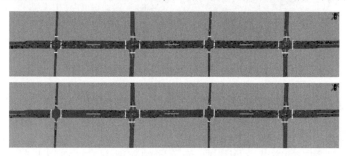

图 1-3-4　绿波协调前后道路运行状况仿真效果

调整优化过,如图 1-3-5 所示,图 1-3-5a)为优化前主路方向信号相位差方案,图 1-3-5b)为优化后方案。通过仿真测试可以调整相位差的大小,测试绿波控制效果,表 1-3-2 为绿波信号优化前后的仿真指标对比。

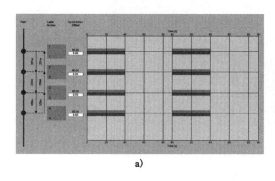 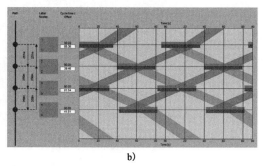

a) b)

图 1-3-5　信号优化前后干道方向绿灯相位差

绿波信号优化前后仿真指标对比　　　　表 1-3-2

项　　目	优化前	优化后	改善程度(%)
平均停车次数(次/车)	5.23	4.04	-23
行程速度(km/h)	12.48	15.14	21
通过车辆数(辆)	2801	2989	7
通过时间(s)	326.9	267.2	-18

1.3.4　高速公路收费口排队

收费站是高速公路系统的重要组成部分,也往往成为交通高峰期间高速公路系统的瓶颈,收费站的平面布局、收费口的数量、采用的收费形式等都是影响收费站通行能力的重要因素。对收费站的仿真可以综合考虑各种因素,对不同车流量、收费方式、管理方法进行多场景测试比较。图 1-3-6 为某高速公路收费站的交通仿真画面。

图 1-3-6　某高速公路收费站交通仿真

1.3.5　交通枢纽模拟评价

综合交通枢纽包含多种交通方式,例如轨道交通、道路机动车、出租车、公交系统、行人系统等。乘客需要在这些交通方式之间换乘,而不同的交通方式在空间上存在一定的冲突,通过交通仿真可以全面表达各个交通方式的运行情况及其之间的相互关系,以便对交通枢纽内部存在问题、可能的瓶颈等进行评估。图1-3-7为以某高铁站为中心的综合交通枢纽的交通仿真,包括市政道路交叉口,高铁站前广场的行人、出租车、公交场站以及长途汽车客运站等。

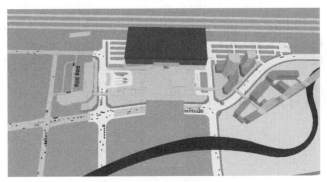

图1-3-7　以某高铁站为中心的综合交通枢纽交通仿真

第 2 章
VISSIM 软件基本设置

2.1 VISSIM 软件的开发和应用

VISSIM 交通仿真软件(又称 PTV VISSIM)诞生于 20 世纪 70~80 年代,在西门子公司的资助下产生了第一个商用版本,期间经历了两次较大的升级:第一次是在 5.3 版本后增加了基于社会力的行人仿真模块,第二次是在 6.0 版本之后更新了软件界面以及数据架构,并且随后开放了几乎所有路网元素的 COM 接口。图 2-1-1 为 VISSIM 软件的版本变化。

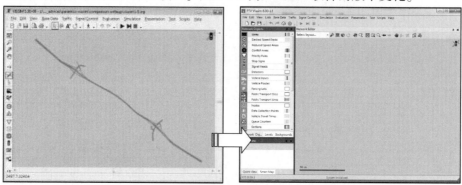

图 2-1-1　VISSIM 软件的版本变化

VISSIM 是一款多模式交通仿真软件,除应用在常规的道路和交叉口交通仿真外,还可以用于交通枢纽、轨道站点以及大型活动人流集散的仿真分析。此外,结合其 VISVAP/VAP 模块,可以进行公交信号优先、感应信号优化等实时信号控制的逻辑编辑和仿真测试。在进一步开放 COM 接口之后,VISSIM 还可以更为方便地应用于驾驶模拟场景的仿真以及无人驾驶环境的仿真等。

2.2 VISSIM 软件界面介绍

2.2.1 基本界面

VISSIM 在 6.0 版本之后界面发生较大改变(其在 2016 年的最新版本为 9.0,但界面与 6.0 版本区别不大),并且使用界面更为灵活,可以根据需要进行调整,也可以同一个项目工程的多个路网编辑器窗口在一台计算机的不同显示器上显示。VISSIM 软件最基本的界面显示如图 2-2-1 所示。

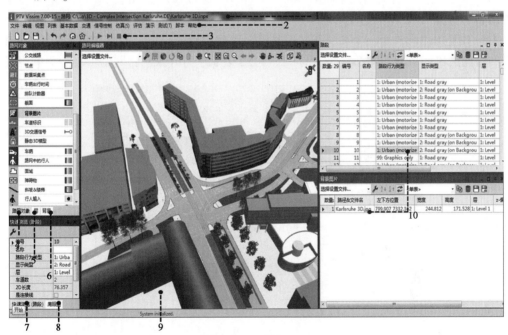

图 2-2-1 VISSIM 软件界面

与图 2-2-1 对应的各个部分分别介绍,具体见表 2-2-1。

VISSIM 软件界面功能　　　　　　　表 2-2-1

编号	名称	功能
1	标题栏	软件版本,当前文件路径
2	菜单栏	软件的主要功能菜单
3	工具栏	可以自由设置,默认包括文件新建、打开、保存、仿真等
4	路网对象	通过路网对象栏对当前路网编辑器中的路网进行可视化编辑和图形参数设置

续上表

编号	名称	功能
5	层控制	路网对象可以进行分层,通过层控制可以对不同层进行显示、隐藏、锁定等操作
6	背景	对仿真背景的图形文件进行编辑和控制
7	快速浏览	可以对在路网编辑器中选中的当前路网元素的属性进行显示
8	鹰眼图	可以在小窗口全局显示整个范围的路网,动态调整当前路网编辑器中的位置
9	路网编辑器	在二维下可以进行路网编辑、仿真测试,三维下可以进行仿真展示、录像录制等
10	列表	可以将仿真模型中的各种元素的信息通过列表的形式表现出来,部分数据也可以直接在列表里修改

2.2.2 界面大小和布局的调整

VISSIM 在 6.0 版本之后,界面窗口的各个部分可以根据用户的不同需求,进行大小和布局的调整。

VISSIM 里的窗口分为路网编辑器(network editor)窗口和列表(list)窗口。路网编辑器是实现编辑和仿真路网、车辆的图形显示窗口,可以通过菜单栏的"视图"—"打开新的路网编辑器"创建,并且可以同时对一个项目文件创建多个路网编辑器窗口,同时打开的多个路网编辑器内的路网元素的编辑新建都是同步的。图 2-2-2 表示了打开新的路网编辑器的菜单位置。

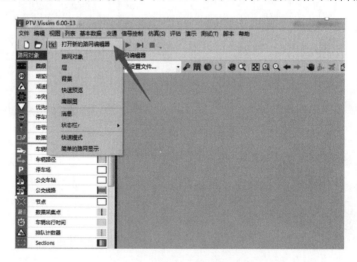

图 2-2-2 打开新的路网编辑器

"列表"可以对仿真模型里所有的元素属性通过表格的形式来进行展示和编辑,可以通过单击菜单栏中的"列表"进行相应的列表内容选择,图 2-2-3 展示了打开车辆类型列表的操作,图 2-2-4 为打开后的车辆类型列表。

下面介绍几个窗口大小和布局的调整方法。

(1) 调整窗口大小

窗口的大小调整可以通过将鼠标放到想调整的窗口边框处,待鼠标变形后按住鼠标左键拖动来实现。拖动的同时,相邻的窗口大小也会发生相应的变化。

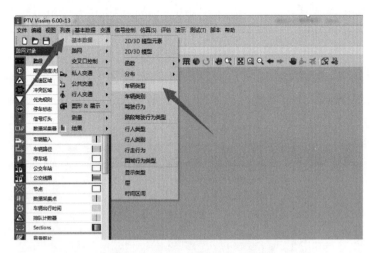

图 2-2-3　打开车辆类型列表的操作

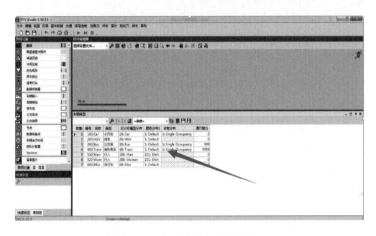

图 2-2-4　打开后的车辆类型列表

(2)窗口重叠

首先通过菜单栏的"查看"打开第二个路网编辑器窗口,得到如图 2-2-5 所示的界面,此时可以发现路网编辑器窗口的左下角有两个标签,分别是"路网编辑器"和"路网编辑器(2)"。

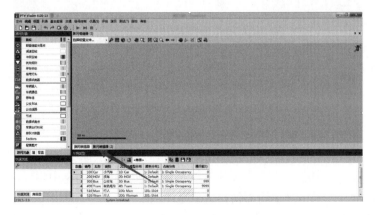

图 2-2-5　打开的两个路网编辑器界面

此时两个路网编辑器是在同一个窗口范围内重叠的,用鼠标左键单击两个标签中的一个,对应的路网编辑器就被前置到顶层并显示在屏幕上。可继续打开多个路网编辑器,进行同样的操作。

如果同时打开多个列表窗口,可以进行与路网编辑器的窗口重叠的类似操作。图 2-2-6 为继续打开一个期望速度分布列表后的界面,列表窗口左下方新增了一个期望速度列表的标签。

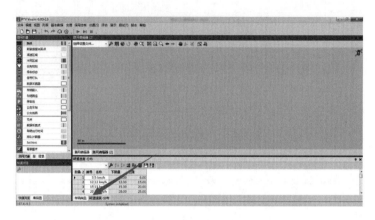

图 2-2-6　继续打开一个期望速度分布列表后的界面

(3) 重叠窗口分开

将鼠标放到有重叠的窗口左下角的任一标签,按住左键拖动,可以将标签对应的窗口单独拖动出来,成为独立的窗口。如果计算机连接多台显示设备(显示屏或投影),并且设置多屏显示,可以将该独立窗口拖动到另一个显示设备上。图 2-2-7 为拖动期望速度分布列表,将其从原先重叠的列表窗口中分开。

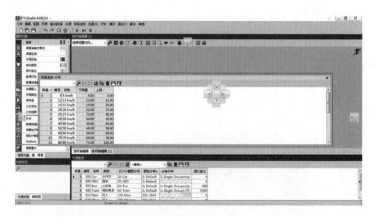

图 2-2-7　期望速度分布列表从原先的列表窗口中单独拖出

(4) 排列窗口

在窗口分开的操作中,当按住鼠标左键拖动窗口时,会在鼠标所在范围的背景窗口中出现一个包含上下左右以及中心的五个图标的窗口布局选项,如图 2-2-8 中虚线圆圈内所示,当前的期望速度分布窗口位于路网编辑器窗口背景范围内。

此时可以继续按住鼠标左键,将鼠标拖动到这五个图标中的任意一个,松开鼠标,可以形成窗口的不同排列。拖动到左侧图标表示该窗口将布局到背景窗口范围内的左半部分,同时背景窗口范围会被压缩至右半部分,如图2-2-9所示。

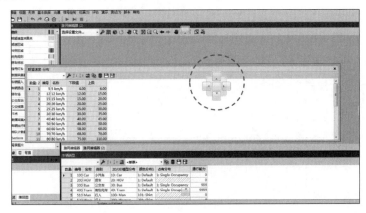

图2-2-8　窗口布局选项

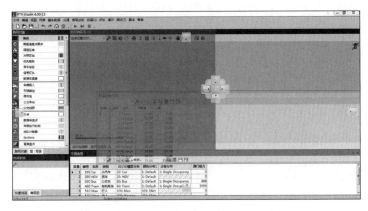

图2-2-9　布局到背景窗口左侧

同理,如果拖动到窗口布局选项的上方、下方或右侧三个图标后的排列为:将当前窗口布局到背景窗口范围的上方、下方或右侧一半的位置,同时相应压缩背景窗口的大小。

如果将当前窗口拖动到布局选项的中间位置,当前窗口会和背景窗口重叠,如图2-2-10所示。

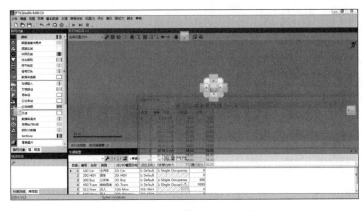

图2-2-10　布局到与背景窗口重叠

拖动过程中,在整个 VISSIM 界面的上下左右四条边中间点位置也会同步出现四个按钮,窗口布局的整体布局选项如图 2-2-11 中的虚线圆圈所示。

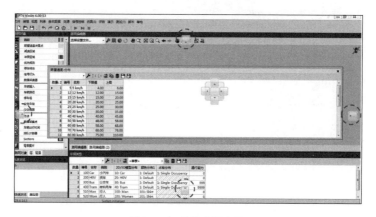

图 2-2-11　整体布局选项

此时可以继续按住鼠标左键,将鼠标拖动到这四个图标中的任意一个,松开鼠标,可以将当前窗口置于原先整个 VISSIM 界面窗口排列的一侧,同时对其他相邻的窗口进行相应压缩,图 2-2-12 为将期望速度分布窗口置于 VISSIM 整体界面的右侧。

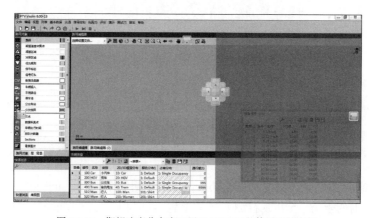

图 2-2-12　期望速度分布窗口置于 VISSIM 整体界面的右侧

2.3　全局参数设置

2.3.1　工具栏的设置

通过在工具栏右键选择自定义工具栏可以打开工具栏、命令和选项的匹配窗口,进行工具栏功能、快捷键以及其他个性化的设置,如图 2-3-1 所示。

2.3.2　用户设置

通过菜单栏的"编辑"—"用户设置"可以打开用户设置窗口,可以对 VISSIM 软件的图形用户接口以及工作环境进行调整,如图 2-3-2 所示。

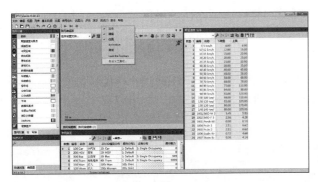 

图 2-3-1　打开工具栏、命令和选项匹配窗口

图形用户接口的调整内容包括语言、AVI 录制格式、路网编辑器的操作习惯、测试模式和列表显示。

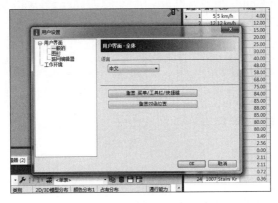

图 2-3-2　用户设置窗口

工作环境包括可撤销的操作次数以及自动保存规则。

2.3.3　层的设置

这里介绍层的设置,可以为后续编辑立体交通设施或者复杂交通设施时提供便利性,特别是在行人仿真中,由于行人设施很多情况下为立体设施,层的使用尤为必要。

层的设置通过单击菜单栏"基本数据"—"层"打开层列表。一般默认路网只有一个层,名称为"base",高度为 0.0。可以通过在层列表的空白处右键选择新建选项新建一个层,可以对新建的层进行命名及高度设置,如图 2-3-3 所示。

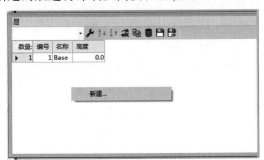 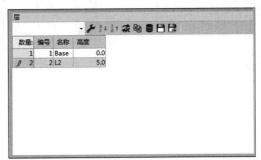

图 2-3-3　新建并编辑层

单击 VISSIM 窗口左侧的层控制，出现层控制窗口，可以通过对窗口中第一列的"眼睛"图标，单击选择对应层在当前图形编辑器窗口中是否显示。图 2-3-4a) 为所有层都显示，图 2-3-4b) 为关闭刚刚新建的 L2 层的显示。

将鼠标放到"眼睛"图标和层名中间，会出现一个"锁"的图标，通过对该图标的单击，可以选择对当前层进行编辑的锁定或解锁，如图 2-3-5 所示。第一行的图标可以对所有层进行统一操作。

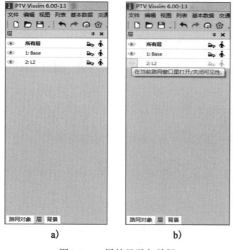

图 2-3-4　层的显示与关闭　　　　　　图 2-3-5　层的打开与锁定

2.4 路网对象窗口

如图 2-4-1 所示，路网窗口对象可以分为五列图标：

图 2-4-1　路网窗口对象的五列图标

第一列为路网元素对应的图标，可以通过单击该图标，打开或关闭这一路网元素类型在路网编辑器窗口的显示。

第二列为路网元素编辑锁定图标，位于图标和元素名称中间，当路网元素编辑没有被锁定时，该图标是隐藏的；当把鼠标放到路网元素图标和名称之间的时候该图标出现，单击图标，会将对应的路网元素编辑锁定，这一路网元素类型就不能被编辑了。

第三列为路网元素名称，通过单击路网元素名称，可以将该路网元素激活为当前编辑路网元素，在路网编辑器窗口中可以对该路网元素进行编辑。如果用鼠标右键单击路网元素名称，则可以对所有的路网元素进行编辑，也可以打开对应路网元素的列表。

第四列为路网元素标示，通过单击，可以打开和关闭路网编辑器中对应路网元素的文字标示。

第五列为路网元素图形编辑图标，单击图标，可以打开路网元素图形编辑菜单，对路网元素的显示进行设置。

2.5 列表窗口

单击菜单栏的"列表"项，可以打开列表菜单，菜单中包含了几乎所有的 VISSIM 路网元素，也就是说，可以通过列表对 VISSIM 中所有路网元素进行数据的展示和编辑。

单击菜单栏的"列表"—"路网"—"路段"，打开路段列表，位于路网编辑器下方，如图 2-5-1 所示。

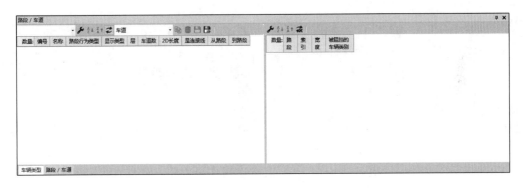

图 2-5-1　路段列表

该列表分为左右两部分，通过单击窗口上部中间的分表内容选择栏可以打开路段列表的分表设置菜单，当选择最顶部的"＜单表＞"，可以将路段列表改为单表的形式，这时列表仅包含路段自身属性。继续单击分表内容选择栏，选择"车辆"，这样在仿真中，右侧的分表就会显示出左侧所选择路段上的所有车辆，如图 2-5-2 所示。同样可以对路段相关的其他路网元素进行分表的显示和编辑，例如车道、停车场等。

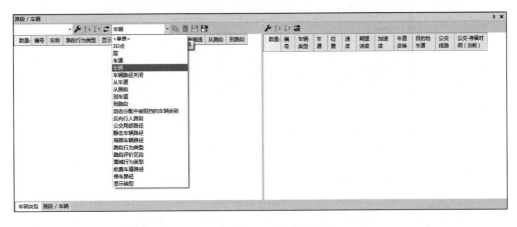

图 2-5-2　路段列表分表的选择

2.6 入门操作案例

本节介绍几个 VISSIM 的入门操作。

2.6.1 新建和打开一个 VISSIM 项目文件

用鼠标左键单击工具栏的新建图标，或者单击菜单栏"文件"—"创建"就可以新建一个 VISSIM 仿真文件，此时该文件没有保存到计算机硬盘中，也没有命名，如图 2-6-1 所示。

通过鼠标左键单击工具栏的保存图标，或者单击菜单栏"文件"—"保存"，可以打开保存对话框，选择相应的文件存放路径和输入文件名称，可以将文件保存到计算机硬盘中，如图 2-6-2 所示。

图 2-6-1 用两种方法新建一个 VISSIM 文件　　　　图 2-6-2 用两种方法保存一个 VISSIM 文件

VISSIM 路网文件的后缀名为 .inpx。例如，本次操作可以将文件保存到 D 盘根目录下，命名为 test，如图 2-6-3 所示。保存完毕后打开 D 盘，可以发现一个名为 test.inpx 的文件，这是 VISSIM 项目的路网文件。如果对 VISSIM 的路网进行新建或编辑，还会有一个名为 test.layx 文件与 inpx 文件一起被保存，这是 VISSIM 路网文件对应的布局文件，存储打开对应路网文件时的窗口图形布局，此外还有可能有一个后缀为 .inp0 的文件，其为与保存文件对应的临时备份文件。

图 2-6-3 保存一个命名为 test 的新建 VISSIM 文件

如果在后续路网文件中编辑了信号控制、仿真结果设置等，会在同一个文件夹创建相应的数据文件，每个信号控制机的控制文件保存为一个后缀名为 .sig 的文件，结果数据文件有很多的后缀名称,具体可通过 VISSIM 说明书查询。本书后续也会介绍一部分结果数据文件。此外,新版本的 VISSIM 还会在仿真结束后自动在同一目录下生成一个数据库文件夹,名称为 in-px 文件名称加上". result"。例如,刚刚新建的 test 文件,对应的结果数据库文件夹名称为"test. result"。

在前面的全局设置里提到每隔一定时间自动保存文件的设置,但是一般在编辑完路网后,还是建议单击保存,以防止编辑文件的丢失。

2.6.2 新建和编辑一个路段

在新建好项目文件并保存后,开始准备新建一个路段。

在新建路段之前,需要对全局参数中的编辑进行设置。鼠标左键单击菜单栏"编辑"—"用户设置",打开用户设置对话框,如图 2-6-4 所示,单击对话框左侧的"路网编辑器",然后在右侧的"右键单击行为"中选中第一个"打开配置菜单"选项,单击确定退出。

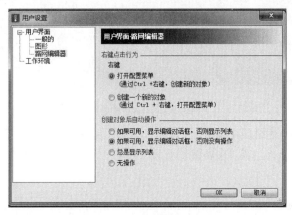

图 2-6-4 路网编辑方式设置

在 VISSIM 软件窗口左侧的路网对象一栏中单击"路段"对应的行,确保路网对象中"路段"编辑被激活,如图 2-6-5 所示。

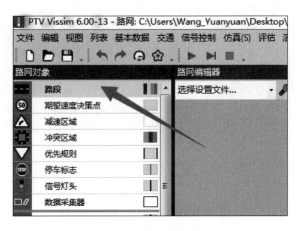

图 2-6-5 激活路段编辑

然后将鼠标放置到路网编辑器窗口范围内,右键单击弹出菜单,鼠标左键单击"添加路段",弹出路段对话框,单击"确定"。这时一个新的路段被创建,如图 2-6-6 所示。

19

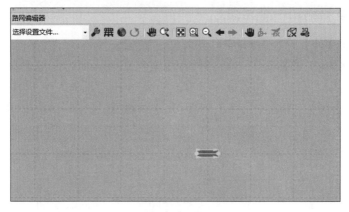

图 2-6-6　创建一个新路段

如果当前路网编辑器窗口的显示比例很大,可以通过单击"显示整个路网"图标缩放到整个路网,如图 2-6-7 所示。路网编辑器显示范围的比例尺,可以通过鼠标滚轮进行缩放调整。

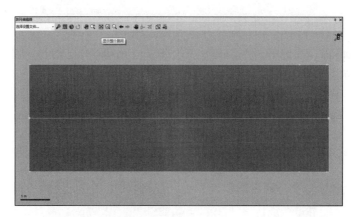

图 2-6-7　显示整个路网

可以通过鼠标拖动,对刚刚新建的路段形状进行编辑,主要的操作内容如下。

(1)拉伸和缩短路段长度

首先用鼠标左键单击一下需要编辑的路段,然后将鼠标移动到路段两端的任一端点(软件界面中为黄色圆点),待鼠标形状变成十字光标后,按住鼠标左键拖动鼠标,就可以对该路段进行长度和方向的调整,如图 2-6-8 所示。通过几次调整路网编辑器,其比例尺和拉伸路段长度到 20m 左右。

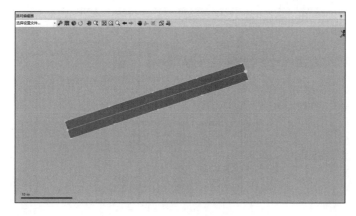

图 2-6-8　拉伸路段长度

（2）编辑曲线路段

首先用鼠标左键单击需要编辑的路段，然后移动鼠标到路段中间任意位置后单击右键，在弹出的菜单中单击"添加点"，这时路段中就增加一个圆点。将鼠标移动到该圆点（软件界面中为黄色），待鼠标形状变成十字光标后，按住鼠标左键拖动鼠标就可以改变路段的线形，如图 2-6-9 所示。类似的可以在同一路段添加多个中间点，并通过鼠标拖动达到编辑路段线形的目的。

 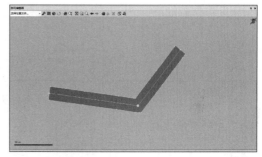

图 2-6-9　添加并编辑中间点

此外，还有一种能更便捷编辑路段曲线的方法，会在后续章节详细介绍。需要注意的是，VISSIM 中新建的路段都为单向路段。

（3）编辑路段车道数

鼠标双击需要编辑的路段，弹出"路段"对话框。将"车道数"数据栏内的 1 改为 3，对话框下方的表格里由原来的一行数据变成了 3 行数据，为该路段三个车道的属性，如图 2-6-10 所示。

删除路段车道可以通过直接修改"路段"对话框的车道数，或者在对话框下方表格中选择需要删除车道对应的行，然后单击鼠标右键，在弹出的菜单中选择删除来完成。

单击确定关闭"路段"对话框，对应路段的车道数发生相应改变。

另外，也可以通过直接右键单击需要编辑的路段，在弹出的菜单中选择"向左插入车道"或"向右插入车道"直接增加路段的车道数。

2.6.3　输入交通量并运行仿真

在 VISSIM 界面左侧的路网对象栏单击"车辆输入"，使得车辆输入的编辑被激活。

图 2-6-10　编辑路段车道数

在路网编辑器窗口先用鼠标左键单击需要输入交通量的路段,然后单击鼠标右键,在弹出的菜单中选择"添加车辆输入",如图 2-6-11 所示。添加车辆输入后的路段起点处新增了一条黑线,为新添加的车辆输入。双击这条黑线,路网编辑器窗口的下方出现车辆输入的列表,如图 2-6-12 所示。

 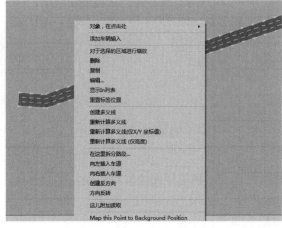

图 2-6-11　添加车辆输入

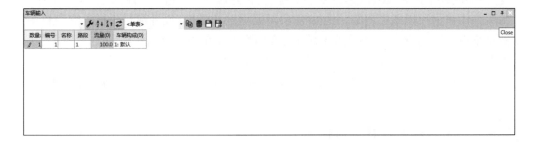

图 2-6-12　编辑车辆输入

在列表中有一行流量输入表格，在流量对应的单元格中输入 100，车辆构成中自动出现默认的内容。单击车辆输入列表窗口右上角的"close"图标，关闭车辆输入列表。

单击工具栏中的保存图标，"保存"刚刚编辑好的路网文件。然后单击工具栏中连续仿真的图标，如图 2-6-13 所示。这时可以看到路网编辑器窗口中车辆从路段的起点进入路段并离开路段的行驶过程。这样，就建立了一个简单的路网模型，并且输入了交通量，运行仿真计算。

图 2-6-13　连续仿真按钮

2.7　几个重要概念

2.7.1　仿真精度

单击菜单栏的"仿真"—"参数"，打开仿真参数对话框，如图 2-7-1 所示。对话框中有仿真精度一栏，默认值为 10，用户可以通过对该数据的调整，进行仿真精度的设置。

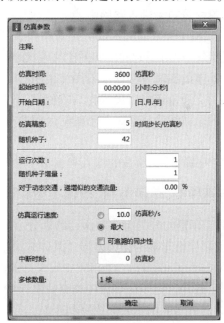

图 2-7-1　仿真参数编辑

VISSIM 的仿真精度 10 是指将 1 仿真秒划分为均匀的 10 个步长，每个步长开始前根据当前的路网状态和车辆状态判断每辆车在该步长所需要执行的各种行为，然后计算该步长后车辆应该处于的位置，执行该步长后，将车辆的位置更新到计算的位置，继续计算下一仿真步长。因此步长数值设置的越大，仿真精度越高，目前最新的 VISSIM 9.0 版本已经支持最大每仿真秒 20 步长的精度。

不同仿真精度下的仿真计算量不同。一般如果仿真比较大范围的路网,受计算机的硬件条件约束,可以通过降低仿真精度来提高仿真运算的速度,但是要保证仿真的结果不会出现较大的差异。

2.7.2　仿真速度

在仿真参数对话框下有仿真速度一栏,仿真速度表示的是在当前仿真环境下,用户希望VISSIM环境中时钟运行速度相对于实际世界中时间运行速度的倍数。

这个倍数受计算机硬件和仿真软件本身计算能力以及仿真路网规模和实时出现车辆数的影响,也就是说用户希望VISSIM达到的速度不一定能达到。

在仿真速度下还有一个"最大值"的选项,选中该选项,VISSIM将以当前计算机硬件和软件水平能达到的最大仿真速度进行仿真计算。

2.7.3　交通量

VISSIM中的交通量分为车辆交通量和行人交通量,这两者的计算单位分别是"辆/h"和"人/h",表示的是车辆或者行人进入路网范围的流率。以前面车辆输入数据为例,输入的100表示进入路网的车辆数为100辆/h,也即每三个仿真分钟进入路段的车辆数平均为5辆。一般设置情况下,车辆或行人的交通量类型为"随机型",是按该流率计算得到的平均进入时间间隔为平均值的泊松分布来进入路网中的。

VISSIM中可以按不同的时间区间分别对路网中输入不同的交通量和不同的车辆构成(车辆构成的概念见后续章节)。时间区间的定义在菜单栏的"基本数据"—"时间区间"中可以找到并进行编辑。具体的编辑方法这里不详细说明。

车辆或行人的交通量还可以设置为"精确型",该条件下,在规定的时间区间内,进入路网的车辆或者行人的总体数量将精确等于时间区间的长度乘以流率,进入的时间间隔仍然类似泊松分布。

"随机型"和"精确型"交通量的输入和编辑可参考VISSIM说明书。

2.7.4　车辆种类、车辆类别、车辆类型和车辆构成

VISSIM中对于车辆的分类有非常详细的划分方式,这是为了在仿真中能够准确反映不同技术性能、不同使用属性车辆的行为差异。具体来说,VISSIM中的车辆分类有四个层次。

车辆种类(Vehicle Category):VISSIM中定义好的车辆种类,不能编辑,反映不同的交通工具在行为上的固定差异。例如在车辆种类有轨电车中,不能进行变道,并且其速度并不取决于期望速度,公交类别可以应用于公交线路和车站。

车辆类型(Vehicle Type):在VISSIM中可以自己定义车辆类型,表示具备相同技术行驶特征的车辆,例如相同的加减速特征曲线,具有相同的驾驶行为。

车辆类别(Vehicle Class):车辆类别为一个或者多个车辆类型的组合,主要用在速度、评价、路径选择行为,其他路网对象的控制(例如信号灯、停车场等)都以车辆类别为基础。

在仿真的交通输入中的车辆组成结构也即VISSIM中的车辆构成(Vehicle Composition)是根据定义好的三个层次中的车辆类型进行不同类型和不同比例的组合,以达到模拟一股车流中的车辆混合特征。其定义如下:

车辆构成(Vehicle Composition):车辆构成是交通量输入时的选项,表示输入的交通量由哪几种车辆类型构成,并且在其中定义各个车辆类型的比例和期望速度分布。

行人的分类定义与车辆类似,但是由于行人的行为类型不像车辆存在固定的差异,因此没有"种类"的预定义。

具体的车辆分类、定义在后续相应章节有进一步介绍。

第 3 章
路段与连接器

路段与连接器是 VISSIM 软件系统构造仿真交通网络的基本构件,是仿真车辆和行人运行的载体。VISSIM 系统中的路段可以非常逼真地仿真现实世界中各式各样的交通基础设施,譬如城市道路、乡村公路、公交车专用车道、自行车道和人行横道等。连接器用于连接相邻的仿真路段,使得仿真车辆可以由上游仿真路段到达下游仿真路段,使得路段相互连接成为交通网络。

3.1 直线路段

路段和连接器的构建需要在 VISSIM 的"路段和连接器"模式下进行,如图 3-1-1 所示。在 VISSIM 界面中,单击左侧"路网对象"中的"路段和连接器"按钮(文字"路段"所在位置),在插入模式下进行路段和连接器的创建、修改与编辑,完成路段和交叉口道路基础设施仿真模型的构建。

新建的路段是直线路段,其基本操作有:新建路段、编辑路段属性、选中路段、修改路段的长度和方向、移动路段、复制路段、创建反向路段、反转路段方向和删除路段。

(1)新建路段

有两种方式可以实现新建路段。

图 3-1-1 "路段和连接器"按钮

方式一：
①在"路网编辑器"内需要添加路段的地方单击鼠标右键。
②在弹出的菜单中选择"添加路段"选项(图 3-1-2)。

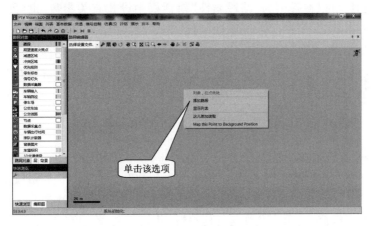

图 3-1-2 "添加路段"选项

③在弹出的"路段属性"对话框中设置有关参数(设置方法参见"编辑路段属性")。
④单击"路段属性"对话框的"确定"按钮，完成路段的创建。

方式二：
①将光标放在需要新建路段的起始位置。
②先按下"Ctrl"键，然后再按下鼠标右键。
③沿着新建路段的终点方向拖动鼠标(图 3-1-3)。
④在新建路段的终点松开鼠标右键和"Ctrl"键。
⑤在弹出的"路段属性"对话框中设置有关参数(设置方法参见"编辑路段属性")。
⑥单击"路段属性"对话框的"确定"按钮，完成路段的创建。

说明：以上操作假定在"用户设置"中，将"右键单击行为"设置为"打开配置菜单"。设置方法：以鼠标左键依次单击"编辑"、"使用用户定义的设置"和"路网编辑器"；在"右键单击行为"下面选择"打开配置菜单"选项。

警告：在新建路段的过程中，如果单击"路段属性"对话框的"取消"按钮，该路段将不会被创建。

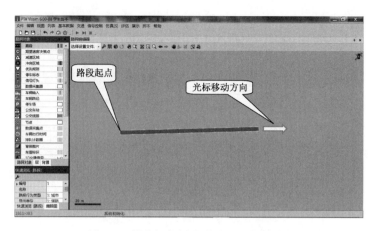

图 3-1-3　沿着新建路段的终点方向拖动鼠标

（2）编辑路段属性

在新建路段时,可以在弹出的"路段属性"对话框中设置有关参数;也可以在路段创建之后,按照以下两种方式之一打开"路段属性"对话框。

方式一：

①以鼠标左键单击需要编辑的路段。此时,路段的周围出现轮廓线(软件界面中为黄色),表明路段已经被选中。

②单击鼠标右键,在弹出的菜单中选择"编辑"选项。

方式二：

以鼠标左键双击需要编辑的路段。

"路段属性"对话框的基本属性有："编号"、"名称"、"车道数"、"路段长度"、"行为类型"、"显示类型"、"层"以及"是否作为行人面域使用"。"编号"属性是系统自动分配给新建路段的唯一标识,可以修改,但不允许与其他路段相同。"路段长度"属性由系统自动生成,不能直接修改。"行为类型"属性则定义了在路段上运动的交通个体的行为特征,默认选项是"城市道路(机动车道)"。其他选项包括："右侧规则(机动车道)"、"郊外道路(自由选择车道)"和"人行道(无相互作用)"等;如需仿真自行车道,则要选择"自行车道(任意超车)"选项。"显示类型"定义了路段的显示形式。在基本属性的下面有三个选项卡:车道、显示和其他。"显示"选项卡包含了描述坡道路段 3D 坐标的关键信息,将在 3.3 中予以详细说明。下面详细介绍"车道"选项卡的主要内容。

"车道"选项卡有以下属性："数量"、"索引"、"宽度"、"被阻挡的车辆类别"、"不向左变道—所有车辆类型"、"不向右变道—所有车辆类型"、"无向左变道行为—车辆类别"、"无向右变道行为—车辆类别"。其中,"数量"和"索引"由系统自动生成,规定路段内每条车道的编号,不能修改。"宽度"属性用于规定每条车道的宽度,单位是米。"被阻挡的车辆类别"用于禁止某种类别的车辆进入该车道。"不向左变道—所有车辆类型"和"不向右变道—所有车辆类型"则用于管理车辆的变道行为,只有在选中时才会在交通仿真中起作用。如果需要对某些类别的车辆换道行为进行管理,可以通过设置"无向左变道行为—车辆类别"和"无向右变道行为—车辆类别"的属性得以实现(从该属性的下拉菜单中选择需要禁止变换车道的车辆类别)。在 2D(二维)模式和 3D(三维)模式中"禁止变换车道"的设置使得车道分界显示为实线。

提示:对于多车道的路段,其"数量"和"索引"的编号规则是从右向左依次赋予1、2和3等数值,以便标记各个车道,如图3-1-4所示(由右向左依次为车道1、车道2和车道3)。

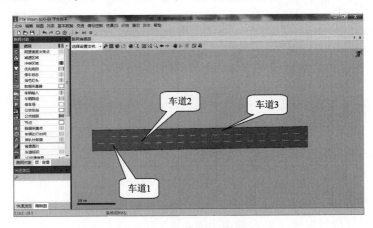

图3-1-4 车道编号示意图

警告:在"路段属性"对话框修改完"数量"的属性之后,必须单击"车道"选项卡。否则,该选项卡的内容不会发生相应变化。

例3.1 假定要建立的路段有三条车道,其宽度从外向里依次为4m、3.7m和3.6m。车辆在路段上行驶时不可以变换车道,最内侧的车道禁止货车通行。为了实现上述要求,需要在"路段属性"对话框中进行以下设置:

①在"车道数"一栏输入数字"3"。

②以鼠标左键单击"路段属性"对话框的"车道"选项卡(选项卡将显示三条车道,其"索引"分别为1、2、3;它们分别对应该路段外侧、中间和内侧的三条车道)。

③对于"索引"为1的外侧车道,将"宽度"修改为4,在"不向左变道—所有车辆类型"下打钩(以鼠标左键单击其下的方框)。

④对于"索引"为2的中间车道,将"宽度"修改为3.7,在"不向左变道—所有车辆类型"下打钩(以鼠标左键单击其下的方框),在"不向右变道—所有车辆类型"下打钩(以鼠标左键单击其下的方框)。

⑤对于"索引"为3的内侧车道,将"宽度"修改为3.6,在"不向右变道—所有车辆类型"下打钩(以鼠标左键单击其下的方框),以鼠标指向"被阻挡的车辆类别"一栏,鼠标左键单击下拉菜单,选择"货车"选项。

⑥单击对话框的"确定"按钮,完成参数的设置。

以上"路段属性"对话框界面如图3-1-5所示。

(3)选中路段

以鼠标左键单击路段。此时,路段的周围出现黄色的轮廓线,表明路段已经被选中。如果计划选中多条路段,可以按照下述方式完成操作:按下"Ctrl"键,以鼠标左键单击多条路段,最后再松开"Ctrl"键。

也可以按照下述方法选中路段:按下鼠标左键并拖动鼠标,这时,沿着鼠标的拖动方向出现了一个黄色的方框;当方框完全覆盖需要选中的一条或者多条路段时,松开鼠标左键。

(4)修改路段的长度和方向

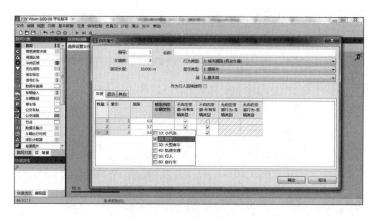

图 3-1-5　"路段属性"对话框界面

如果新建路段的长度和方向不符合要求,可以按照以下步骤进行修改:
①选中路段(以鼠标左键单击需要移动的路段)。
②向上滚动鼠标中间的滚珠,放大路网编辑器中的图像,直到路段的两端出现两个黄色圆点,如图 3-1-6 所示。

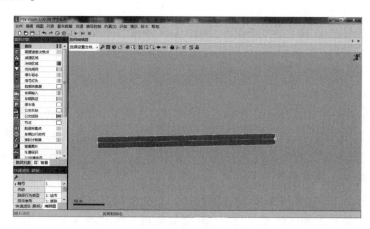

图 3-1-6　路段两端的圆点

③移动鼠标,将光标置于某个圆点之上,此时光标的右下方出现"十字星"图案。
④按下鼠标左键,然后拖动鼠标,可以随意改变路段的长度和方向。
(5)移动路段
①选中路段(以鼠标左键单击需要移动的路段)。
②在选中的路段上按下鼠标左键,并拖动鼠标,路段将随着鼠标的移动而移动。
提示:可以选中多条路段,然后按照上述方法,实现同步移动多条路段。
(6)复制路段
有两种复制路段的方式。
方式一:
①选中路段(以鼠标左键单击需要复制的路段)。
②单击鼠标右键,在弹出的菜单中选择"复制"选项。
③向上或者向下移动原路段,在其原来的位置出现一条新复制的路段。

方式二：
①选中路段(以鼠标左键单击需要复制的路段)。
②在路段上方按下鼠标左键，同时按下"Ctrl"键。
③向上或者向下拖动鼠标，原路段被移动，在其原来的位置出现一条新路段。
④先松开鼠标左键，然后再松开"Ctrl"键。

警告：在方式二的步骤④中，鼠标左键和"Ctrl"键的松开顺序不能颠倒；否则，新复制的路段将随着"Ctrl"键的松开而消失。

提示：可以选中多条路段，按照上述方法实现同时复制多条路段。

(7)创建反方向路段

在新建一条路段之后，可以通过以下操作，创建一条与之方向相反的路段：
①选中路段(以鼠标左键单击某条路段)。
②单击鼠标右键，在弹出的菜单中选择"创建反方向"选项。
③在弹出的"创建反方向"对话框中，输入反方向路段的车道数(图3-1-7)。

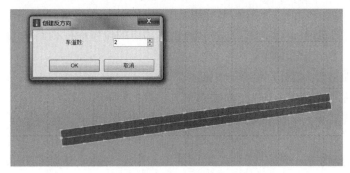

图3-1-7　创建反方向路段的车道数

④单击"创建反方向"对话框的"OK"("确定")按钮，完成反方向路段的创建。

说明：通过上述方法所创建的路段与原路段方向相反，但在其他方面均继承了原路段的特征(譬如：路段的几何形状、车道宽度、被阻挡的车辆类别、是否可以变换车道等)。

(8)反转路段方向

选中路段(以鼠标左键单击某条路段)；单击鼠标右键，在弹出的菜单中选择"方向反转"选项。通过"方向反转"操作，将路段的方向修改为与原方向相反的方向，路段的其他属性保持不变。

(9)删除路段

选中需要删除的一条或者多条路段，然后按下"Delete"键。或者，在选中路段之后，单击鼠标右键，在弹出的菜单中选择"删除"选项。

3.2　曲线路段

为了创建曲线路段，首先需要在直线路段中间添加点。

(1)添加点

该操作有以下两种方式。

方式一：

①选中某条路段(以鼠标左键单击该路段)。

②向上滚动鼠标中间的滚珠，放大选中路段的图像，直到路段的两端出现两个黄色的圆点。

③在路段上需要添加点的位置单击鼠标右键。

④在弹出的菜单中选择"添加点"选项。

方式二：

①选中某条路段(以鼠标左键单击该路段)。

②向上滚动鼠标中间的滚珠，放大选中路段的图像，直到路段的两端出现两个黄色的圆点。

③按下"Ctrl"键。

④在路段上需要添加点的位置单击鼠标右键(可以在路段上多次单击鼠标右键，以便添加多个点)。

(2)移动点

在直线路段中添加若干个点之后，可以通过移动点的位置而改变路段的几何形状，从而构建曲线路段。移动点的操作如下：

①选中某条路段(以鼠标左键单击该路段)。

②将光标放在某个点的上方(光标的右下方出现"十字星"图案)。

③按下鼠标左键并移动光标，点将随着光标的移动而移动。

图 3-2-1 是一个添加了三个点的直线路段。通过向上移动该路段三个中间点的位置而改变其平面线形，由此构造一个曲线路段，如图 3-2-2 所示。然而，该曲线路段的线形变化比较突兀，这与现实中的情况不太吻合。可以应用"创建多义线"操作，将其变为一个更加光滑的曲线路段。

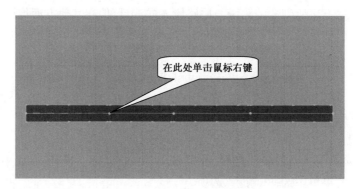

图 3-2-1　添加三个点的直线路段

(3)创建多义线

多义线是由多条直线段首尾相连而成的线形几何结构。"创建多义线"操作将构成曲线路段的每条直线段再均匀地分为若干段更短的直线路段，从而使得曲线路段变得更加"光滑"。其操作步骤如下：

①选中某条路段。

②单击鼠标右键，在弹出的菜单中选择"创建多义线"选项。

③在弹出的"转换区段为划分点"对话框中,输入"中间点数量"(图 3-2-3)。
④单击"转换区段为划分点"对话框的"确定"按钮,完成多义线的创建。

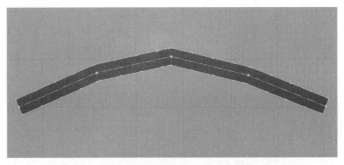

图 3-2-2　移动直线路段中间点的位置创建曲线路段

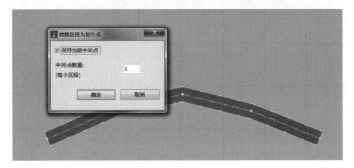

图 3-2-3　"转换区段为划分点"对话框

图 3-2-2 中的曲折路段通过"创建多义线"操作,成为一条更为"光滑"的曲线路段,如图 3-2-4 所示。

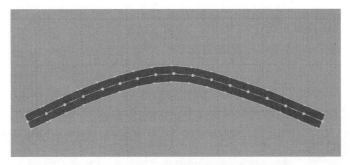

图 3-2-4　"创建多义线"使得曲线路段更加"光滑"

提示:在"转换区段为划分点"对话框中,"中间点数量"取较大的数值,曲线将变得更加光滑。

说明:在将直线路段转变为曲线路段的过程中,"路段长度"变长,其他各项"路段属性"保持不变。

曲线路段和直线路段的主要区别在于几何线形,其他各方面并无本质区别。因此,前面有关直线路段的操作方法(编辑路段属性、选中路段、移动路段、复制路段、创建反方向路段和删除路段),对于曲线路段也是完全相同的。

(4)删除点

可以通过以下操作,删除路段中的某个点。

①选中某条路段。

②向上滚动鼠标中间的滚珠,放大选中路段的图像,直到路段的两端及中间出现多个黄色的圆点。

③移动鼠标,将光标置于某个圆点之上,此时光标的右下方出现"十字星"图案。

④单击鼠标右键,在弹出的菜单中选择"删除点"选项。

说明:如果删除的是路段的起点或者终点,则与之相邻的点将取代原来的起点或者终点。

3.3 坡道路段

山区或者丘陵地区的道路通常具有一定的坡度和高度。此外,高架道路及其匝道也通常具有一定的坡度和高度。对于具有一定坡度和高度的路段,可以通过修改路段显示属性,仿真其主要的三维几何特征。

(1)修改路段显示属性

路段显示属性的主要参数有:z-偏移(开始),z-偏移(结束)和厚度(3D)。"z-偏移"刻画了路段上的某个点的路面相对于参照面的距离,也即其在3D坐标系中的z坐标。"z-偏移(开始)"指定了路段起点的路面高度,"z-偏移(结束)"指定了路段终点的路面高度。"厚度"则度量了从路段构造物的底层到顶层(路面)之间的距离。通过编辑"路段属性"对话框的"显示"选项卡,实现对其显示属性的修改。

例3.2 假定要仿真一个有恒定纵坡的双车道路段,起始于地面,终点距离地面高度10m,路段构造物的厚度是10m。为了仿真路段的上述三维几何特征,需要进行如下操作:

①选中路段。

②单击鼠标右键,在弹出的菜单中选择"编辑"选项。

③以鼠标左键单击"路段属性"对话框的"显示"选项卡。

④"z-偏移(开始)"设置为0,"z-偏移(结束)"设置为10,"厚度(3D)"设置为10。

⑤单击对话框的"确定"按钮,完成参数的设置。

该坡道路段设置之后的3D图像如图3-3-1所示。

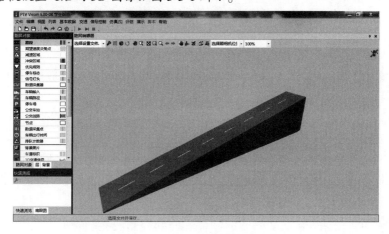

图3-3-1 恒定纵坡路段的仿真

(2) 修改路段中间点高度(z-偏移)

如果路段的纵坡不恒定,则需要在路段中间添加点,并修改这些中间点的高度(z-偏移)。图 3-3-2 是一个坡度有变化的双车道路段仿真 3D 图像,该坡道前半段陡峭、后半段平缓,通过在路段中间添加点并修改其属性,可以非常准确地仿真其三维几何特征。添加点的操作见本章 3.2 节有关内容。修改中间点高度(z-偏移)的操作如下:

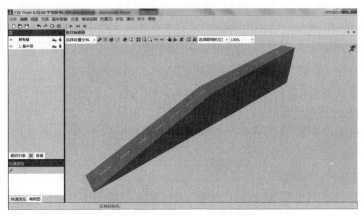

图 3-3-2　坡度有变化的双车道路段仿真 3D 图像

①选中路段。
②向上滚动鼠标中间的滚珠,放大选中路段的图像,直到路段的两端以及中间的点显现出来(软件界面中为黄色的圆点)。
③移动鼠标,将光标置于某个圆点之上,此时光标的右下方出现"十字星"图案。
④单击鼠标右键,在弹出的菜单中选择"编辑中间点的 z 偏移量"选项。
⑤在弹出的样条曲线对话框中编辑"z-偏移"属性,输入该处的高度(z-偏移)。
⑥单击对话框的"确定"按钮,完成参数的设置。

(3) 设置车辆行为

上述对于路段显示属性(z 坐标)的修改仅仅影响路段的 3D 显示效果,不会影响车辆的爬坡行为。欲使路段显示属性所体现的纵坡作用于车辆的行为,必须对车辆的行为进行设置,具体操作如下:

①在"菜单栏"中单击"基本数据"。
②在"基本数据"下拉菜单中单击"路网设置"。
③在"路网设置"对话框的"车辆行为"选项卡中选择"根据 z 坐标值使用坡度"(单击该属性旁边的方框,使其出现钩号,如图 3-3-3 所示)。
④单击对话框的"确定"按钮,完成参数的设置。

警告:如果进行上述操作,就需要确保以下要求得到满足:在非常短的距离(比如 1m)之内,没有连接器将高度差较大(例如 0.5m)的路段相互连接。

图 3-3-3　"车辆行为"选项卡

3.4 自行车道和人行横道

非机动车道是道路基础设施的组成部分,可以通过运用 VISSIM 的"路段"对象进行仿真。修改新建路段的"行为类型"属性,选择"自行车道(任意超车)"选项。同时,根据实际情况或者设计要求修改"车道"选项卡的有关属性,可以实现对自行车道的仿真。

在行人过街需求集中的道路设施通常设有人行横道,如交叉口和道路中段。人行横道的仿真是通过综合应用"路段"和"面域"来实现的。为了运用"路段"仿真人行横道,需要将其"是否作为行人面域使用"属性设置为"是",即在该属性右侧的方框中打钩。"面域"通常紧贴着人行横道进行设置,指定了"行人输入"的地点,定义了"行人路径"(也即是行人横穿道路)的起点和终点。有关"面域"、"行人路径"和"行人输入"的设置方法见第 7 章有关内容。

例 3.3 关津路是一条双向六车道的东西向主干道,道路两侧各有一条宽为 3m 的自行车道;为方便行人过街,道路中段设计了一条宽为 5m 的人行横道。可按以下步骤实现道路基础设施的仿真:

①在"路段和连接器"模式下(以鼠标左键单击"路段和连接器"按钮),自西向东新建一条路段,在路段属性对话框中进行以下编辑:"名称"设置为"关津路—机动车道—由西向东";"车道数"设置为"3";"行为类型"设置为"城市道路(机动车道)"。

②在路段"关津路—机动车道—由西向东"南侧新建一条与其等长由西向东的路段,在路段属性对话框中进行以下编辑:"名称"设置为"关津路—自行车道—由西向东";"行为类型"设置为"自行车道(任意超车)";"车道"选项卡的"宽度"设置为"3.0"。以上有关自行车道的设置如图 3-4-1 所示。

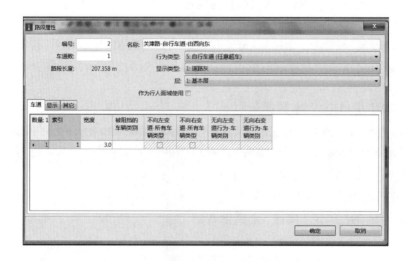

图 3-4-1 自行车道的设置

③运用"创建反方向"操作(详见本章 3.1 节有关内容)分别创建路段"关津路—机动车道—由西向东"和路段"关津路—自行车道—由西向东"的反方向路段,将创建的反方向路段

移动到适当的位置,并将其"名称"分别修改为"关津路—机动车道—由东向西"和"关津路—自行车道—由东向西"。

④在"关津路"的中段自南向北(或者自北向南)新建一条路段,该路段垂直于"关津路",并且分别横穿由西向东的自行车道和机动车道以及由东向西的机动车道和自行车道,在路段属性对话框中进行以下编辑:"名称"设置为"关津路—人行横道—自南向北";"是否作为行人面域使用"设置为"是"(以鼠标左键单击其右侧的方框,使得方框内出现钩号);"车道"选项卡的"宽度"设置为"5.0"。以上有关人行横道的设置如图3-4-2所示。

图 3-4-2　人行横道的设置

说明:在 VISSIM 系统中,行人可以沿着行人面域的两个方向行走;然而,路段却是单方向的。为了克服以上矛盾,作为行人面域使用的"路段"被仿真为两条方向相反,但是具有相同属性的对偶路段。这两条对偶路段彼此完全重叠在一起,可以通过"Tab"键进行切换。

⑤在路段"关津路—人行横道—自南向北"被选中的情况下,按下"Tab"键(按下该键后要立即松开),可以观察到"路段"的方向发生变化,表明切换到对偶"路段"。此时,双击该路段(或者按下"Enter"键),在弹出的路段属性对话框中,将"名称"设置为"关津路—人行横道—自北向南"。

⑥在"面域(四边形)"模式下(以鼠标左键单击"面域"按钮),新建两个"面域",分别移动到"人行横道"的南端和北端,并将其名称分别设置为"关津路—人行横道—南端"和"关津路—人行横道—北端"(具体操作方法见7.3.1)。

经过上述操作之后,初步建立了"关津路"机动车道、自行车道和人行横道的仿真模型,其仿真模型空间布局如图3-4-3所示。这里,作为"行人面域"使用的路段可以在两个方向同时通行行人交通流,能够非常逼真地仿真人行横道的主要特征。由于人行横道与自行车道和机动车道发生重叠,为避免行人与自行车和机动车的交通冲突,还需要设置人行横道与其他车道之间的让行规则,具体设置方法见4.2.1和4.2.2。

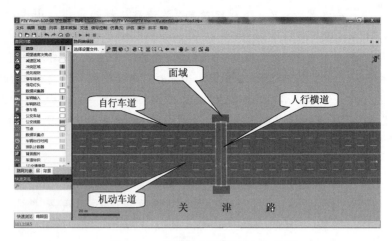

图 3-4-3 "关津路"仿真模型空间布局

3.5 连接器

虽然两个交叉口之间的道路基础设施可以抽象为一条路段,为了更好地仿真道路的微观特征,真实道路系统中的某条路段在仿真时通常被细分为若干子路段,以便更加精确地仿真某些要素的变化。如:路段的不同部分在平纵横线形设计方面存在一些差异,或者在路段的不同地点采取了差异化的管理措施(如:禁止或者允许某些车辆通行,禁止或者允许变换车道)。这些细分的子路段之间需要彼此连接起来。此外,在交叉口、进口车道和出口车道之间也需要相互连接起来,以便完成车辆的左转、右转或者直行。路段或者车道之间的连接功能由连接器完成。

(1) 新建连接器

路段不能直接连接。必须由连接器将相邻的路段连接起来,形成交通网络。通过连接器的连接,车辆可以从一条路段到达另一条路段。连接器的创建过程如下:

①选中上游路段。
②按下"Ctrl"键或者"Shift"键。
③将光标放在上游路段"连接器"的起点位置。
④按下鼠标右键,然后移动光标(在光标的移动方向出现一个连接器,如图 3-5-1 所示)。
⑤将光标移动到下游路段"连接器"的终点位置。
⑥依次松开鼠标右键和"Ctrl"键(或者"Shift"键)。
⑦在弹出的"连接器"对话框中设置有关参数(设置方法参见"编辑连接器")。
⑧单击"连接器"对话框的"确定"按钮,完成连接器的创建(图 3-5-2)。

警告:在新建连接器的过程中,必须把光标移动到下游路段后再松开鼠标右键。否则,新建的将是一条路段而不是连接器。

提示:连接器的选中、移动、复制和删除、添加点、移动点、删除点以及"连接器"对话框的打开等基本操作与路段类似。

说明:新建连接器的车道数等于上游路段车道数和下游路段车道数的最小值。

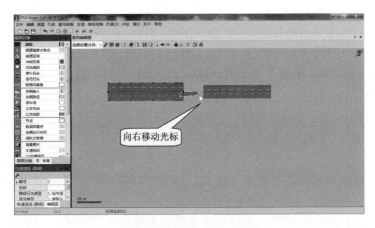

图 3-5-1　移动光标创建连接器

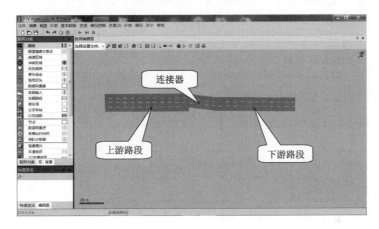

图 3-5-2　两条路段中间的连接器

连接器具有与路段完全一样的外形和颜色(图 3-5-2)。为了更好地区分路段和连接器，单击路网编辑器工具栏中的"线框显示开启/关闭"图标，进入线框显示状态。此时，路段和连接器仅显示中心线，路段的默认颜色在软件界面中是蓝色，连接器默认颜色在软件界面中是紫色，二者的区分非常明显(图 3-5-3)。

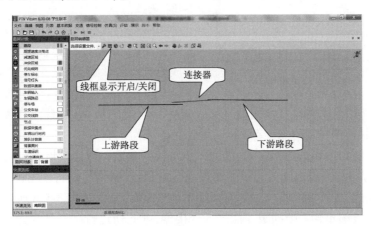

图 3-5-3　"线框显示状态"的路段和连接器

(2)编辑连接器属性

连接器具有和路段类似的属性,譬如基本属性(编号、名称、行为类型、显示类型、长度)、"车道变换"选项卡中的属性(数量、索引、被阻挡的车辆类别、不向左变道—所有车辆类型、不向右变道—所有车辆类型、无向左变道行为—车辆类别、无向右变道行为—车辆类别)和"显示"选项卡的厚度(3D)属性。但是,它没有"车道数"、"宽度"、"z-偏移(开始)"和"z-偏移(结束)"等属性。这些属性由其与相邻路段的连接关系以及相邻路段的相关属性所决定。此外,连接器还独有一些特殊的属性,如"从路段到路段"、"样条曲线"、"紧急停车"、"变换车道"和"期望行驶方向"。

"从路段到路段"属性描述了连接器与上游路段(从路段)和下游路段(到路段)之间的连接关系。下面,以一个具体的例子说明该属性的修改方法。

例3.4 一条自西向东的道路,其横断面设计在某处发生了变化,车道数由四车道变为三车道。为在仿真时体现横断面的这种变化,该条道路被细分为两部分:路段1(四车道)和路段2(三车道)。两条路段的"连接器"对话框如图3-5-4所示,请修改"从路段到路段"属性,使得路段1的车道1、车道2和车道3分别与路段2的车道1、车道2和车道3相连。

为了实现上述要求,需要进行如下操作:

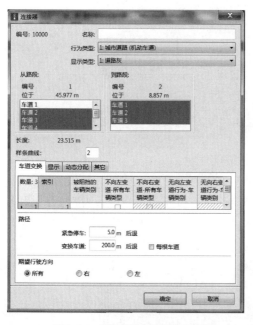

图3-5-4 两条路段的连接器对话框

①双击需要编辑的连接器,打开"连接器"对话框。

②按下"Ctrl"键或者"Shift"键。

③在"从路段"下方的方框中依次单击选项:"车道1"、"车道2"和"车道3"。

④在"到路段"下方的方框中依次单击选项:"车道1"、"车道2"和"车道3"。

⑤松开"Ctrl"键或者"Shift"键。

⑥单击对话框的"确定"按钮,完成参数的设置。

说明: 可以通过手动的方法修改连接器的起点和终点位置,从而更加直观地修改"从路段到路段"属性。

和路段类似,可以在按下"Ctrl"键的同时单击鼠标左键,给新建的连接器中间添加点,使得其成为弯曲的形状(详见3.2节相关内容)。也可以直接修改连接器对话框中的"样条曲线"属性,使得其成为一条光滑曲线。该属性定义了连接器内点的数目(这些点在连接器曲线内均匀分布)。该属性的数值越大,连接器的形状越趋于光滑。在图3-5-5中,新建的连接器将交叉口的进口车道与出口车道连接起来,成为一条左转弯车道。该连接器的"样条曲线"属性是2(缺省值),其与相邻路段之间的连接非常突兀,不符合现实情况。将该属性修改为10之后,连接器的形状变成光滑的曲线,与相邻路段平滑地连接在一起,如图3-5-6所示。

如果上游路段的车辆需要换道才能进入连接器,则此换道行为必须在距离连接器之前的某一距离之前完成;否则,车辆将在该距离处紧急停车,以等待合适的换道时机。该距离就是变换车道的紧急停车距离,由连接器的"紧急停车"属性所决定(其缺省值为5m)。仅须换道一次的车道,其紧急停车距离就是连接器的"紧急停车"属性值;在此基础上,每增加一次换道的车道,其紧急停车距离就增加5m。此外,对于编号为奇数的车道,其紧急停车距离在此基础上再增加2.5m。下面,以一个具体的实例来说明紧急停车距离的计算。

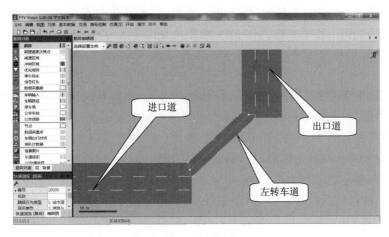

图3-5-5 突兀的左转车道

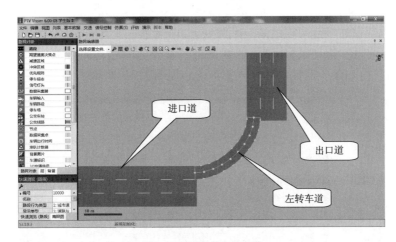

图3-5-6 平滑的左转车道

例3.5 某路段有5条车道,连接器和该路段的车道5相连,连接器的"紧急停车"属性为10m,试分析该路段各条车道的紧急停车距离。

车道1的车辆为了进入连接器需要变换四次车道,而且其编号为奇数,因此其紧急停车距离为:$10 + 5 \times 3 + 2.5 = 27.5$m。

车道2的车辆为了进入连接器需要变换三次车道,因此其紧急停车距离为:$10 + 5 \times 2 = 20$m。

车道3的车辆为了进入连接器需要变换两次车道,而且其编号为奇数,因此其紧急停车距离为:$10 + 5 + 2.5 = 17.5$m。

车道4的车辆为了进入连接器需要变换一次车道,因此其紧急停车距离为10m。

为了避免由换道所引起的拥堵和停车,车辆在连接器之前的某个距离处就开始尝试变换车道,该距离就是变换车道距离,等于连接器的"变换车道"属性所设定的数值。该属性的默认值为200 m,最小值为5 m,并且不能小于"紧急停车"属性值加5m。"变换车道"属性的右边有一个补充选项"每根车道",如果该选项打钩,则变换车道距离为:变道次数×"变换车道"属性值。下面,以一个具体的实例来说明变换车道距离的计算。

例 3.6 某路段有 5 条车道,连接器和该路段的车道 5 相连,连接器的"变换车道"属性为 200m,试分析该路段各条车道的变换车道距离。

如果"每根车道"选项没有打钩,则车道 1、车道 2、车道 3 和车道 4 的变换车道距离都是 200m。如果"每根车道"选项打钩,则车道 1 的变换车道距离为:200×4=800m;车道 2 的变换车道距离为:200×3=600m;车道 3 的变换车道距离为:200×2=400m;车道 4 的变换车道距离为 200m。

"期望行驶方向"属性和 2D 模式下的仿真运行有关,该属性的默认值是"所有"。对于右转弯车道的连接器,该属性应选择"右";对于左转弯车道的连接器,该属性应选择"左"。按照这种设置,在仿真运行的 2D 模式下,右转弯车辆在右转弯连接器上行驶时车头的右灯启亮,左转弯车辆在左转弯连接器上行驶时车头的左灯启亮。

(3)修改连接器的起点和终点位置

对于新建的连接器,可以按照下述步骤修改其起点和终点位置:

①选中连接器。

②向上滚动鼠标中间的滚珠,放大路网编辑器中的图像,直到连接器的两端出现了两个黄色的圆点。

③将光标放置在连接器两端的某一个圆点上方(光标右下方出现"十字星"图案)。

④按下鼠标左键并拖动鼠标,该处的圆点将随着光标的移动而移动(可以上下移动或者左右移动,也可以由一条车道移动到另一条车道),如图 3-5-7 所示。

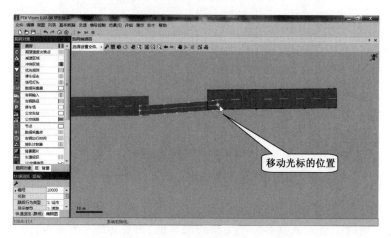

图 3-5-7 移动光标修改连接器终点位置

说明:以上操作可能影响连接器的若干属性("从路段到路段"属性和"长度"属性)。

第 4 章
速度和通行权的管理与控制仿真

交通管理与控制的主要任务是对速度和通行权的管理与控制。在一些特殊路段(如:急转弯路段、长大下坡路段、交叉口进口道和人行横道附近),过快的行驶速度容易导致交通事故,通常会使用交通标志、交通标线或者减速装置来降低车辆的行驶速度,在 VISSIM 仿真中,可以通过更改车辆的期望速度来实现。在交叉口,则需要对车辆的通行权实施管理与控制;在让行控制交叉口,通过交通标志与标线的指示,明确相交道路通行权的优先级别,可以由 VISSIM 的"冲突区域"、"优先规则"和"停车标志"予以仿真;在信号控制交叉口,由交通信号灯控制交通,按照一定的顺序交替分配各个道路交通设施的通行权,可以由 VISSIM 的"信号控制机"和"信号灯头"予以仿真。

4.1 车速管理仿真

车速管理,是指运用交通管制的手段,强制性地要求机动车辆按照规定的速度范围在道路上运行,以确保道路交通安全。在道路网络仿真模型的特定区域对仿真车辆的速度进行管理,可以通过更改期望速度予以实现。VISSIM 提供的仿真手段有"期望速度决策点"和"减速区域"。这两种方法非常类似,可以取得相同的仿真效果。如果在很长的区域内改变车辆的期望速度,建议使用"期望速度决策点";如果在较短的区域内更改车辆的期望速度,建议使用"减速区域"。

4.1.1 期望速度百分比排名

在 VISSIM 仿真过程中,每辆仿真车辆在驶入路网时被随机指定一个期望速度的百分比排名,即在期望速度的累积分布曲线上该数值的相对位置。该仿真车辆的期望速度在整个仿真过程中可以多次改变,但其期望速度在分布曲线的百分比排名将始终保持不变。"期望速度决策点"和"减速区域"通过改变车辆的期望速度分布来影响车辆的期望速度,每个仿真车辆将根据其期望速度的百分比排名来决定其当前的期望速度。

如果某个仿真车辆在驶入时被指定的期望速度百分比排名为45%,那么在仿真车辆总体中,小于或等于该车的期望速度的车辆占总体的45%。之后,该车辆在任何期望速度决策点处或者在靠近减速区域时,总是获得期望速度分布函数的第45%位期望速度。如果该车的期望速度百分比排名为100%,则它将总是获得期望速度分布的最高值。下面,以一个具体的例子予以说明。

例4.1 某仿真模型定义了小汽车和货车两种车辆类型。其中,小汽车的期望速度服从均匀分布,最小值是50km/h,最大值是70km/h;货车的期望速度也服从均匀分布,最小值是45km/h,最大值是55km/h。在道路网络的某个危险区域进行限速,所有车辆类型的期望速度都服从于一个均匀分布,其分布区间是5~10km/h。小汽车甲在刚进入路网时被分配的期望速度是54km/h,货车乙在刚进入路网时被分配的期望速度是53km/h。请分析甲、乙两车在限速区域时的期望速度。

根据题中的条件,首先分析车辆在进入道路系统时被分配的期望速度百分比排名:

甲车是小汽车,其期望速度百分比排名为:$(54-50)/(70-50)=20\%$;

乙车是货车,其期望速度百分比排名为:$(53-45)/(55-45)=80\%$。

车辆在进入限速区域时,期望速度的百分比排名不变,据此可分析车辆的期望速度如下:

甲车期望速度:$5+(10-5)\times20\%=6(km/h)$;

乙车期望速度:$5+(10-5)\times80\%=9(km/h)$。

上述例题表明:具有不同期望速度的车辆在进入期望速度决策点或减速区域时,其期望速度的相对大小有可能发生变化。在例题中,刚进入路网时甲车的期望速度大于乙车,然而到达限速区域后二者的期望速度发生了逆转,乙车的期望速度大于甲车。

4.1.2 期望速度决策点

可以用期望速度决策点持续改变仿真车辆的期望速度。仿真车辆经过期望速度决策点断面时获得新的期望速度;之后,它采取加速或者减速操作改变其速度,以便达到其新的期望速度。除非再次经过新的期望速度决策点,否则该仿真车辆将一直使用此期望速度。

(1)添加期望速度决策点

可以采取以下两种方式在路段或者连接器上添加期望速度决策点:

方式一:

①单击用户界面左侧"路网对象"栏中的"期望速度决策点"按钮(文字"期望速度决策点"所在位置),如图4-1-1所示。

②在路段或连接器上需要添加期望速度决策点的地方单击鼠标右键。

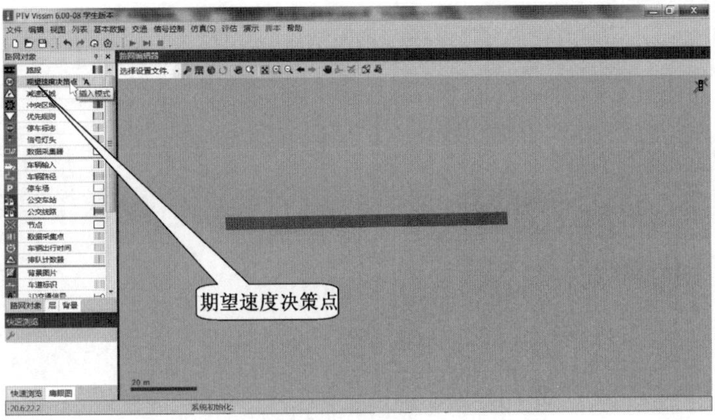

图 4-1-1　"期望速度决策点"按钮

③在弹出的菜单中选择"添加期望速度决策点",如图 4-1-2 所示。

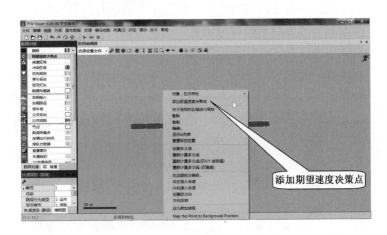

图 4-1-2　单击"添加期望速度决策点"选项

④在弹出的"希望速度决策"对话框中编辑有关属性(具体方法见"编辑期望速度决策点属性")。

⑤单击"希望速度决策"对话框的"确定"按钮,完成期望速度决策点的添加。

方式二:

①单击用户界面左侧"路网对象"栏中的"期望速度决策点"按钮,如图 4-1-1 所示。

②按下按"Ctrl"键,然后在路段或连接器上需要添加期望速度决策点的地方单击鼠标右键。

③在弹出的"希望速度决策"对话框中编辑有关属性(具体方法见"编辑期望速度决策点属性")。

④单击"希望速度决策"对话框的"确定"按钮,完成期望速度决策点的添加。

说明: 期望速度决策点是一条垂直于车道的黄色线条,如图 4-1-3 所示。以鼠标左键单击后变粗,表明它已经被选中。

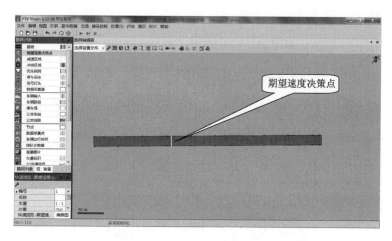

图 4-1-3　单击"期望速度决策点"

（2）编辑期望速度决策点属性

期望速度决策点的属性显示在"希望速度决策"对话框中，如图 4-1-4 所示。可以在添加期望速度决策点时编辑，也可以在添加后编辑。该对话框有两种打开方式：

方式一：鼠标左键双击期望速度决策点。

方式二：鼠标右键单击需要编辑的期望速度决策点，在弹出的菜单中选择"编辑"。

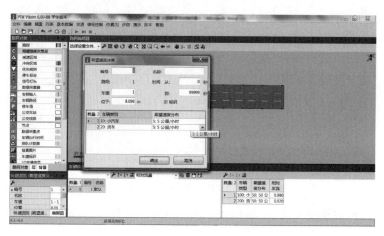

图 4-1-4　"希望速度决策"对话框

期望速度决策点的主要属性有："编号"、"名称"、"路段"、"车道"、"位于"和"时间"等，如图 4-1-4 所示。其中，"路段"和"车道"分别是指期望速度决策点所在路段和所在车道的编号；"位于"是指路段或者连接器起点到期望速度决策点的距离。"时间"则规定了期望速度决策点的有效时间，单位是仿真秒。

在"希望速度决策"对话框下面的列表中，可以针对每一类型的车辆选择一个新的期望速度分布（当该类型的车辆经过此处时，将根据其期望速度百分比排名，从分布中选择一个与排名相对应的新的期望速度）。具体操作如下：

①在对话框下面的列表中单击鼠标右键，在弹出的菜单中单击"新建"。

②编辑列表中出现的数据属性（"车辆类别"和"期望速度分布"）：把光标放在需要修改

的数据项,数据项右边出现向下的按钮,单击按钮,在下拉的菜单中选择需要的选项。

③重复步骤①和②,直到所有需要改变期望速度的车型都得到设置。

④单击对话框的"确定"按钮,完成参数的设置。

说明:需要在编辑期望速度决策点属性之前预先定义需要设定的期望速度分布,以便在对话框下面的列表中为各个车型选择相应的分布。

警告:期望速度决策点仅对上述对话框列表中的车型起作用。

提示:也可以在列表中编辑期望速度决策点的各个属性(在主菜单栏依次单击"列表"、"路网"、"期望速度分布",打开期望速度决策点列表)。

(3) 移动和复制期望速度决策点

期望速度决策点的移动方式有两种。方式一:将光标放在需要移动的期望速度决策点的上方(光标的右下方出现十字箭头),按下鼠标左键,然后移动光标。期望速度决策点将随着光标的移动而移动。方式二:直接在"希望速度决策"对话框中修改其"车道"属性或者"位于"属性。

期望速度决策点的复制方式也有两种:

方式一:

①鼠标右键单击期望速度决策点,在弹出的菜单中选择"复制"。

②移动期望速度决策点,在其原来的位置出现一个新的期望速度决策点。

方式二:

①将光标放在期望速度决策点的上方(光标的右下方出现十字箭头),按下"Ctrl"键。

②按下鼠标左键,然后移动光标(期望速度决策点被移动,在其原来的位置出现一个新的期望速度决策点)。

提示:对于多车道路段,需要在每条车道的同一横断面放置一个期望速度决策点并定义其属性,如图 4-1-5 所示。

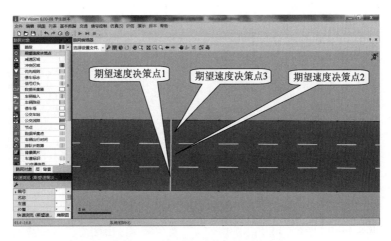

图 4-1-5 多车道期望速度决策点的设置

(4) 删除期望速度决策点

期望速度决策点的删除方式有两种。方式一:鼠标右键单击期望速度决策点,在弹出的菜单中选择"删除"。方式二:将期望速度决策点移动到路段或连接器的外面。

4.1.3 减速区域

减速区域也可以用来改变车辆的期望速度,它和期望速度决策点的主要区别在于:①车辆在减速区域之前就已经获得新的期望速度并采取相应的减速操作,以降低后的车速驶入减速区域;②离开减速区域后,车辆重新恢复进入减速区域之前的期望速度并自动进行加速。

(1) 添加减速区域

可以采取以下两种方式,在路段或者连接器上添加减速区域:

方式一:

①单击用户界面左侧"路网对象"栏中的"减速区域"按钮(文字"减速区域"所在位置),如图 4-1-6 所示。

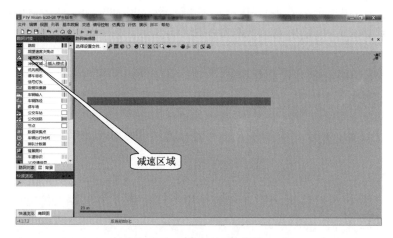

图 4-1-6 "减速区域"按钮

②在路段或连接器上需要添加减速区域的地方单击鼠标右键。

③在弹出的菜单中选择"添加减速区域",如图 4-1-7 所示。

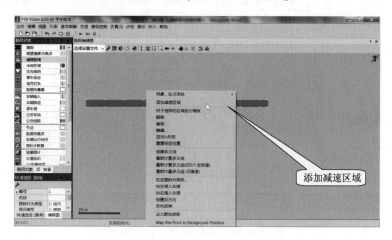

图 4-1-7 单击"添加减速区域"选项

④在弹出的"减速区"对话框中编辑有关属性(具体方法见"编辑减速区域属性")。

⑤单击"减速区"对话框的"确定"按钮,完成减速区域的添加。

方式二：

①单击用户界面左侧"路网对象"栏中的"减速区域"按钮,如图4-1-8所示。

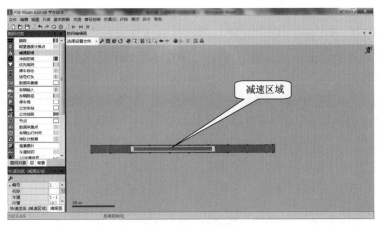

图4-1-8　减速区域

②按下按"Ctrl"键,把光标放在路段或连接器上需要添加减速区域的地点,按下鼠标右键,拖动鼠标。

③随着光标的移动出现减速区域,当减速区域的长度达到要求时松开鼠标右键和"Ctrl"键。

④在弹出的"减速区"对话框中编辑有关属性(具体方法见"编辑减速区域属性")。

⑤单击"减速区"对话框的"确定"按钮,完成减速区域的添加。

说明:减速区域是由黄色线条围成的带状区域,如图4-1-8所示。以鼠标左键单击后黄色线条变粗,表明该减速区域已被选中。

警告:一个减速区域只能添加和放置在路段或者连接器的一条车道上,不能跨越两条或两条以上车道。如果需要在相邻的多条车道上进行限速管理,可以添加多个彼此相邻的减速区域进行仿真。

（2）编辑减速区域属性

减速区域的属性显示在"减速区"对话框中,如图4-1-9所示。可以在添加减速区域时编辑,也可以在添加后编辑。该对话框有两种打开方式:

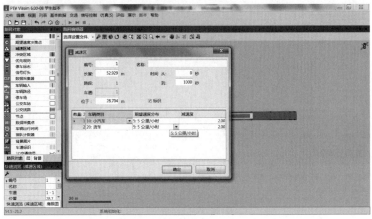

图4-1-9　"减速区"对话框

方式一：鼠标左键双击减速区域。

方式二：鼠标右键单击需要编辑的减速区域，在弹出的菜单中选择"编辑"。

减速区域的主要属性有："编号"、"名称"、"长度"、"路段"、"车道"、"位于"和"时间"等，如图 4-1-9 所示。其中，"路段"和"车道"分别是指减速区域所在路段和所在车道的编号；"位于"是指路段或者连接器起点到减速区域起点的距离。"时间"则规定了减速区域的有效时间，单位是仿真秒。

在"减速区域"对话框下面的列表中，可以针对每一类型的车辆选择一个新的期望速度分布（当该类型的车辆经过此处时，将根据其期望速度百分比排名，从分布中选择一个与排名相对应的新的期望速度）。具体操作如下：

①在对话框下面的列表中单击鼠标右键，在弹出的菜单中单击"新建"。

②编辑列表中出现的数据属性（"车辆类别"、"期望速度分布"和"减速度"）：把光标放在需要修改的数据项（"车辆类别"和"期望速度分布"），数据项右边出现向下的按钮，单击按钮，在下拉的菜单中选择需要的选项。鼠标左键单击需要修改的"减速度"，输入数值（当车辆靠近减速区域时将使用该减速度值进行减速，以便以减速区域所赋予的新的期望速度进入减速区域）。

③重复步骤①和②，直到所有需要改变期望速度的车型都得到设置。

④单击对话框的"确定"按钮，完成参数的设置。

说明：需要在编辑减速区域属性之前预先定义需要设定的期望速度分布，以便在对话框下面的列表中为各个车型选择相应的分布。

警告：减速区域仅仅对上述对话框列表中的车型起作用。

提示：也可以在列表中编辑减速区域的各个属性（在主菜单栏依次单击"列表"、"路网"、"减速区"，打开减速区域列表）。

（3）拉伸或者缩短减速区域

减速区域在添加之后，还可以对其进行拉伸和缩短操作，有以下两种方式：

方式一：

①把光标放置在减速区域的起点或者终点，光标变成一个双向箭头，如图 4-1-10 所示。

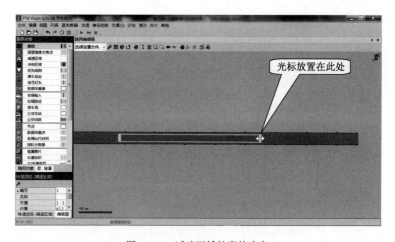

图 4-1-10　减速区域长度的改变

②按下鼠标左键,沿着车道左右(或者上下)移动光标,减速区域将被拉长或缩短。
③当减速区域的长度达到要求后,松开鼠标左键。

方式二:
①打开"减速区"对话框。
②在"对话框"中,编辑"长度"属性的数值。
③单击对话框的"确定"按钮。

说明:减速区域的移动、复制和删除与期望速度决策点类似,具体操作方法可参考 4.1.2 节有关内容。

提示:对于多车道路段的限速,可以在每条车道的同一横断面设置一个减速区域并定义其属性,如图 4-1-11 所示。

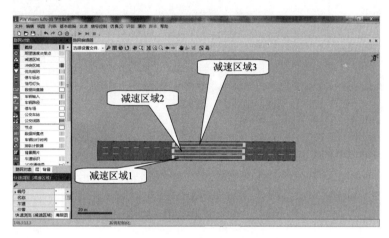

图 4-1-11　多车道减速区域的设置

4.2　让行管理仿真

在平面交叉口以及两条道路的交汇与分离之处,不同方向的交通流彼此相互冲突。为了解决这些交通冲突,保障交通的安全、有序和畅通,在交通工程实践中采取交通信号灯明确清晰地分配道路的通行权(信号控制交叉口),或者采取一定的让行规则(减速让行或停车让行)规范驾驶人和行人的交通行为。

对车辆和行人让行管理的仿真,可以由"冲突区域"、"优先规则"和"停车标志"予以实现。虽然"冲突区域"和"优先规则"都可以仿真彼此冲突的交通个体之间的让行行为,"冲突区域"的设置更加简单,"优先规则"则对使用者有更高的要求。"停车标志"可以协助"冲突区域"或者"优先规则",实现对停车让行的仿真。

4.2.1　冲突区域

(1)设置优先通行权

当两条道路相交时,为避免交通冲突,在交通管理中通常会指定某条道路具有优先通行权。在交通仿真中,路段或者连接器的相互重叠部分被定义为"冲突区域",可以设置"冲突区域"的优先通行权。

单击用户界面左侧"路网对象"栏中的"冲突区域"按钮(文字"冲突区域"所在位置),道路网中的所有"冲突区域"将呈现出来,如图4-2-1所示(非激活的冲突区域在软件界面中显示为黄色)。

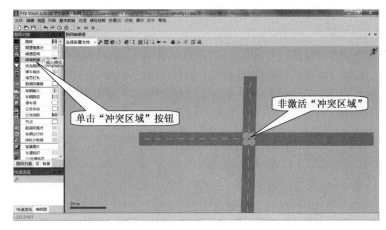

图4-2-1 "冲突区域"的显示

设置冲突区域的优先通行权有以下两种方式:

方式一:

①单击用户界面左侧"路网对象"栏中的"冲突区域"按钮(文字"冲突区域"所在位置)。

②鼠标左键单击需要设置的冲突区域(冲突区域在软件界面中呈现亮丽的黄色,表明已经被选中)。

③单击鼠标右键,在弹出的菜单中选择"状态设置"中的选项(即是以"Set Status to"为开头的选项,如图4-2-2所示),指定具有优先通行权的路段或连接器。

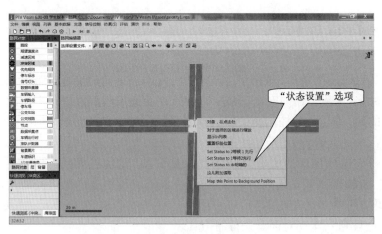

图4-2-2 在弹出的菜单中设置优先通行权

可选择的状态有三种:2等候1先行,1等待2先行,未明确的。"2等候1先行"选项赋予设施1的交通以优先通行权;"1等待2先行"选项赋予设施2的交通以优先通行权;"未明确的"选项则不指定优先通行权,设施1和设施2的通行权优先级别相同,按照先来后到的顺序分配通行权。"1"和"2"分别所代表的设施编号可以在列表中查看。

具有优先通行权的设施在冲突区域以绿色显示,表明该设施上的车辆和行人在此处不需要让行;而具有较低通行权的设施在冲突区域的路径上放置了红色的条块,表明该设施上运行的车辆或行人需要让行,如图4-2-3所示。若将状态设置为"未明确的",整个冲突区域以红色显示,表明两个设施上的车辆和行人在此处的通行权没有优先之分,按照先来后到的顺序进行让行。

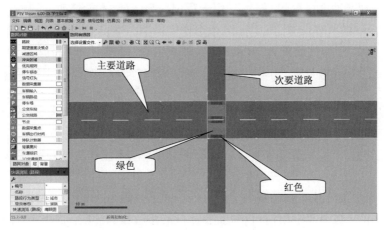

图4-2-3 优先通行权的设置

说明:以上所做的设置将冲突区域激活。如果要取消设置,恢复冲突区域的非激活状态,可以重复上述的步骤①和②,并在弹出的菜单中选择"Set Status to 被动的"选项。

警告:相互冲突的车辆在经过非激活的冲突区域时,不会相互避让。

方式二:

①在主菜单栏依次单击"列表"、"交叉口控制"、"冲突区域",打开"冲突区域"列表,如图4-2-4所示。

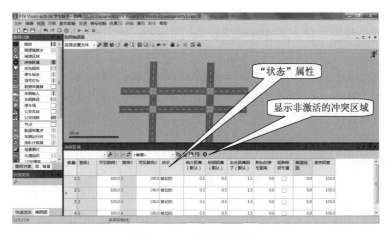

图4-2-4 "冲突区域"列表

②在列表中选择冲突区域的"状态"属性(2等候1先行,1等待2先行,未明确的)。

提示:也可以在冲突区域中双击鼠标左键,打开冲突区域列表。单击列表上方的图标"显示非激活的冲突区域"(图4-2-4),可将其关闭(图标右下方出现叉号),则列表只显示激活状态的冲突区域。

(2)编辑列表

冲突区域和列表的每一行数据是一一对应的关系。鼠标左键单击道路网络中的某个冲突区域,冲突区域被选中,则列表中与该冲突区所对应的行以高亮的颜色显示;鼠标左键单击列表中的任何一个单元格,则与该单元格所对应的冲突区域以高亮的颜色显示。冲突区域的主要属性显示在列表中,可以根据需要进行编辑。

列表的第一列是冲突区域的"编号",用于标识冲突区域,不能修改。属性"路段1"和"路段2"指明冲突区域的所在位置,用于标识状态栏中的"1"和"2"所代表的路段或连接器。在非激活状态下("状态"属性设置为"被动的"),列表中的"路段1"和"路段2"所在单元格均显示为黄色。设置了优先通行权之后,具有优先通行权的"路段"所在单元格显示为绿色,另一个则显示为红色。如果设置的状态是"未明确的",则两个"路段"所在单元格均显示为红色。

属性"可见路段1"和"可见路段2"描述了冲突区域的视距,以米为单位。"可见路段1"是在路段1上运动的车辆或行人刚刚能够清晰看到"路段2"上的交通状况时距离冲突区边缘的距离。"可见路段2"是在路段2上运动的车辆或行人刚刚能够清晰看到"路段1"上的交通状况时距离冲突区边缘的距离。这两个属性不能设置得太小(譬如,小于或者等于1m),否则,车辆将由于无法清晰地看到与其相交的另外一条道路设施上的交通情况而在冲突区域的边缘长期停止不前。此外,该属性仅仅对需要让行的路段施加影响。属性"状态"规定了相交道路设施的优先通行权的分配情况,有四个选项:2等候1先行、1等待2先行、未明确的、被动的。其中,"被动的"是默认选项,表明冲突区域尚未激活。

"前方距离"是为交叉冲突和合流冲突设置的属性,是主要交通流(通行权的优先级别高)的车辆后端和次要交通流(通行权的优先级别低)的车辆前端之间的最小时间间隔,以秒为单位。对于交叉冲突,该最小时间间隔定义为:具有优先通行权(主要交通流)的车辆离开冲突区域后,让行(次要交通流)的车辆在进入冲突区域之前需要等待的最小时间。对于合流冲突,该最小时间间隔定义为:在优先通行权(主要交通流)的车辆进入冲突区域之后,让行(次要交通流)的车辆在进入冲突区域之前需要等待的最小时间。

"后部距离"是仅仅针对交叉冲突而设置的属性,是次要交通流(通行权的优先级别低)的车辆后端和主要交通流(通行权的优先级别高)的车辆前端之间的最小时间间隔,以秒为单位。该最小时间间隔定义为:当让行(次要交通流)的车辆离开冲突区域后,具有优先通行权(主要交通流)的车辆进入冲突区域之前需要提供的最小时间。"安全距离因子"是仅仅针对合流冲突而设置的属性。该因子与主要交通流(通行权的优先级别高)的车辆的正常期望安全距离相乘,用于确定让行交通流(通行权的优先级别低)的车辆在进入合流冲突区域时所必须保持的与主路车辆的最小间距。

"附加的停车距离"属性仅仅和次要交通流中需要让行的车辆有关。该属性设定了次要交通流(假想)停车线向上游方向移动的距离。设定一个大于零的数值,将使得需要让行的车辆在离冲突区域更远的地点停车,并因此而需要为主要交通流提供更大的间隙以便安全穿越冲突区域。

4.2.2 优先规则

对于冲突交通流的让行管理,也可由优先规则进行仿真。通过在路段或连接器上设置优先规则的"停车线"和"冲突标志",实现次要交通流车辆对主要交通流车辆(具有优先通行权)的让行控制。"停车线"是次要路段(通行权的级别较低)的车辆在让行时的停车位置,而"冲突标志"则设置在主要路段(通行权的级别较高)的冲突区域中,用于判定次要道路的车辆是否可以驶入冲突区域。对次要交通流让行控制的具体要求,则体现在优先规则的属性设置中。

(1) 添加优先规则

①单击用户界面左侧"路网对象"栏中的"优先规则"按钮(文字"优先规则"所在位置),如图4-2-5所示。

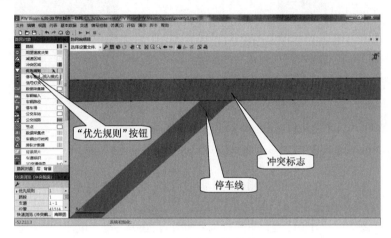

图4-2-5 优先规则的设置

②按下"Ctrl"键,并用鼠标右键单击次要路段上停止线的期望位置;松开"Ctrl"键。

说明:在鼠标的单击处将出现一条与车道垂直的红色线条,也即"停车线",如图4-2-5所示(需要让行的仿真车辆将停在此线的前方)。与此同时,光标的下方出现一条绿色线条(即"冲突标志"),该线条随着光标的移动而移动。

③将光标放在主要路段的适当位置,单击鼠标左键。

④在弹出的"优先规则"对话框中编辑有关属性(具体方法见"编辑优先规则属性")。

⑤单击"优先规则"对话框的"确定"按钮,完成该"冲突标志"的添加。

⑥如果需要对同一个"停车线"添加多个"冲突标志",重复步骤③、④和⑤。否则,在路网编辑器的空白区域单击鼠标左键,停止优先规则的设置。

说明:对于同一个"停车线"可以添加多个"冲突标志",以便仿真复杂的交通状况。

提示:在默认的情形下,"冲突标志"放置在冲突区域结束之前1~2m处。

警告:如果需要在路段与连接器的重叠区域设置"停车线",则应将其设置在连接器上。

(2) 编辑优先规则属性

优先规则的属性显示在"优先规则"对话框中,如图4-2-6所示。可以在添加优先规则时编辑,也可以在添加后编辑。该对话框有两种打开方式:

方式一:鼠标左键双击"冲突标志"。

方式二:鼠标右键单击需要编辑的"冲突标志",在弹出的菜单中选择"编辑"。

对话框可编辑的栏目主要有:"编号"、"名称"、"停车线"和"冲突标志"等,如图4-2-6所示。"停车线"一栏在对话框的左侧,主要属性有:"路段"、"车道"、"位于"和"车辆类别"。"路段"显示了"停车线"所在路段或连接器的编号,不能编辑。"车道"是"停车线"所在车道编号。"位于"是路段或连接器起始处到达"停车线"的距离。"车辆类别"则规定了该"停车线"所针对的让行路段(次要道路)的车辆类型。如果需要分别对次要交通流的各个车辆类型设置互不相同的让行规则,则需要在同一断面处设置多个"停车线"。

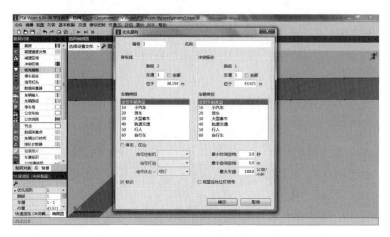

图 4-2-6 "优先规则"对话框

"冲突标志"一栏在对话框的右侧,主要属性有:"路段"、"车道"、"位于"、"车辆类别"、"最小时间空档"、"最小空间空档"和"最大车速"。"路段"显示了"冲突标志"所在路段或连接器的编号,不能编辑。"车道"是"冲突标志"所在车道编号。"位于"是路段或连接器起始处到达"冲突标志"的距离。"车辆类别"则规定了该"冲突标志"所针对的主要道路的车辆类型。如果需要分别对主要交通流的各个车辆类型设置互不相同的让行规则,则需要在同一断面处设置多个"冲突标志"。"最小时间空档"是"冲突标志"与上游主要交通流首辆车的最小时间间隙。当"冲突标志"与上游主要交通流首辆车的时间间隙小于该值时,到达"停车线"前的次要交通流车辆将停车让行。"最小空间空档"是"冲突标志"与上游主要交通流首辆车的最小空间间隙,该属性应用于车辆低速行驶的情形,它和"最大车速"一起决定次要交通流的车辆是否需要停车。当"冲突标志"与上游主要交通流首辆车的空间间隙小于"最小空间空档"并且该车的速度小于或等于"最大车速"时,到达"停车线"前的次要交通流车辆需要在"停车线"前停车让行。

在优先规则的设置中,一条"停车线"可以对应多条"冲突标志",可以在列表中查看和核对它们之间的对应关系。在主菜单栏依次单击"列表"、"交叉口控制"、"优先规则",打开优先规则列表,如图 4-2-7 所示。路网编辑器的下部列出了各个"优先规则"的属性。左边列表的每一行显示了某个"停车线"所在位置及其所针对的车辆类型。单击该列表的每一行,则该行将以高亮的颜色显示,并且在右边将列出该"停车线"所对应的每个"冲突标志"的属性,这些"冲突标志"具有完全相同的"编号"和"名称"。单击右边列表中的每一行,路网编辑器中所对应的"冲突标志"将以高亮的颜色显示。双击右边列表中的某行,则打开"优先规则"对话框,也可以在列表中直接编辑"优先规则"的各个属性。

(3)添加冲突标志(冲突截面)

如果需要针对某个已经建立好的优先规则添加新的冲突标志(冲突截面),可以按照以下步骤进行添加:

①单击用户界面左侧"路网对象"栏中的"优先规则"按钮。

②以鼠标右键单击优先规则所对应的某个冲突标志。
③在弹出的菜单中选择"添加冲突截面"。
④将光标放在路段的适当位置,单击鼠标左键。
⑤在弹出的"优先规则"对话框中编辑有关属性。
⑥单击"优先规则"对话框的"确定"按钮,完成该"冲突标志"的添加。
⑦如果需要添加多个"冲突标志",重复步骤④、⑤和⑥。否则,在路网编辑器的空白区域单击鼠标左键,停止优先规则的设置。

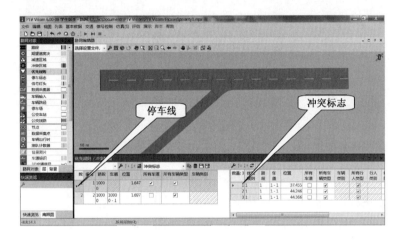

图 4-2-7 "优先规则"列表

(4)移动停车线或者冲突标志

方式一:

①将光标放在"停车线"或者"冲突标志"的上方(光标的右下方出现十字箭头),按下鼠标左键,然后移动光标("停车线"或者"冲突标志"将随光标的移动而移动)。

②将"停车线"或"冲突标志"移动到适当的位置后,松开鼠标左键。

方式一:

①双击需要移动的"停车线"或者"冲突标志"。

②在弹出的"优先规则"对话框中修改"停车线"或"冲突标志"的"位于"属性或"车道"属性。

(5)删除停车线或冲突标志

停车线或冲突标志的删除方式有两种。方式一:鼠标右键单击"停车线"或"冲突标志",在弹出的菜单中选择"删除"。方式二:将"停车线"或"冲突标志"移动到路段或连接器的外面。当"停车线"被删除时,其所对应的所有"冲突标志"也被同时删除。

4.2.3 停车标志

在一些特定的道路交通设施,要求车辆在停车线前面完全停下来,然后再继续通行。譬如,在采取停车让行的交叉口、在公路的收费站,以及两相位信号控制交叉口在红灯期间的右转车道(两相位信号控制交叉口通常允许右转车辆在红灯期间让行通过)。为仿真车辆的上述停车行为,可以采用 VISSIM 的"停车标志"予以仿真。

(1)添加停车标志

方式一：

①单击用户界面左侧"路网对象"栏中的"停车标志"按钮(文字"停车标志"所在位置)，如图4-2-8所示。

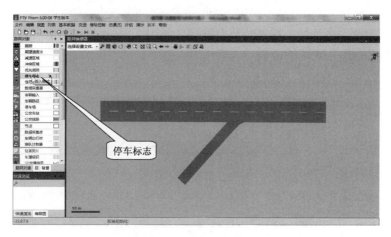

图4-2-8 "停车标志"按钮

②在路段或连接器上需要添加停车标志的地方单击鼠标右键。

③在弹出的菜单中选择"添加停车标志"选项，如图4-2-9所示。

图4-2-9 单击"添加停车标志"选项

④在弹出的"停车标志"对话框中编辑有关属性(具体方法见"编辑停车标志属性")。

⑤单击"停车标志"对话框的"确定"按钮，完成停车标志的添加。

方式二：

①单击用户界面左侧"路网对象"栏中的"停车标志"按钮，如图4-2-8所示。

②按下按"Ctrl"键，然后在路段或连接器上需要添加停车标志的地方单击鼠标右键。

③在弹出的"停车标志"对话框中编辑有关属性(具体方法见"编辑停车标志属性")。

④单击"停车标志"对话框的"确定"按钮，完成停车标志的添加。

说明： 停车标志是一条垂直于车道的橙色线条，通常设置在停车线所在位置，如图4-2-10所示。用鼠标左键单击后变粗，表明它已经被选中。

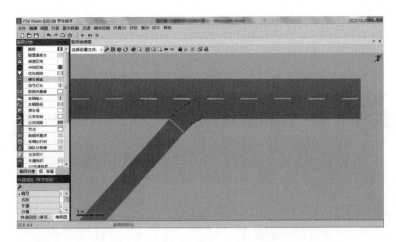

图 4-2-10 单击"停车标志"

（2）编辑停车标志属性

停车标志属性显示在"停车标志"对话框中，如图 4-2-11 所示。可以在添加停车标志时编辑，也可以在添加后编辑。该对话框有两种打开方式：

方式一：鼠标左键双击停车标志。

方式二：鼠标右键单击需要编辑的停车标志，在弹出的菜单中选择"编辑"。

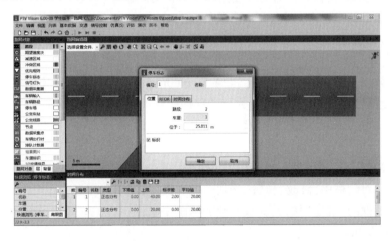

图 4-2-11 "停车标志"对话框

停车标志的主要属性有："编号"、"名称"，以及三个选项卡（位置、RTOR 和时间分布），如图 4-2-11 所示。"位置"选项卡有以下属性："路段"、"车道"和"位于"，分别是停车标志所在的路段、车道的编号以及路段起点到停车标志的距离。"RTOR"（Right Turn on Red）选项卡用于仿真红灯时期可以右转弯的交通控制措施。

"时间分布"选项卡用于仿真车辆在收费站的停车行为，可以为每一类型的车辆分别指定其在收费站的停靠时间分布（这些"时间分布"需要提前定义）。具体操作方法如下：

①单击"时间分布"选项卡。

②单击"使用时间分布"，使得其左边的方框出现钩号（图 4-2-12）。

③在下面的列表中单击鼠标右键，在弹出的菜单中单击"新建"。

④编辑列表中出现的数据属性("车辆类别"和"停靠时间分布"):把光标放在需要修改的数据项,数据项右边出现向下的按钮(图 4-2-12);单击按钮,在下拉的菜单中选择需要的选项。

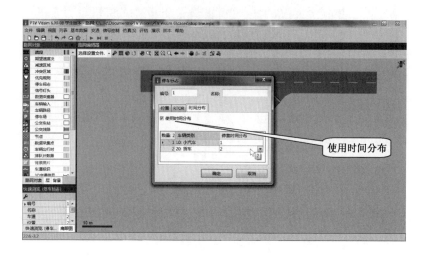

图 4-2-12 "停车标志"的"时间分布"选项卡

⑤重复步骤③和④,直到所有需要使用的车型都得到设置。
⑥单击对话框的"确定"按钮,完成参数的设置。

(3)移动停车标志

方式一:

①将光标放在需要移动的"停车标志"的上方(光标的右下方出现十字箭头),按下鼠标左键,然后移动光标("停车标志"将随着光标的移动而移动)。

②将"停车标志"移动到适当的位置后,松开鼠标左键。

方式二:

①打开"停车标志"对话框。

②在打开的对话框中,修改"位置"选项卡的有关属性。

③单击对话框的"确定"按钮,完成参数的修改。

(4)复制停车标志

方式一:

①鼠标右键单击停车标志,在弹出的菜单中选择"复制"。

②移动停车标志,在其原来的位置出现一个新的停车标志。

方式二:

①鼠标左键单击停车标志(单击之后不要松开鼠标左键)。

②按下"Ctrl"键,然后移动光标(停车标志被移动,在其原来的位置出现一个新的停车标志)。

(5)删除停车标志

停车标志的删除方式有两种。方式一:鼠标右键单击停车标志,在弹出的菜单中选择"删除"。方式二:将停车标志移动到路段或连接器的外面。

4.3 信号控制仿真

城市道路中,大量的交叉口采取了信号控制的方式。在公路网络中,交通量比较大的交叉口通常也采用信号控制。在 VISSIM 仿真系统中,可以运用信号控制机和信号灯头实现对信号控制交叉口的仿真。通常需要按照以下顺序完成信号控制的整个仿真过程:首先,需要新建信号控制机;然后,编辑信号控制,新建信号灯组和信号配时方案;最后,在路段或连接器的适当位置添加信号灯头,并指定其所受控制的信号控制机和信号灯组的编号。

4.3.1 信号控制机

VISSIM 仿真系统的信号控制机可以仿真定时式信号控制、感应式信号控制和区域信号控制系统。下面主要介绍定时式信号控制的仿真。

(1)新建信号控制机

①在主菜单栏依次单击"信号控制"和"信号控制机",打开"信号控制机/信号灯组"列表,如图 4-3-1 所示(左栏是信号控制机列表,右栏是信号灯组列表)。

②以鼠标右键单击信号控制机列表的空白处,在弹出的菜单中单击"新建",如图 4-3-1 所示。

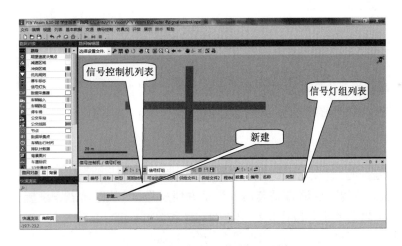

图 4-3-1 "信号控制机/信号灯组"列表

③在弹出的"信号控制"对话框中编辑有关属性(具体方法见编辑"信号控制"对话框)。

④单击"信号控制"对话框的"确定"按钮,完成信号控制机的新建。

(2)编辑"信号控制"对话框

可以在新建信号控制机时编辑"信号控制"对话框,也可以在新建之后编辑,如图 4-3-2 所示。该对话框有以下两种打开方式:

方式一:在列表中需要编辑的信号控制机上单击鼠标右键,在弹出的菜单中选择"编辑"。

方式二:鼠标左键双击列表中需要编辑的信号控制机。

"信号控制"对话框的主要属性有:"编号"、"名称"和"类型",如图 4-3-2 所示。其中,"类型"是交通信号灯的控制方式,这里的"定时"表示的是定时式信号控制,其参数可以在下面的"固定配时"选项卡中进行设置。

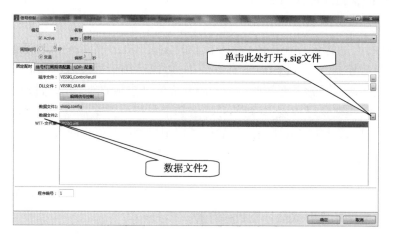

图 4-3-2 "信号控制"对话框

如果使用事先制定的信号配时方案(保存在以 sig 为后缀的文件中),可以在"固定配时"选项卡中打开存放该配时方案的文件,方法是:单击"固定配时"选项卡的"数据文件 2"最右侧的按钮,如图 4-3-2 所示;在弹出的"打开文件"对话框中选择需要打开的文件。

(3) 打开信号控制编辑器

为了设定信号控制机的配时方案,需要运用信号控制编辑器新建和编辑信号灯组和信号配时方案。打开信号控制编辑器的方式有以下两种:

方式一:

①以鼠标右键单击信号控制列表中需要编辑的信号控制机。

②在弹出的菜单中选择"编辑信号控制"选项。

方式二:

①打开"信号控制"对话框。

②单击"固定配时"选项卡的"编辑信号控制"按钮。

信号控制编辑器的默认语言是英语。为了方便操作,可以将其语言设置为汉语,方法如下:在信号控制编辑器的主菜单栏依次单击"Edit"和"Options",在弹出的"Options"对话框中"Common"选项卡内,把"Language"属性设置为"Chinese"。

信号控制编辑器的用户界面分为以下五个区域:标题行、菜单行、工具栏、导航器和参数页,如图 4-3-3 所示。标题行显示交通控制方式、信号控制机编号和当前信号控制文件(如:signal control 1. sig)。菜单行有文件和编辑两个菜单。其中,文件菜单有打开、保存、另存为和退出等按钮;编辑菜单有撤销、恢复和选项等按钮。工具栏有返回、保存、撤销、恢复、返回视图、下个视图、新建、复制、编辑和删除等图标,将光标放置在图标上,将出现解释其功能的文字泡。用户界面左侧的导航器以树形结构显示可以编辑的参数页,该树形结构具有打开和折叠功能,单击导航器树形结构的每一个项目,右边的参数页将显示其所对应的参数。导航器树形结构的根目录是"我的信号控制",其下有"信号灯组"和"信号配时方案"等子项目,通过新建与编辑信号灯组和信号配时方案,可以实现对定时式信号控制的设定。

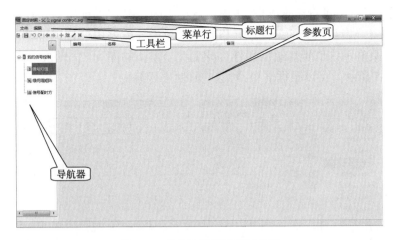

图 4-3-3　信号控制编辑器用户界面

(4) 新建与编辑信号灯组

信号灯组在仿真的过程中控制了一组信号灯头,使得这些信号灯头在每一时刻都显示相同的灯色。可以采取以下两种方式在信号控制编辑器内新建信号灯组:

方式一:

①在导航器中单击信号灯组(信号灯组列表在用户界面右边的参数页自动打开)。

②在信号灯组列表下面的空白处单击鼠标右键。

③在弹出的菜单中选择"新建"。

方式二:

①在导航器中单击信号灯组。

②单击工具栏的"新建"图标。

说明:新建的信号灯组将显示在参数页内的列表内,如图 4-3-4 所示。可以在列表中修改信号灯组的编号和名称。

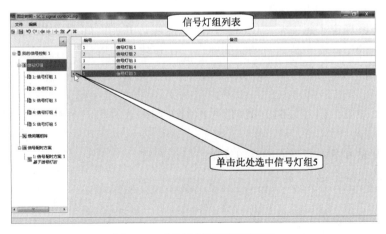

图 4-3-4　参数页内的信号灯组列表

单击信号灯组列表最左侧的单元格,该单元格所在的行(信号灯组)将被选中,并且以高亮的蓝色予以显示,如图 4-3-4 所示。此时,可以单击工具栏内的图标,对选中的信号灯组进行删除、复制和编辑等操作。

对选中的信号灯组进行编辑操作(单击工具栏内的"编辑"图标),或者双击信号灯组列表最左侧的单元格(或者最右侧的备注单元格),或者单击导航器内信号灯组目录下的某个信号灯组,将在参数页显示该信号灯组的属性("名称"、"默认的序列"、"默认的最小时长"和"备注"),如图 4-3-5 所示。可以根据需要,对这些属性进行编辑。

图 4-3-5　信号灯组的属性

"默认的序列"定义了在新建信号配时方案时该信号灯组所显示的各种灯色,以及这些灯色出现的默认次序。该属性的默认选项是"红—红/黄—绿—黄"。红/黄表示红灯和黄灯同时亮起,这是一些欧洲国家为方便驾驶人的驾驶操作,在交通信号灯控制方面的通常做法,在我国很少使用。可以单击该属性值右侧的向下箭头,在下拉式的菜单中选择"红—绿—黄"。"默认的最小时长"规定了在信号配时方案中每种灯色的最小显示时间,单位是秒。编辑的方法:单击灯色下面的单元格,输入数据。此外,还可以将光标放在"备注"下面的方框内,对该信号灯组进行简要的说明。

警告:应在新建信号配时方案之前完成信号灯组的新建和编辑。

(5)新建与编辑信号配时方案

信号配时方案规定了每一个相位(信号灯组)的绿灯开始时间和结束时间,划定了交叉口进口道相互冲突的交通流交替通过的时间窗口。在新建和编辑信号灯组之后,可以采取以下两种方式在信号控制编辑器内新建配时方案:

方式一:

①在导航器中单击信号配时方案(信号配时方案列表在用户界面右边的参数页自动打开)。

②在信号配时方案列表下面的空白处单击鼠标右键。

③在弹出的菜单中选择"新建"。

方式二:

①在导航器中单击信号配时方案。

②单击工具栏的"新建"图标。

说明:新建的信号配时方案将显示在参数页内的列表内,如图 4-3-6 所示。列表中显示信号配时方案的属性包括:"编号"、"名称"、"绿灯间隔"、"周期时间"、"偏移"和"切换点"。可以在列表中修改"编号"和"名称",其他属性不能在此修改。

单击列表最左侧的单元格,该单元格所在的行(信号配时方案)将被选中,并且以高亮的蓝色予以显示,如图 4-3-6 所示。此时,可以单击工具栏内的图标,对选中的信号配时方案进行删除、复制和编辑等操作。

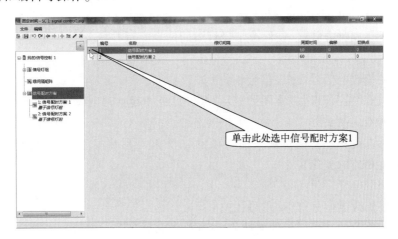

图 4-3-6　信号配时方案列表

对选中的信号配时方案进行编辑操作(单击工具栏内的"编辑"图标),或者双击信号配时方案列表最左侧的单元格(或者"绿灯间隔"、"周期时间"和"切换点"所在的任意单元格),或者单击导航器内信号配时方案目录下的某个信号配时方案,将在参数页显示该信号配时方案的属性,如图 4-3-7 所示。可以根据需要,对这些属性进行编辑。

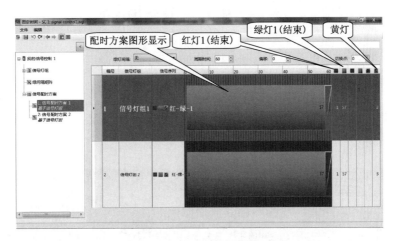

图 4-3-7　信号配时方案属性

参数页的上端显示的主要属性有:"名称"、"绿灯间隔"、"周期时间"、"偏移"和"切换点"。其中,"周期"表示信号灯色按照设定的顺序显示一周所需要的时间,单位是秒。每个信号灯组(信号相位)都具有相同的周期时间。"偏移"是指信号协调控制的时差,它定义了信号配时方案启动的延迟时间。在这些属性的下面,以表格的形式显示了每个信号灯组的属性,从左至右依次是:"编号"、"信号灯组"、"信号序列"、"信号配时方案图形显示"、"红灯 1(结束)"、"绿灯 1(结束)"、"红灯 2(结束)"、"绿灯 2(结束)"和"黄灯",如图 4-3-7 所示。单击某个信号灯组的任一属性,则该信号灯组将被选中,其所在的行以高亮的蓝色予以显示。

属性"编号"和"信号灯组"分别显示了信号灯组的编号和名称;"信号序列"则给出各个灯色出现的先后顺序;"信号配时方案图形显示"以生动的图形显示配时方案,表现各个灯色的开始时间和结束时间。此外,属性"红灯(结束)"规定了红灯的结束时刻,属性"绿灯(结束)"规定了绿灯的结束时刻,而属性"黄灯"则规定了黄灯的显示时间。

可以按照下述两种方式之一,修改信号灯组的信号配时方案:

方式一:

①选中需要修改的信号灯组(信号相位)。

②将光标放在"信号配时方案图形显示"某一灯色的起始时刻或者结束时刻处(光标变成与时间轴平行的双向箭头)。

③按下鼠标左键并左右移动鼠标,信号配时方案的图形将发生变化(灯色的起始时刻或者结束时刻发生相应的变化)。

方式二:

①选中需要修改的信号灯组(信号相位)。

②双击需要修改的某个灯色的属性值,该属性值将处于可编辑状态。

③编辑该属性值,然后按下回车键。

④重复步骤②和③,直到所有需要改变的属性值都得到相应的编辑。

4.3.2 信号灯头

因为在仿真的过程中信号灯组不可见,VISSIM 由信号灯头来显示信号灯组的灯色。一个信号灯组可以分配给多个信号灯头,这些灯头在每个时刻都显示相同的颜色,即是信号灯组的颜色。

(1)添加信号灯头

可以采取以下两种方式在路段或者连接器上添加信号灯头:

方式一:

①单击用户界面左侧"路网对象"栏中的"信号灯头"按钮(文字"信号灯头"所在位置),如图 4-3-8 所示。

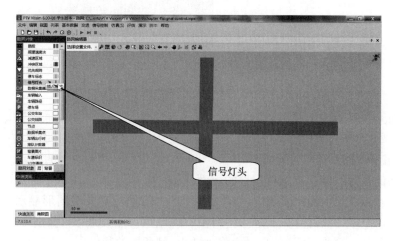

图 4-3-8 "信号灯头"按钮

②在路段或连接器上需要添加信号灯头的地方单击鼠标右键。
③在弹出的菜单中选择"添加信号灯头",如图 4-3-9 所示。

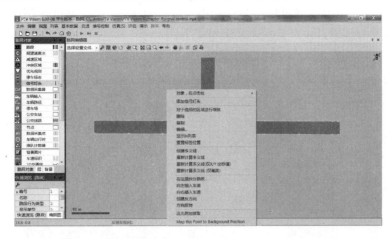

图 4-3-9 "添加信号灯头"选项

④在弹出的"信号灯"对话框中编辑有关属性(具体方法见"编辑信号灯头属性")。
⑤单击"信号灯"对话框的"确定"按钮,完成信号灯头的添加。

方式二:
①单击用户界面左侧"路网对象"栏中的"信号灯头"按钮,如图 4-3-8 所示。
②按下"Ctrl"键,然后在路段或连接器上需要添加信号灯头的地方单击鼠标右键。
③在弹出的"信号灯"对话框中编辑有关属性(具体方法见"编辑期信号灯头属性")。
④单击"信号灯"对话框的"确定"按钮,完成信号灯头的添加。

说明:信号灯头是一条垂直于车道的暗红色线条,如图 4-3-10 所示。以鼠标左键单击后变粗,表明它已经被选中。

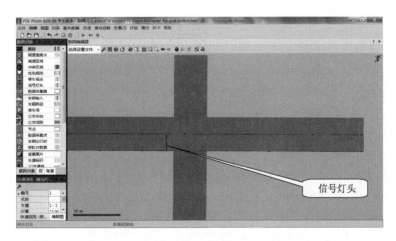

图 4-3-10 信号灯头的形状和位置

信号灯头应放置在信号控制交叉口停车线所在的位置,如图 4-3-10 所示。在仿真运行期间将根据信号控制机的指示依次呈现红色、绿色和黄色。红灯期间到达的车辆被阻止在信号灯头的前方;绿灯期间到达的车辆可以通过信号灯头;而在黄灯期间到达的车辆,如果没有完全停下,则可以继续通过信号灯头。

(2)编辑信号灯头属性

信号灯头的属性显示在"信号灯"对话框中,如图4-3-11所示。可以在添加信号灯头时编辑,也可以在添加后编辑。该对话框有两种打开方式:

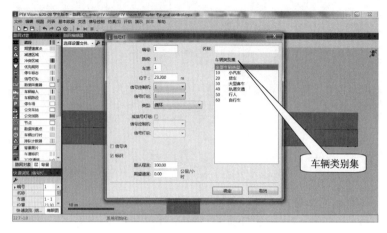

图4-3-11 "信号灯"对话框

方式一:鼠标左键双击信号灯头。

方式二:鼠标右键单击需要编辑的信号灯头,在弹出的菜单中选择"编辑"。

信号灯头的主要属性有:"编号"、"名称"、"路段"、"车道"、"位于"、"信号控制机"、"信号灯组"和"车辆类别集"等,如图4-3-11所示。其中,"路段"和"车道"分别是信号灯头所在路段和所在车道的编号;"位于"是路段或者连接器起点到信号灯头的距离。"信号控制机"和"信号灯组"分别是控制信号灯头的信号控制机编号和信号灯组编号,这两项属性将信号灯头的灯色显示绑定到某个已经设定好的信号控制机的某个特定信号相位。"车辆类别集"定义了信号灯头所控制的车辆类别;在该属性的下方有一菜单,用户可以根据仿真的需要进行选择(按下"Ctrl"键可以在菜单中选择多个车辆类别),默认的选项是全部车辆类型。

(3)移动和复制信号灯头

信号灯头的移动方式有两种。方式一:将光标放在需要移动的信号灯头的上方(光标的右下方出现十字箭头),按下鼠标左键,然后移动光标。信号灯头将随着光标的移动而移动。方式二:直接在"信号灯"对话框中修改其"车道"属性或者"位于"属性。

信号灯头的复制方式也有两种,具体如下。

方式一:

①鼠标右键单击信号灯头,在弹出的菜单中选择"复制"。

②移动信号灯头,在其原来的位置出现一个新的信号灯头。

方式二:

①将光标放在信号灯头的上方(光标的右下方出现十字箭头),按下"Ctrl"键。

②按下鼠标左键,然后移动光标(信号灯头被移动,在其原来的位置出现一个新的信号灯头)。

(4)删除信号灯头

删除信号灯头的方式有两种。方式一:鼠标右键单击信号灯头,在弹出的菜单中选择"删除"。方式二:将信号灯头移动到路段或者连接器的外面。

4.3.3 信号控制仿真示例

信号控制的关键在于信号相位的设计。在进行信号控制仿真时,根据信号相位设计方案,确定信号灯组的个数以及每个信号灯组的主要属性值;新建信号控制机,编辑"信号控制"对话框,在信号控制编辑器中新建和编辑信号灯组;最后,在路段或者连接器上添加信号灯头,并将其绑定到信号控制机某个特定的信号灯组(信号相位)。下面,以一个具体的例子,予以说明。

例4.2 驿城路是自西向东的单行线,羽飞路是自南向北的单行线,两条道路相交构成一平面交叉口,其道路设施的仿真模型已经构建,如图4-3-12所示。在驿城路与羽飞路交叉口采取两相位信号控制。信号相位设计方案如下:第一相位是驿城路进口道的直行和左转;第二相位是羽飞路进口道的直行与右转。根据交叉口的交通需求和几何设计,计算其周期时间为56s,黄灯时间为3s,全红时间为2s;第一相位绿灯时间为26s,第二相位绿灯时间为20s。试根据上述要求,完成该交叉口信号控制仿真模型的构建。

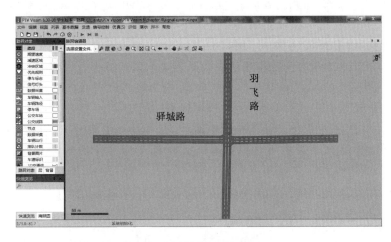

图4-3-12 驿城路与羽飞路交叉口

应用信号控制机和信号灯头,按照以下步骤,逐步实现仿真模型的构建:

①在主菜单栏依次单击"信号控制"和"信号控制机",在列表中新建"信号控制机",并在其"信号控制"对话框中进行如下编辑:"名称"设置为"驿城路与羽飞路";"类型"设置为"定时"。

②打开"驿城路与羽飞路"信号控制编辑器,新建两个信号灯组,并将其"名称"分别设置为"驿城路进口道直行与左转"和"羽飞路进口道直行与右转",默认的序列设置为"红—绿—黄";根据信号配时方案,计算各个信号灯组的主要参数,如表4-3-1所示。

信号灯组的主要参数　　　　　　　　　　　　　　　表4-3-1

信号灯组	红灯1(结束)/s	绿灯1(结束)/s	黄灯/s
驿城路进口道直行与左转	0	26	3
羽飞路进口道直行与右转	31	51	3

③新建"信号配时方案1",将其周期时间设置为56s,并按照表4-3-1编辑各个信号灯组的属性,结果如图4-3-13所示。

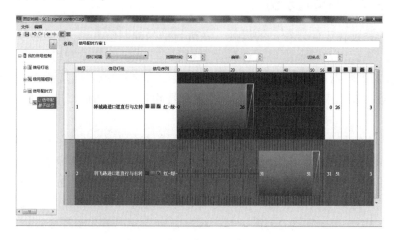

图4-3-13 驿城路与羽飞路信号配时方案1

④单击用户界面左侧"路网对象"栏中的"信号灯头"按钮,在路段"驿城路进口道"的里侧车道(车道3)上停车线所在位置添加一个信号灯头,"名称"设置为"西进口—直行与左转","信号控制机"设置为"1","信号灯组"设置为"1";将该信号灯头复制二个,并分别将其放置在该路段车道1和车道2的停车线所在位置。

⑤在路段"羽飞路进口道"的内侧车道(车道3)上停车线所在位置添加一个信号灯头,"名称"设置为"南进口—直行与右转","信号控制机"设置为"1","信号灯组"设置为"2";将该信号灯头复制二个,并分别将其放置在该路段车道1和车道2的停车线所在位置。

说明:以上操作建立了驿城路与羽飞路交叉口的交通信号控制仿真模型,如图4-3-14所示。

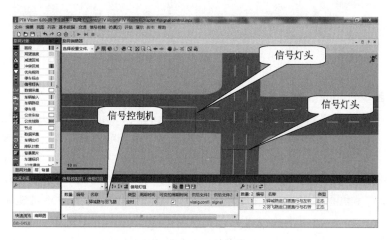

图4-3-14 驿城路与羽飞路交叉口的交通信号控制仿真模型

第 5 章
公交和停车仿真

公共交通是解决城市交通拥堵问题的主要途径,而停车问题是现在城市交通面临的重要难题。本章结合选定的路段和停车场,说明公交站点、公交线路以及停车场的仿真模型构建方法。公交的停靠可以视为一种临时停车,因此将公交和停车仿真放在同一章内。

5.1 直线式公交站点及线路

5.1.1 创建公交站点

导入底图,创建背景。结果如图 5-1-1 所示。

如图 5-1-1 所示,黑色线段表示直线式公交站点 1 大概位置。首先参照 3.1 有关内容在交叉口东进口创建一段路段,起点和终点如图 5-1-2 所示。单击路网对象栏的"公交站点"图标,将程序切换到公交站点设置状态。选中东进口路段,按照底图在黑色线段下方最外侧的车道上,按住鼠标右键从左至右画出一红色矩形框,起点和终点如图 5-1-2 所示,松开鼠标弹出"公交站点"对话框,在属性"名称"输入"公交站 1",如图 5-1-3 所示,单击确定。站点设置完成后出现的红色矩形框即是直线式公交站"公交站 1"的位置。

说明：创建公交站点时，方向从左至右和从右至左均可。

提示：在公交站点上按住鼠标左键不放，可以移动公交站点。

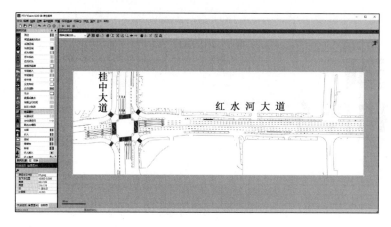

图 5-1-1　公交仿真底图

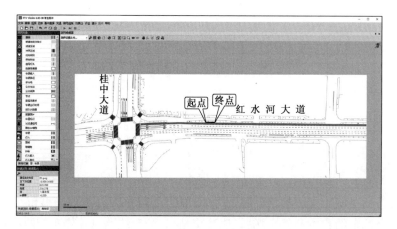

图 5-1-2　直线式公交站点

图 5-1-3　公交站点属性对话框

5.1.2 创建公交线路

(1)设置"1路"公交线路起终点。单击路网对象栏"公交线路"按钮,将程序切换到公交线路设置状态。单击选中红水河大道东进口路段,将鼠标移至靠近入口处某一点,右击鼠标,此时在路段上出现一条蓝色线段(公交线路的起始点)。在期望路段中用鼠标指针指向靠近桂中大道与红水河交叉口的位置,并用鼠标右键单击该位置,此时在公交线路起点和终点之间出现一条黄色路段,公交站点1显示为红色(表示包含在公交线路"1路"终)如图5-1-4所示,并弹出"公交线路"对话框,在"名称"中输入"1路","期望车速分布"一栏下选择"30:30km/h (30.00km/h,35.00km/h)",如图5-1-5所示。

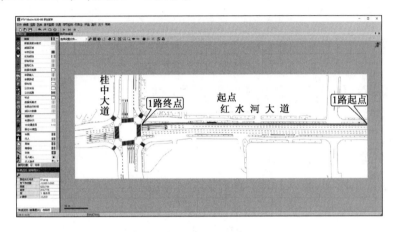

图 5-1-4　公交线路起终点设置

(2)设置发车间隔,以及开始时间、结束时间。在"公交线路"对话框开始时间单击新建、创建开始时间,如图5-1-6所示,弹出"按发车时间间隔计算的发车时间","频率"设为100,"结束"设为9999,"占有率"设为40,如图5-1-7所示。单击"确定",返回到"公交线路"对话框,生成发车时间表,单击"确定"。

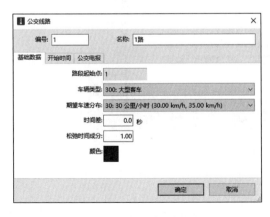 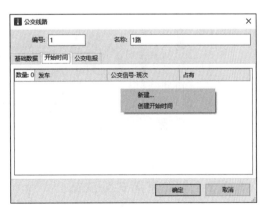

图 5-1-5　公交线路基础数据　　　　　　图 5-1-6　创建公交线路发车时间

提示①:默认在路段起点放置蓝色决策点断面,线路从这里开始。

提示②:如果起始断面和目的地断面间没有连接,VISSIM 可能无法显示线路路径。这种情况下,必须更改目的地路段或目的地断面或修正 VISSIM 路网。如果起始断面和目的地断面之间有连接,则显示彩条。

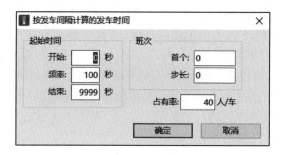

图 5-1-7　设置公交线路运行属性

(3)运行仿真,查看设置效果。单击运行仿真按钮,查看运行效果。

5.2　公交专用道路及港湾式公交站

5.2.1　创建公交专用道路

单击路网对象栏中的"路段"按钮,切换到路段编辑器状态。创建一段路段,起点和终点如图 5-2-1 所示,"名称"输入"东出口公交专用道","数量"为 1,"宽度"为默认值 3.5。单击"被阻挡的车辆类别",如图 5-2-2 所示,依次勾选被阻挡的车辆,只留下"30:大型客车"类别,单击确定。

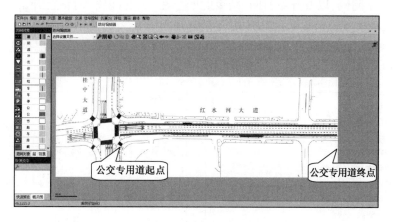

图 5-2-1　创建出口路段

5.2.2　创建港湾式公交站

单击路网对象栏中的"公交车站",将程序切换到公交站点设置状态。选中东出口路段,在公交车站车道底图港湾式停靠站点附近按住鼠标右键从左至右画出一矩形框(软件界面中为红色),松开鼠标弹出"公交站点"对话框,在属性"名称"输入"公交站 2",单击确定。站点设置完成后会出现红色矩形框,在红色矩形框上按住 Ctrl+鼠标右键,弹出快捷菜单如

图 5-2-3 所示,选择创建港湾式公交站点,结果如图 5-2-4 所示。

提示:港湾式公交站点减速段和加速段自动生成。

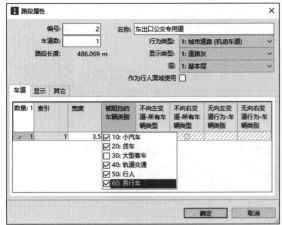
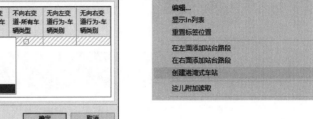

图 5-2-2　设置公交专用道路段属性　　　　图 5-2-3　港湾式公交站点选择

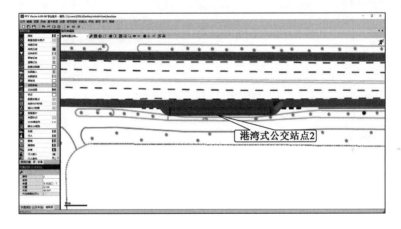

图 5-2-4　港湾式公交站点

5.2.3　公交专用道线路设置

(1)单击路网对象栏"公交线路"按钮,切换到公交线路设置状态。单击选择"东出口公交专用道"路段,用鼠标右键单击创建公交线路的起点,在期望路段中用鼠标指针指向公交线路期望的位置,并用鼠标右键单击该位置,弹出"公交线路"对话框,在"名称"中输入"2 路","期望车速分布"一栏下选择"30:30 公里/小时(30.00km/h,35.00km/h)"并设置"按发车时间间隔计算的发车时间"表,"频率"设置为 100,"占有率"为 40,如图 5-2-5 所示,单击确定。

(2)将港湾式公交站 2 加入到"2 路"中。在港湾式公交站点上方的线路(软件界面中为黄色)上,单击鼠标右键,创建 1 个"控制点",左键将"控制点"拖至港湾式停车站内,如图 5-2-6 所示。

提示:港湾式公交车站不会自动出现在新公交线路的线路上。

(3)运行仿真,查看仿真效果。

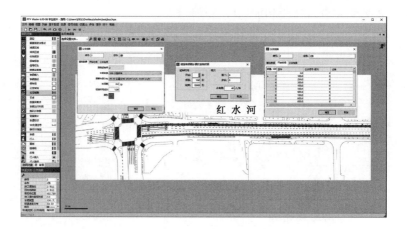

图 5-2-5　设置公交线路起终点

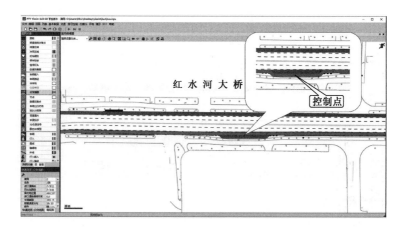

图 5-2-6　匹配站点与线路

5.3　停车场仿真

5.3.1　创建停车场道路及车位

(1) 导入底图

新建文件名为"parking"的文件,导入某停车场平面底图,结果如图 5-3-1 所示。

(2) 调整底图比例画出路段

调整底图比例,车位宽度输入"2.5"m,停车场入口、出口及停车位如图 5-3-2 所示,停车位中心线显示如图 5-3-3 所示。

提示: VISSIM 本质上并不支持倒车的行为设置,软件中也没有进行相关设置的功能键和菜单。利用 VISSIM 中的轨迹特征可以使得车辆看起来在倒退,从而完成倒车行为。

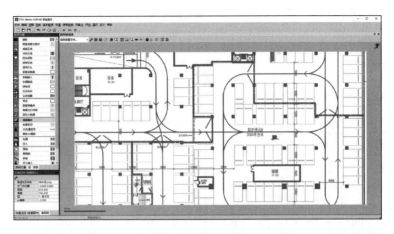

图 5-3-1　停车场底图

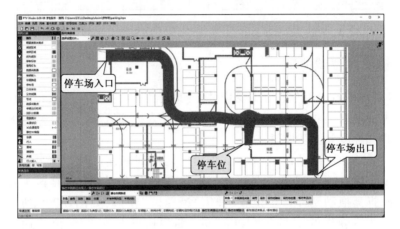

图 5-3-2　停车场入口、出口及停车位

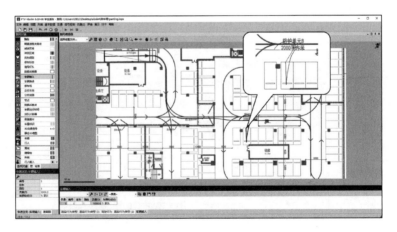

图 5-3-3　停车场入口、出口及停车位中心线显示

5.3.2　设置停车速分布

由于受条件限制,停车场内车辆车速与城市道路不同,需根据实际情况设置车速分布。交

通构成中,每种车辆类型都可以定义目标车速的随机分布,如图5-3-4所示(有关概念和操作方法详见4.1有关内容)。新建期望车速-分布如图5-3-5所示。

数量	编号	名称	下限值	上限
1	5	5公里/小时	4.00	6.00
2	12	12 km/h	12.00	15.00
3	15	15公里/小时	15.00	20.00
4	20	20公里/小时	20.00	25.00
5	25	25公里/小时	25.00	30.00
6	30	30公里/小时	30.00	35.00
7	40	40公里/小时	40.00	45.00
8	50	50公里/小时	48.00	58.00
9	60	60公里/小时	58.00	68.00
10	70	70公里/小时	68.00	78.00
11	80	80公里/小时	75.00	110.00
12	85	85公里/小时	84.00	88.00
13	90	90公里/小时	85.00	120.00
14	100	100公里/小	88.00	130.00
15	120	120公里/小	85.00	155.00
16	130	130公里/小	80.00	170.00
17	140	140 km/h	80.00	205.00

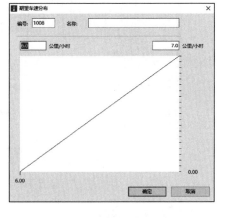

图5-3-4 期望车速-分布表   图5-3-5 新建期望车速-分布

5.3.3 设置车位减速区

当VISSIM路网的自由流车速发生变化时,需要定义一个车速分布变化。在减速区域,车辆从减速区域开始前自动降低车速并以降低的车速驶入减速区域。离开减速区域后,车辆重新获得之前的期望速度并自动加速。

单击路网对象栏的"减速区域"图标,将程序切换到减速区域设置状态。选择需要设置减速区的路段,用鼠标右键单击路段车辆转入停车位的位置,在路段上设置减速区的起点,沿着路段将其拖动到停车位位置,弹出"减速区"窗口,如图5-3-6所示,"期望速度分布"选择上一步骤新建的编号为"1008"的"期望速度分布",车位减速区设置结果如图5-3-7所示。

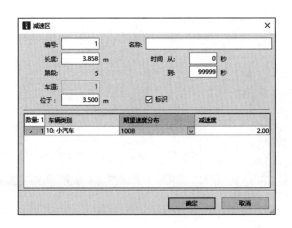

图5-3-6 期望车速分布

5.3.4 设置停车位

单击路网对象栏的"停车场"图标,将程序切换到停车场设置状态。用鼠标指针指向停车位起始点所在路段上的位置，单击鼠标右键并沿停车位拖动，松开鼠标右键，弹出"停车场窗口"，如图 5-3-8 所示，设置结果如图 5-3-9 所示。

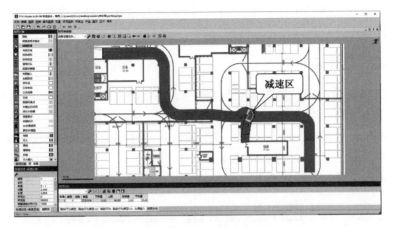

图 5-3-7　车位减速区设置

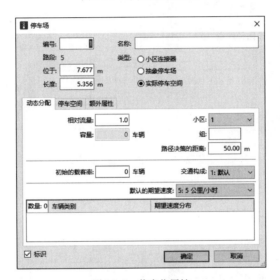

图 5-3-8　停车位属性

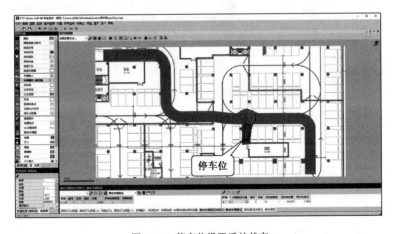

图 5-3-9　停车位设置后的状态

提示:如果停车空间比车辆长 0.5 m,则适于停车。如果车辆长度超过停车空间,VISSIM 将检查相邻两个或多个停车空间是否空闲,可以停车。但是,只有部分占用的停车场不会为其他车辆分配停车空间,也就是说,车辆总是停在停车空间起点。如果没有相邻停车空间空闲,则较长车辆不停车而继续在其路径上行驶。

5.3.5 路径选择与转向

车辆的行驶路径由从路径决策起点到路径决策终点的一个固定的路段和连接器序列组成。路径决策起点与路径决策终点是一对多的关系。车辆行驶路径的长度不是一个固定值。

行驶路径决策功能仅对经过定义的车辆和没有任何路径信息的车辆起作用,这些车辆只有在通过路径决策终点后,才能接收新的路径信息。

本次仿真的行车路径设置如图 5-3-10 所示,停车路径设置如图 5-3-11 所示。

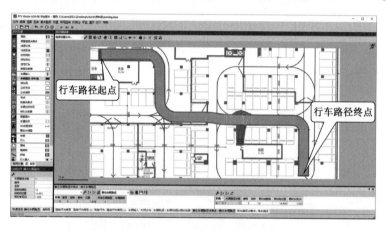

图 5-3-10 行车路径设置

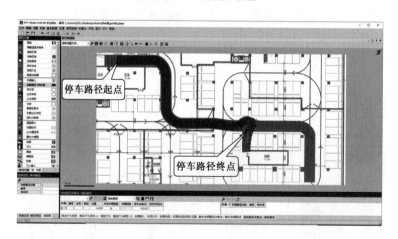

图 5-3-11 停车路径设置

提示①:对于停车场类型的车辆路径,路径在目的地停车场的终点结束。

提示②:停车场的起点必须朝驾驶方向且足够远离所属路径决策点,这样,车辆就可以缓慢制动并平稳到达首个停车空间。否则,可能无法为首个停车空间或开始几个停车空间分配车辆,车辆可能错过指定的停车空间并堵塞流动的交通。

5.3.6 优先权设置

在停车场的道路网络中,某两个方向的车流因缺少信号控制,汇合时会产生交织。为保证行车安全,这时次要流向的车流必须停车,让主要方向的车流(具有优先权)先通过,然后在车头间距和时距得以保证时汇入自由车流。在 VISSIM 仿真系统中,可以采取冲突区域、优先规则和停车标志仿真车辆之间的让行行为。本节将采取优先规则仿真停车场内的车辆让行(有关概念和操作方法详见4.2节有关内容)。

单击路网对象栏的"优先规则"图标,将程序切换到优先规则设置状态。在靠近停车位处单击鼠标右键,设置"停车线"(红色线条),分别拖动鼠标在车位进口、出口路段设置"冲突标志"(绿色线条),如图 5-3-12 所示,设置优先规则显示结果如图 5-3-13 所示。

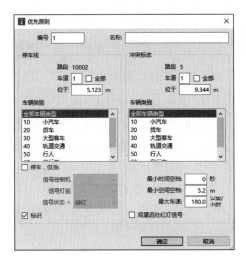

图 5-3-12 "优先规则"设置窗口

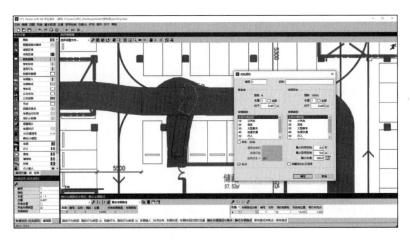

图 5-3-13 设置优先规则后的显示结果

提示①:对于一般通畅的交通,主要相关的是时间空隙;对于流动迟缓的交通和堵塞,主要相关的是路径空隙。

提示②:为简化建模,一个"优先规则"可以适用于所有车道。如果按照车道必须使用不同的属性值,则每个"停车线"必须相应地定义多个"冲突标志"。

输入交通流量,进行仿真,停车场仿真结果如图 5-3-14 所示。

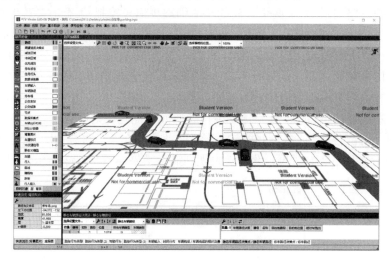

图 5-3-14　停车场仿真

在 VISSIM 中建立停车位,建立停车场是一个极其精细的过程,路段和连接器的几何形状必须十分精确。为了提高精度,路网放大镜是在此处最常使用的一个工具。建立一个初步能实现倒车行为的停车位仅仅是停车场仿真的第一步。一个精细、逼真的停车场的建立,还需要进行一系列的相关操作。优先规则的设定,减速区的设置,停车标志的确立,期望速度决策等,这些操作往往不是一个设置、两个设置,或者一步两步就能够实现的,须通过一系列极其精细的操作,才有可能实现所期望的、理想的仿真效果。

第 6 章
车辆仿真

交通系统的动力特性和随机特性主要表现在以车辆为单位的交通流运行过程中,因此车辆模型是 VISSIM 仿真系统的核心组成部分。VISSIM 仿真系统定义车辆模型的元素主要包括 2D/3D 空间模型、跟驰模型、换道模型、横向行为模型、信号控制模型以及相关的函数和分布等。另外,VISSIM 根据几何外形、动力特性以及行驶行为建立了车辆的分类体系,在此基础上,可定义由不同车辆分类构成的交通流组成,并将交通流输入至道路网络中。

6.1 车辆 2D 和 3D 模型

VISSIM 能够应用 2D 与 3D 两类空间模型对车辆进行空间维度定义与图形化显示。每一类 2D 或者 3D 模型都包含多项组成元素,可定义的组成元素包括车辆的几何长宽高、车轴位置、连接杆长、车厢铰接位置等。另外,对于公交车辆的上下客仿真,用户还可对车辆的车门参数(包括车门位置与车门尺寸大小)进行定义和编辑。在 VISSIM 中,可定义附带.v3d 文件的 2D/3D 车辆模型,亦可定义没有.v3d 文件的 2D/3D 车辆模型。两种定义方式均通过在主菜单栏依次单击"基本数据"和"2D/3D 模型",打开"2D/3D 模型/2D/3D 模型的组成"窗口进行编辑,如图 6-1-1 所示。

"2D/3D 模型/2D/3D 模型的组成"窗口左侧的列表显示当前仿真系统所包含的 2D/3D 车辆模型,用户可通过"选择特征属性"按钮在左侧窗口显示或隐藏 2D/3D 车辆模型的相关参数。右侧列表显示当前 2D/3D 车辆模型的组成模块参数。在 VISSIM 中,2D/3D 车辆模型可由多个模块(以.v3d 文件形式存储)组合而成。

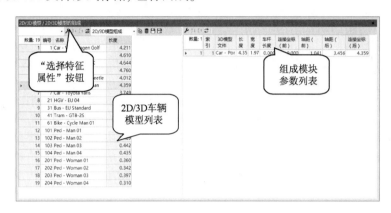

图 6-1-1 "2D/3D 模型/2D/3D 模型的组成"窗口

(1)定义附带.v3d 文件的 2D/3D 车辆模型

应用.v3d 文件定义 2D/3D 模型的具体操作步骤为:

①右键单击"2D/3D 模型/2D/3D 模型的组成"窗口左侧任意空白位置,在快捷菜单中单击"新建"。

说明:系统自动在列表尾部新增一项带有默认数据的 2D/3D 车辆模型,并弹出"选择 3D-模型"编辑窗口,如图 6-1-2 所示。

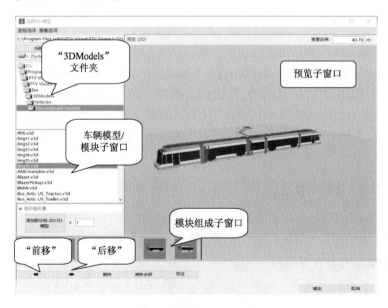

图 6-1-2 "选择 3D-模型"编辑窗口

②单击"标准 3D-模型"按钮,"3DModels"文件夹在左侧子窗口展开(图 6-1-2),该文件夹下的子文件夹包含了 VISSIM 提供的车辆模型或模块,包括:

a)"Pedestrians"子文件夹:行人模型。
b)"Static"子文件夹:建筑物、绿化等静物模型。
c)"Vehicles"子文件夹:车辆模型。
d)"Textures"子文件夹:道路、信号灯等模型。

每一子文件夹所包含的车辆模型或模块(以.v3d 文件形式存储)都会被显示在下方的子窗口中。单击任意车辆模型或模块,其将被图形化显示在右侧的预览子窗口中。在底部的模块组成子窗口位置,用户可将不同模块进行组合,从而得到新的车辆模型(图 6-1-2)。

③按照需求进行相关操作,可编辑的操作包括:

a)单击"添加部分给 2D/3D-模型"按钮,向当前定义的 2D/3D 车辆模型增加选中的模块,同时模块被显示在下方的模块组成子窗口中,按钮旁边对话框的数字表示一次性增加的模块个数。

b)单击"删除"按钮,从当前定义的 2D/3D 车辆模型中删除选中的模块。

c)单击"清除全部"按钮,从当前定义的 2D/3D 车辆模型中删除所有模块。

d)单击"前移"或"后移"按钮,调整选中的组成模块在 2D/3D 车辆模型中的顺序位置。

e)单击"预览"按钮,右侧子窗口可预览显示当前定义的 2D/3D 车辆模型,按住鼠标左键并移动鼠标调整视角,在"查看距离"对话框输入数据进行缩放。

④单击"确定",完成 2D/3D 车辆模型定义。

(2)定义没有.v3d 文件的 2D/3D 车辆模型

定义没有.v3d 文件的 2D/3D 车辆模型的具体操作步骤为:

①右键单击"2D/3D 模型/2D/3D 模型的组成"窗口左侧任意空白位置,在快捷菜单中单击"添加,没有文件"。

说明:系统自动在列表尾部新增一项带有默认数据的车辆 2D/3D 模型,同时窗口右侧列表自动包含了一项带有默认参数的组成模块,如图 6-1-3 所示。

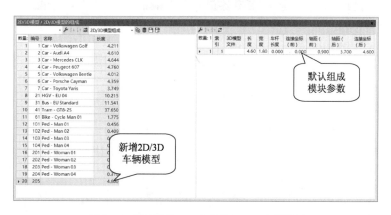

图 6-1-3　定义没有.v3d 文件的 2D/3D 车辆模型

②若需要添加模块,在右侧窗口右击鼠标,在快捷菜单中选择"添加,没有文件",系统自动在列表尾部新增一项带有默认参数的组成模块。

③按照需求编辑列表中相关参数,具体参数含义见"2D/3D 车辆模型参数编辑"部分。

(3)2D/3D 车辆模型参数编辑

2D/3D 车辆模型参数可通过在主菜单栏依次单击"基础数据"和"2D/3D 模型元素",打开"2D/3D 模型的组成"窗口进行编辑,并在列表工具栏的"关系"下拉菜单中选择"2D/3D

模型"(图6-1-4),即可在窗口右侧的列表中编辑车辆模型/模块的相关参数,具体各项参数的含义如图6-1-5所示。

图 6-1-4 "2D/3D 模型的组成/2D/3D 模型"窗口

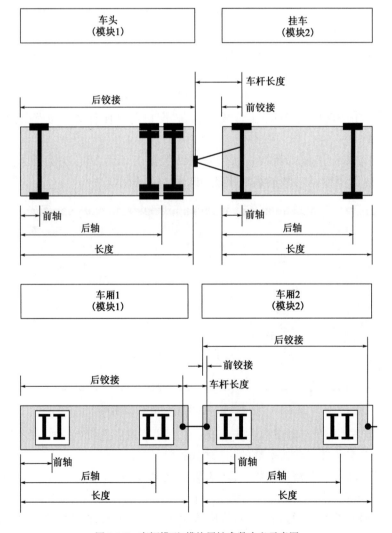

图 6-1-5 车辆模型/模块属性参数含义示意图

各项参数的具体含义为:"3D 模型文件",表示.v3d 的文件名,保存在 VISSIM 安装目录…\exe\3DModels\Vehicles 下。"长度",表示车辆模型/模块的长度。"宽度",表示车辆模型/模块的宽度。"高度",表示车辆模型/模块的高度。"车杆长度",为牵引杆长度。"连接坐标(前)",为前铰接位置。"连接坐标(后)",为后铰接位置。"轴距(前)",表示前轴位置。"轴距(后)",表示后轴位置。

(4)定义公交车辆车门

定义公交车辆车门的具体步骤为:

①通过在主菜单栏依次单击"基础数据"和"2D/3D 模型元素",打开"2D/3D 模型的组成"窗口。

②在列表工具栏的"关系"下拉菜单中选择"车门",即可在窗口右侧的列表中定义公交车门的相关参数。

③在窗口右侧任意空白位置单击右键,在弹出快捷菜单中选择"新建",系统自动在列表顶部新增一项带有默认参数的车门。

④根据需求编辑相关参数,具体参数含义见"公共交通车门参数编辑"部分。

(5)公共交通车门参数编辑

公交车门模型可编辑的参数主要包括:"位置",表示车门与车门前侧之间的距离。"宽度",表示车门宽度。"z-偏移",为距离路段平面以上的高度。"边",表示车门的设置方式,包括"两侧"、"右侧"以及"左侧",分别对应在车辆模型两侧、仅在前进方向右侧、仅在前进方向左侧设置车门。"效用",为车门的适用范围,包括"上车"、"下车"、"上下车"以及"无效",分别代表该车门仅用于上车、仅用于下车、用于上车和下车、无法用于上车和下车。

例 6.1 定义包含牵引车厢与拖拽车厢的双节公交车辆,前后双车门,车门仅分布在车厢右侧,并且遵从前门上车、后门下车的规则。为了实现上述要求,需要进行以下设置:

①在主菜单栏依次单击"基础数据"和"2D/3D 模型",打开"2D/3D 模型/2D/3D 模型的组成"窗口。

②右键单击"2D/3D 模型/2D/3D 模型的组成"窗口左侧任意空白位置,在快捷菜单中单击"新建"。

③在"选择 3D-模型"窗口的"车辆模型/模块"子窗口下依次单击"3DModels"、"Vehicles"、"Discontinued models"文件夹。

④鼠标左键单击分别选择"Bus_Artic – US_Tractor.v3d"与"Bus_Artic – US_Trailer.v3d"模块并单击"添加部分给 2D/3D-模型"按钮,单击"预览"按钮,如图 6-1-6 所示,单击"确定"。"2D/3D 模型/2D/3D 模型的组成"窗口左侧列表自动新增编号为"205"的车辆模型,建议调整编号为"32",重命名为"Bus-Defined"。

⑤在主菜单栏依次单击"基础数据"和"2D/3D 模型元素",并在关系下拉菜单中选择"车门",打开"2D/3D 模型/车门"窗口。

⑥在窗口左侧列表单击选中"Bus_Artic-US_Tractor.v3d"模块,在右侧列表空白位置右键单击鼠标,选择"新建",在新增的车门参数列表中:"边"设置为右、效用设置为"上车"。同理,在左侧列表单击选中"Bus_Artic – US_Trailer.v3d"模块,单击鼠标,选择"新建",在新增的车门参数列表中:"边"设置为右、效用设置为"下车"。完成车辆模型定义。

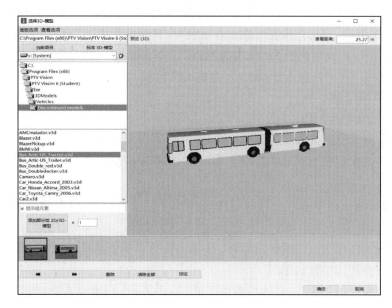

图 6-1-6　在"选择 3D-模型"窗口下定义公交车辆

6.2　车辆参数与交通组成

道路上运行的交通流通常由存在差异性的车辆个体构成,不同车辆个体间的差异主要体现在几何外形参数、机动性能参数以及驾驶员特性参数三个方面,参数相似的车辆可被归为一类。交通流中具体各类车辆所占的比例结构称为交通组成。

交通组成会对交通流整体的运行效率、交通安全以及交通环境等产生影响。以车辆机动性能参数为例,若城市道路上大型车辆所占比例较大,则由于大型车辆自身动力和制动性能限制,会导致道路交通发生拥堵与事故的概率增大。再以驾驶员的驾驶行为特性参数为例,保守型驾驶员倾向于以较低速度并保持较大间距行驶,而激进型驾驶员则为了追求行驶效率而采取完全相反的驾驶策略。若保守型驾驶员所占比例较大,则交通流平均车头时距增大,导致道路通行能力下降和行程时间增大;若激进型驾驶员所占比例较大,则交通流平均碰撞时间下降,发生交通事故的风险增大。因此,交通组成的差异对道路交通运行产生重要影响。

VISSIM 仿真系统主要根据机动技术特性参数与驾驶行为特性参数,对车辆进行类型、类别以及种类的划分,三种划分体系的含义将在本节详细介绍。在 VISSIM 中,用户可以根据实际情况编辑具体的车辆技术特性参数,也可对驾驶行为特性参数进行定义或调整。在此基础上,VISSIM 提供了交通组成编辑功能,用于确定道路交通流中各类车辆所占比例结构。

6.2.1　车辆分类

VISSIM 根据机动性能参数与驾驶行为特性参数将车辆进行三种体系的划分,具体包括:车辆类型(Vehicle Type)、车辆类别(Vehicle Class)、车辆种类(Vehicle Category)。

(1) 车辆类型

车辆类型是指具有相似机动技术特性和自然驾驶行为特性的一组车辆,同一车辆类型的车辆允许存在几何外形的差异。以铰接公交车和普通公交车为例,若两者在停靠站时间和动力特性方面存在明显差异,则应分别建立两种车辆类型。反之,两者若仅存在外形尺寸的差异,则应归属于同一车辆类型。VISSIM 提供了 6 种缺省的车辆类型,包括:"小汽车"、"有轨电车"、"公交车"、"载重汽车"、"行人"、"自行车"。除了缺省的车辆类型外,用户可创建自定义的车辆类型或对已有的车辆类型参数进行编辑。车辆类型的定义或编辑可通过依次单击"基础数据"和"车辆类型",访问车辆类型列表,如图 6-2-1 所示。

图 6-2-1　缺省的"车辆类型"列表窗口

(2) 编辑车辆类型

通过以下操作步骤,编辑当前车辆类型参数:

①右键单击需要编辑的车辆类型,在快捷菜单中单击"编辑"。

②弹出"车辆类型"参数编辑窗口,如图 6-2-2 所示。

③根据需求编辑"车辆类型"相关参数,具体参数含义见"车辆类型的参数含义"部分。

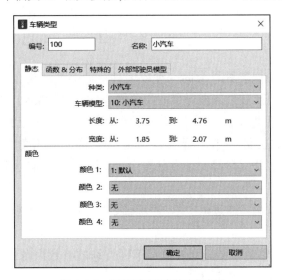

图 6-2-2　"车辆类型"参数编辑窗口

④单击"确定"按钮,完成对车辆类型的参数编辑。

(3)自定义车辆类型

用户可自定义新的车辆类型,具体操作步骤如下:

①右键单击此列表任意空白位置,在快捷菜单中单击"新建"。

注意:系统自动在列表尾部新增一项带有默认数据的车辆类型,并弹出"车辆类型"参数编辑窗口。

②按照需求设置相关参数,具体参数含义见"车辆类型的参数含义"部分。

③单击"确认"按钮,完成车辆类型定义。

(4)车辆类型的参数含义

车辆类型可编辑的参数包含在"静态"、"函数 & 分布"、"特殊的"、"外部驾驶员模型"四个分类选项卡下,具体为:

"静态"选项卡下包括:"种类",表示确定该车辆类型所属种类。"车辆模型",确定当前车辆类型所应用的 2D/3D 模型。"长度",确定当前车辆类型最小和最大长度,由车辆模型决定。"宽度",确定当前车辆类型最小和最大宽度,由车辆模型决定。"颜色",确定当前车辆类型的显示颜色。

"函数 & 分布"选项卡下包括:"加速和减速",表示确定车辆最大和期望的加、减速度概率分布。"重量和功率",当该车辆类型属于"货车"类型时,可设置车重和功率的分布。"占有率",为车辆中人员数目(包含驾驶员)的概率分布。

"特殊的"选项卡下包括:"动态分配",确定影响行驶成本各因素的比例系数、影响停车场选择各因素的比例系数以及是否安装路径导航设备。其中,影响行驶成本的因素包括行程时间、行驶距离以及费用,影响停车场选择的因素包括停车费用、吸引力、至目的地距离、至当前位置距离、停车可能性。"其他",设置当前车辆类型的站点停靠参数(仅适用于公交车辆),包括上车时间、下车时间、合计停留时间、清空时间以及最大载客容量。

"外部驾驶行为模型"选项卡。若选择该选项,则表明该车辆类型不应用 VISSIM 定义的驾驶行为模型,由外部导入的驾驶行为模型确定其行驶规则。

(5)车辆类别

车辆类别是指具有相似驾驶行为的一种或多种车辆类型的集合。在 VISSIM 中,数据采集、指标评价、路径选择以及其他路网对象的相关操作均以车辆类别为基础。缺省情况下,车辆类别与相同名称的车辆类型一一对应。若多种车辆类型具有相似的驾驶行为特性,但是车辆机动性能(例如最大加速度)存在差异,则可被归类为同一车辆类别。例如,考虑停靠站时间和机动性能差异的铰接公交车与普通公交车,可归属于同一车辆类别。某一车辆类型可同时隶属于多个车辆类别。

车辆类别的定义或编辑可通过依次单击"基础数据"和"车辆类别",访问"车辆类别/车辆类型"列表,如图 6-2-3 所示。

"车辆类别/车辆类型"窗口左侧列表显示车辆类别的参数信息,右侧列表显示当前车辆类别所包含的车辆类型及其参数信息。

(6)编辑车辆类别

可通过以下操作方式编辑当前车辆类别的参数：
①在"车辆类别/车辆类型"列表窗口左侧列表单击选择需要编辑的车辆类别参数；
②按照需求编辑相关车辆类别参数，参数的具体含义见"车辆类别的参数含义"部分；
③在"车辆类别/车辆类型"列表窗口右侧列表单击选择需要编辑的车辆类型参数；
④按照需求编辑相关车辆类型参数，参数的具体含义见"车辆类型的参数含义"部分。

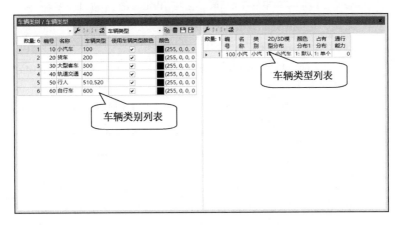

图 6-2-3　缺省的"车辆类别/车辆类型"列表窗口

（7）车辆类别的参数含义

车辆类别的可编辑参数主要包括："编号"，是指系统自动分配给当前车辆类别的唯一标识，可以修改，但不允许与其他车辆类别相同。"名称"，指用户为当前车辆类别指定的标识名称。"颜色"，定义当前类别下所有车辆类型的颜色，该参数将覆盖各车辆类型自身的颜色信息。"使用车辆类型颜色"，如果勾选该复选框选项，就会在仿真过程中使用车辆类型或公共路线自身的颜色参数。"车辆类型"，是指包含在当前车辆类别下的车辆类型，可同时复选多项"车辆类型"。

（8）自定义车辆类别

用户可自定义一个新的车辆类别，具体操作步骤如下：

①右键单击左侧列表任意位置，在快捷菜单中单击"新建"。

注意：系统自动在车辆类别/车辆类型"窗口右侧的列表尾部新增一项带有默认数据的车辆类别，同时在窗口左侧自动包含了一项默认数据的车辆类型。

②按照需求设置相关参数，具体参数含义见"车辆类别的参数含义"与"车辆类型的参数含义"部分。

（9）车辆种类

车辆种类是预设静态的，每一车辆类型都必须被归属到某一车辆种类。VISSIM 预设的车辆种类包括："小汽车"、"有轨电车"、"公交车"、"载重汽车"、"行人"以及"自行车"。同一种类下的车辆类型具有相似的交通交互行为。例如，"有轨电车"下的车型在多车道路段上行驶时无法换道并且以精确的恒定速度行驶，而"小汽车"下的车型可在具有需求时进行换道，并且行驶行为更加复杂（包括跟驰行为与换道行为等）。不同车辆种类之间交互行为的差异见表 6-2-1。

各车辆种类之间交互行为差异　　　　表 6-2-1

车 辆 种 类	交互行为差异
有轨电车	不能进行车道变换
	Wiedemann 74 模型中,在"自由行驶"状态下车辆不是围绕期望车速上下摆动,而是精确地以期望速度行驶,详见"驾驶行为模型的参数含义"部分
公交车	特征与小汽车类车辆的特征相似,但是具有固定的进出车站、上下客等行为
载重汽车	重量分布和功率分布,仅适用于这种车辆种类
	没有载客率分布,仅有一个驾驶员
	Wiedemann 99 模型中,在"自由行驶"与"跟驰"状态下车辆以计算加速度的一半值行驶,详见"驾驶行为模型的参数含义"部分
	换道时,若在"一般行为"下选择"慢车道规则",存在不同的、非用户定义的自由换道参数,详见"驾驶行为模型的参数含义"部分
行人	始终在黄灯和红灯时制动
	没有载客率分布
	换道时使用安全距离 0.1m 进行计算,详见"驾驶行为模型的参数含义"部分
	不存在超车的随机速度阈值。因此,若行人无法按照自身期望速度行走时,便会超越前方行人,详见"驾驶行为模型的参数含义"部分
自行车	没有载客率分布

6.2.2 驾驶行为

VISSIM 的驾驶行为模型主要包括跟驰模型、换道模型、信号控制模型、横向行为模型。用户可根据自身需求,编辑以上驾驶行为模型的相关参数,在主菜单栏依次单击"基础数据"和"驾驶行为",打开"驾驶行为"列表窗口,如图 6-2-4 所示。

图 6-2-4　驾驶行为列表窗口

(1)编辑驾驶行为模型

用户可通过以下操作方式,编辑当前驾驶行为模型参数:

①右键单击需要编辑的驾驶行为模型,在快捷菜单中单击"编辑";

②在弹出的"驾驶行为参数集"对话框,编辑相应驾驶行为参数,具体参数含义见"驾驶行为模型的参数含义"部分;

③单击"确认"按钮,完成驾驶行为模型编辑。

(2)自定义驾驶行为模型

用户能够在驾驶行为列表中定义新的驾驶行为模型,具体操作步骤如下:

①右键单击此列表任意位置,在快捷菜单中单击"新建"。

说明:系统自动在列表尾部新增一项带有默认参数的驾驶行为,并弹出"驾驶行为参数集"编辑窗口,参数的具体含义见"驾驶行为模型的参数含义"部分。

②按照需求,在对话框编辑相应驾驶行为参数。

③单击"确认"按钮,完成驾驶行为模型定义。

(3)驾驶行为模型的参数含义

"驾驶行为参数集"窗口可编辑四大类驾驶行为模型参数,包括:跟驰模型、换道模型、信号控制模型以及横向行为模型。它们分别被归集在四个选项卡:跟车、车道变换、横向行为、信号控制。

①跟驰模型

VISSIM 的交通流模型属于微观模型,它以驾驶员—车辆单元为基本实体。该模型的纵向行驶行为是以生理—心理跟驰模型为基础,具体建模原理可参考 Wiedemann 连续发表的一系列论著,这里仅对模型形式做简要介绍。

生理—心理跟驰模型主要考虑驾驶人对引导车刺激的视觉感知和反应特性,认为当引导车几何外形在视网膜上投影夹角的变化率超过一定阈值时,驾驶人才能感知察觉引导车行驶速度的改变(即速度差发生明显变化)。以往研究认为,该夹角变化率的阈值大小为 6×10^{-4}。一旦引导车几何外形的变化率超过该阈值,驾驶人即会采取相应驾驶措施,直至无法感知引导车行驶速度的变化。另外,距离的明显改变亦能够引起驾驶人的注意,即当跟随车与引导车的车间距超过一定可感知的距离变化幅度后,驾驶人能够察觉引导车与自身的距离发生改变。根据 Webers 定律,可感知的距离变化幅度为 10% ~ 12%。心理—生理反应模型在跟驰行为建模中更多地考虑了驾驶人的因素,以尽可能地与真实的驾驶行为特征相符。

Wiedemann 基于以上观点,将驾驶员的行驶状态划分为四种类型,如图 6-2-5 所示。

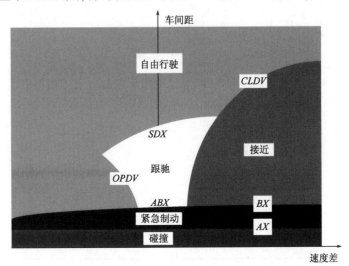

图 6-2-5　驾驶员行驶状态划分示意图

"自由行驶"：跟随车与引导车之间的车间距较大，跟随车驾驶人不会受到前方引导车行驶状态改变的影响，通常按照自身的期望速度自由行驶。实际上，此时的车速难以保持稳定，而是在期望车速附近摆动。

"接近"：跟随车驾驶员减慢车速，以适应引导车的车速。当跟随车接近引导车时，跟随车驾驶员刹车减速以便达到他的期望安全距离，此时，前后车的速度差为"0"。

"跟驰"：该行驶状态下的跟随车驾驶人难以直接感知与相邻引导车的速度差大小，即当速度差小于一定阈值时，跟随车驾驶人认为自身行驶速度与引导车行驶速度较为接近。另外，稳定跟驰状态下跟驰距离不会发生明显变化，即跟驰距离不会明显偏离驾驶人的期望跟驰距离。当满足以上条件时，跟随车驾驶人根据驾驶经验潜意识地操纵车辆使其与引导车的速度差和跟驰距离维持在一定可接受范围内，并尽可能接近自身期望速度和跟驰距离。

"紧急制动"：当前后车的间距小于期望安全距离时，跟随车驾驶员制动减速，减速度从中等到最大值。这种情况发生在：引导车车速突然变化，或者跟随车前方的第三辆车(非紧随的引导车)变化车道。

对于每一种驾驶状态，跟随车的加速度由前后车的车速和速度差、前后车间距以及驾驶员和车辆的个性特征决定。当驾驶员达到了某个以速度差和距离表达的阈值时，他将从一种驾驶状态转换到另一种驾驶状态。例如，近距离车辆间的速度差比较小，而当前后车速度差较大时，跟随车驾驶员必须在接近引导车时更早地采取行动。不同驾驶员群体感知速度差和估计距离的能力不尽相同，他们的期望车速和安全距离也存在差异。由于 Wiedemann 模型综合考虑了驾驶员的心理和生理上的感知限制，故称其为生理-心理跟驰模型。

用户可通过访问"驾驶行为参数集"对话框下的"跟车"选项卡，进行跟驰模型的参数编辑。如图 6-2-6 所示。

图 6-2-6 跟驰模型参数设置窗口

"跟驰"选项卡下各项参数的具体意义为：

"前视距离"：车辆对前方交通状态做出反应的空间范围，该范围是指驾驶员可观测的空间距离和车辆数，包括"最小前视距离"、"最大前视距离"以及"观测到的车辆数"。需要注意的是，"观测到的车辆数"包括前方行驶车辆以及其他交通网络对象，例如信号灯、停车线、公交车站、停车场等。另外，当考虑车辆横向行为时，"最小前视距离"才有意义（必须大于0），因此设置该参数尤其适用于能够在单一车道内完成超车的自行车。另外，在信号交叉口位置，若设置了"最小前视距离"，可避免发生由于前方车辆超过车辆的可观测车辆数而忽视红灯信号的情况。

"后视距离"：车辆对后方交通状态做出反应的空间范围，该范围是指驾驶员可观测的空间距离，包括"最小后视距离"与"最大后视距离"。与"最小前视距离"相类似，当考虑车辆横向行为时，"最小后视距离"才有意义（必须大于0），因此设置该参数尤其适用于能够在单一车道内完成超车的自行车。

"暂时注意力偏移"：包括驾驶员注意力不集中的持续时间以及发生概率。注意力不集中期间驾驶员不会对前方交通状态做出反应，但前方车辆的紧急刹车行为除外。

"平滑靠近行为"：若该选项被勾选，车辆在靠近静止障碍物时会更加均匀地降低行驶速度。

"静态障碍物的停车距离"：当车辆静止时与静态障碍物的距离，例如与信号灯、停车线、公交车站以及冲突区域等的距离。若勾选该选项，车辆按照指定的停车距离（缺省为0.5m）停止，否则停车距离就会服从均值为0.5、标准差为0.15的正态分布。

"跟车模型"：选择适用于跟车行为的跟驰模型，包括无跟车行为、Wiedemann74模型以及Wiedemann99模型。

VISSIM对传统的Wiedemann74模型进行改进，该模型较适用于城市道路的驾驶行为。模型可设置的参数为：

"平均停车距离(ax)"：静止时车辆间的平均距离，服从范围在[−1.0, 1.0]之间、均值为0.0、标准差为0.3的正态分布。

"安全距离的附加影响(bx_add)"：用于计算期望安全距离的影响因素。

"安全距离的倍数影响(bx_mult)"：用于计算期望安全距离的影响因素。

"期望安全距离(d)"：

$$d = ax + bx$$

$$bx = (bx\_add + bx\_mult \times z) \times \sqrt{v}$$

式中，z为范围在[0, 1]之间的随机数，服从均值为0.5、标准差为0.15的正态分布；v为车速(m/s)。

Wiedemann99模型适用于城市快速路、郊区道路或者高速公路的驾驶行为。模型可设置的参数包括：

"CC0(停车间距)"：静止状态下的平均车间距。

"CC1(车头时距)"：驾驶室员期望车头时距

"dx_safe(安全距离)"：$dx\_safe = CC0 + CC1 \times v$。

"CC2(跟车变量)"：在驾驶员意识到接近前方车辆时，允许超出安全距离的范围。

"CC3(进入跟车状态的阈值)":进入"跟驰"状态的阈值,控制车辆是否开始减速过程。

"CC4(消极跟车状态的阈值)"和"CC5(积极跟车状态的阈值)":定义了"跟驰"状态下的速度差范围。CC4 控制负速度差,CC5 控制正速度差。数值越低,表明驾驶员对前方车辆的加、减速变化越敏感。

"CC6(车速振动)":跟驰过程中受距离影响的速度振荡值。0 表示速度振荡与距离无关,较大的取值表示速度振荡随距离增大而增大。

"CC7(加速度波动幅度)":跟驰过程中的加速度。

"CC8(停车时的加速度)":车辆从静止状态下启动所期望达到的加速度。

"CC9(加速度为 80 公里/小时)":车速为 80km/h 状态下的期望加速度。

②换道模型

目前,换道模型根据建模机理不同主要包括基于规则的换道模型以及启发式换道模型两类。VISSIM 采用基于规则的换道模型模拟车辆换道行为。VISSIM 主要模拟两类换道行为:强制性换道和自由换道。

强制性换道是指由于车辆当前行驶车道前方出现事故、障碍物、车道使用限制,或者由于车辆驶入驶出交织区段(匝道、交叉口)而必须换道的情况。在 VISSIM 模型中,该换道行为体现为车辆必须到达下一个路径的路段连接器。

自由换道是指换道车辆在遇到前方同一车道内速度较慢车辆时为了追求更快的车速、更自由的驾驶空间而发生的变换车道行为。

无论是强制性换道还是自由换道,驾驶员试图换道的决策过程中首先都需要在目标车流中选择合适的间隙(或者车头时距)。该间隙取决于换道车辆的行驶速度、最大减速度(针对强制性换道)以及目标车道后方跟随车的速度。

VISSIM 换道模型的参数可以通过单击"驾驶行为参数集"菜单下的"车道变换"选项卡进行设置,如下图 6-2-7 所示。

图 6-2-7 换道模型参数设置窗口

VISSIM 换道模型的参数主要包括：

a)"一般行为"：定义了车辆在道路上的行驶规则。

"自由的车道选择"：允许车辆在任何车道上换道。

"慢车道规则"：仅当快车道上车速高于 60km/h 时，允许在快车道上行驶的车辆换道。在慢车道上，车辆之间的速度差最大为 20km/h 时，允许慢车道上的车辆被超车。

b)"必要的更换车道"：定义了强制性换道的相关参数。

"最大减速度"：超车车辆自身与被超车车辆的最大减速度。

"$-1\ m/s^2$ per distance"（减速度变化率）：随着与紧急停车位置之间距离的增加，最大减速度会以该数值为单位线性降低，直至达到"可接受的减速度"。

"可接受的减速度"：换道车辆与目标车道引导车的可接受减速度。

c)其他参数。

"消失的等待时间"：车辆在停车线前等待换道的最大时间。当车辆等待时间超过该参数后，就会自动从路网中消失。

"最小车头空距(前/后)"：车辆换道所需要的与当前车道引导车的最小距离。

"在慢速车道上，超车所需的最小时间间隔"：在慢速度车道上，车辆换道所需要的最小时间间隔，仅适用于"一般行为"规则设置为"慢车道规则"。当超过该最小时间间隔后，快车道上的车辆可以变换车道至慢车道上。

"安全距离折减系数"：换道期间 VISSIM 将原始安全距离乘以安全距离折减系数。

"协调制动的最大减速度"：被超车的驾驶员决定是否开始协调制动允许其他车辆从相邻车道上换道至自身行驶车道的前方位置。若该参数设置较大值，则可能导致更大的换道可能性。

"在减速区超车"：若勾选该选项，车辆在换道超车时会考虑车道的限速值。否则，车辆不会在减速区上游执行自由换道。

"智能合并"：若勾选该选项，车辆在靠近急停点之前可提前主动换道，降低了因等待换道空隙而出现停车的概率，提高了道路通行能力。

d)"协调的车辆变换"：如果勾选该选项，即可激活用户自定义的协同换道规则。

"最大速度差"：协同换道所能接受的最大速度差。

"最大碰撞时间"：协同换道所能接受的最大碰撞时间。

e)"后部位置的横向调整"：以小于区域最大速度中所输入数值的速度进行换道时，车辆的后部位置会侧向移动。这样一来，在换道结束时车辆就会平行于车道中心，并端正地位于原始车道上。后部位置的横向调整会直接影响道路通行能力。

"最大速度"：需要调整后部位置时达到的速度，标准值为 3km/h。针对更快的车辆，不需进行后部位置的横向调整。

"激活，此时刻期间"：开始换道后，后部位置开始侧向运动的时间点，标准值为 1.0s。

"至"：开始换道之后，后部位置结束侧向运动的时间点，标准值为 10s。

③信号控制模型

"信号控制"选项卡的驾驶行为参数主要描述的是，车辆在通过交叉口时面对黄灯信号的反应行为以及停车线附近车辆的加减速行为。VISSIM 信号路口行为模型的参数可以通过单击"驾驶行为参数集"菜单下的"信号控制"选项卡进行设置，如图 6-2-8 所示。

"信号控制"选项卡具体各项参数的意义为：

a)"黄灯反应"：定义了驾驶员面对黄灯信号时的决策模式。

图 6-2-8　信号控制参数编辑窗口

"连续的"：该模式下假设黄灯时间为 2s 并且在每一时步驾驶员连续进行决策，是否继续行驶或停止。

"一次决策"：该模式下驾驶员一旦做出决策，决策结果保持不变直至通过停车线。通过设置三个参数($Alpha$、$Beta1$、$Beta2$)，确定驾驶员在黄灯信号时间的停车概率。概率的计算公式为：

$$p = \frac{1}{1+e^{-\alpha-\beta_1 v-\beta_2 \mathrm{d}x}}$$

b)"在红黄灯时的行为"。

"行驶"：与绿灯时间相同，行驶通过。

"停止"：与红灯时间相同，停车等待。

c)"靠近停车线的减小的安全距离"：定义了车辆靠近停车线时的加减速行为。

"降低系数"即折减系数，用于修正车辆的安全距离，安全距离由参数"开始于停车线上游"以及"结束于停车线下游"确定。

"开始于停车线上游"：与信号灯上游的距离。

"结束于停车线下游"与信号灯下游的距离。

④横向行为模型

默认情况下，VISSIM 中的车辆应使用车道的整个宽度。用户可在"横向行为"参数中定义车辆在车道内的侧向对齐位置，可靠左侧、靠右侧、居中或任意侧向对齐行驶。若车道足够宽，则允许车辆在车道内完成超车。VISSIM 横向行为模型的参数可以通过点击"驾驶行为参数集"菜单下的"横向行为"选项卡进行设置，如图 6-2-9 所示。

"横向行为"选项卡下各项参数的具体意义：

a)"在自由交通流中的期望位置"：定义了车辆在车道内的期望侧向对齐位置。

图 6-2-9　横向行为参数编辑窗口

"与相邻车道上的车辆保持横向间距"：若勾选该选项，车辆会考虑与相邻车道车辆之间保持一个最小横向距离。出于这个目的，车辆甚至会改变自身在车道内的侧向对齐位置。

"菱形的排队"：若勾选该选项，则需考虑排队车辆的实际形状。

"考虑下一个转向的方向"：对于不按车道行驶的交通流，该选项改善了逆流向上转弯车辆的横向行为。

"碰撞时间的最小增加值"：当横向移动能够使碰撞时间的增量大于该参数时，车辆会通过横向移动增大其与相邻车辆或信号灯的碰撞时间。

"横向行为的最小纵向速度"：允许车辆进行横向移动的最小纵向行驶速度。

"横向行为的最小间隔时间"：朝相反方向运动的两个横向行为之间的最小仿真间隔时间，缺省为0s。

b)"针对所有车辆类型的一般超车行为"。

"车辆类别"：车辆在车道内能够超越车辆的车辆类别。

"从左侧超车"：车辆从左侧超车。

"从右侧超车"：车辆从右侧超车。

"最小的横向距离"：车辆在车道内超车时与相邻车道车辆的最小间距。须分别设置速度为0km/h所对应的"停车时间距"以及50km/h所对应的"行驶时间距"。若速度在0~50km/h之间，可通过线性插值方式计算最小横向距离。

6.2.3　交通组成

实际道路上行驶的车流由多种车辆类型构成，不同车辆类型之间存在物理特性(例如车身长度)、机动性能(例如最大加减速度)和驾驶行为(例如期望车速)等方面的差异。交通组成就是VISSIM对道路车流中各种车辆类型组成比例的定义。需要注意的是,公交线路上的交通组成需要单独定义。

VISSIM在向路网输入交通流量前,需要定义输入交通流的交通组成情况。交通组成通过在主菜单依次单击"交通"和"车辆组成"进行设置,弹出"车辆构成/车辆构成的相对流量"编辑窗口如图6-2-10所示。

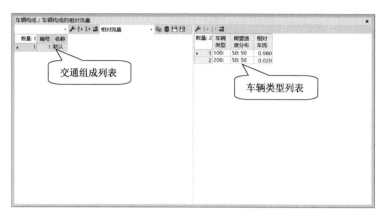

图6-2-10 "车辆构成/车辆构成的相对流量"编辑窗口

"车辆构成/车辆构成的相对流量"窗口左侧显示用户所定义的交通组成列表,缺省情况下仅包含一个名为"默认"的交通组成,右侧显示当前交通组成所包含的车辆类型及其参数信息。

(1) 自定义交通组成

用户能够在窗口左侧增加新的交通组成,具体操作步骤如下:

①右键单击此列表,在快捷菜单中单击"新建"。

说明: 系统自动在列表尾部新增一项带有默认参数的交通组成,并在右侧窗口显示该交通组成所包含的默认车辆类型及相关参数。

②按需求在窗口左侧编辑交通组成参数。

③按需求在窗口右侧编辑当前交通组成所包含的车辆类型参数。

另外,用户亦能够在窗口右侧新增当前交通组成所包含的车辆类型,具体操作方式如下:

①右键单击此列表,在快捷菜单中单击"新建";

②系统自动在列表尾部新增一项带有默认参数的车辆类型;

③按需求编辑相关车辆类型参数。

(2) 交通组成的参数含义

窗口左侧的参数包括交通组成的"编号"和"名称"。窗口右侧显示当前交通组成所包含的车辆类型及其参数信息,可编辑的参数包括"车辆类型"、"相对流量"与"期望速度分布"。

注意: "相对流量"代表各种车辆类型流量占总流量的百分比,但VISSIM并不要求相对流量比例之和必须为1.0,这是由于在完成交通组成配置后,系统会自动重新计算各车辆类型所占的相对比例(首先计算所有车辆类型的相对流量比例之和,然后分别计算各车辆类型所占的相对比例)。因此,在"相对流量"项中可输入各车辆类型的实际交通流量。

6.3 车辆输入

车辆输入,即交通生成,是指向路网中输入交通流量,VISSIM 通过在路段或连接器上添加车辆输入对象,实现路网交通流量的生成。

(1)添加车辆输入对象

向路网添加车辆输入对象的操作步骤为:

①单击软件界面左侧"路网对象"栏中的"车辆输入"按钮(文字"车辆输入"所指位置),如图 6-3-1 所示。

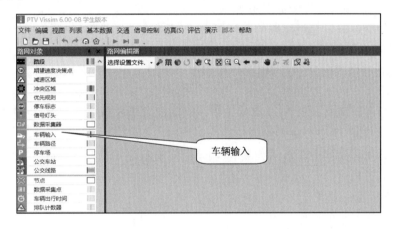

图 6-3-1 "车辆输入"按钮

②按住"Ctrl"键,在需要添加车辆输入的路段或连接器上单击鼠标右键,系统在路段起始端生成一条代表车辆输入对象的黑色线段。

③双击黑色线段,弹出"车辆输入"编辑窗口,如图 6-3-2 所示。

④在弹出的"车辆输入"对话框中编辑有关参数(具体方法见"编辑车辆输入对象参数")。

图 6-3-2 "车辆输入"对话框

（2）编辑车辆输入对象参数

编辑车辆输入对象参数的操作步骤为：

①鼠标左键单击选中需要编辑车辆输入的路段。

②鼠标移动至当前路段或连接器的起点位置（代表车辆输入对象的黑色线段高亮加粗），左键双击该黑色线段，打开"车辆输入"对话框，如图6-3-2所示。

③按照需求编辑相应车辆输入对象的参数。

具体各项参数的意义为："编号"，是系统自动分配给新建车辆输入对象的唯一标识，可以修改，但不允许与其他车辆输入对象相同。"名称"，为用户为当前车辆输入对象指定一个标识名称。"流量"，指输入的车辆流量的大小。"路段"，表示车辆输入对象所在路段。"车辆构成"，表示输入流量的交通组成。

注意：定义车辆输入过程中需要考虑以下问题。

①若输入的交通流量超过路段的通行能力，车辆将在路网外部"堆积"。当"堆积"车辆无法在定义的时间范围内进入路网时，VISSIM将产生一条错误信息，同时写入日志文件（*.err），并在仿真运行结束时通知用户。

②交通流产生点的选取需要设置在研究区域以外，以免对研究区域的车流运行产生影响。

③交通流量与路段和时间间隔有关。某一时间间隔内车辆进入路段的规律服从泊松分布。应根据实际情况，确定合理的交通流输入起始时间和间隔。

④仿真初始阶段路网中车流从无到有，与实际车流状况不相符。因此，仿真时间应考虑流量的初始化输入过程。

（3）删除车辆输入对象

删除车辆输入对象的操作步骤为：

①鼠标左键单击选中待删除车辆，输入对象所在的路段；

②鼠标移动至当前路段或连接器的起点位置（代表车辆输入对象的黑色线段高亮加粗），左键单击选中该黑色线段；

③单击右键，在弹出窗口单击"删除"或者按下键盘"Delete"键。

6.4 车辆路径

车辆路径包含固定顺序的路段和连接器序列。车辆路径始于决策起点（在路网编辑器中显示为紫线断面），终于"至路段"即决策终点（在路网编辑器中显示为青线断面）。通常情况下，一个路径决策起点对应多个路径决策终点，因此车流在决策起点产生分支可通达多个决策终点。路径的长度为任意值，它仅仅代表在路网中任意决策起点与决策终点之间行驶过程中所通过段和连接器的顺序。车辆路径的决策功能，仅对其包含的车辆类别并且没有收到其他任何路径信息的车辆产生作用，这类车辆必须在通过路径决策终点后才能够接收新的路径信息。

根据车辆路径决策起点的类型，车辆路径可划分为以下几类：

"静态路径"：定义了一个车辆路径决策起点，该起点能够生成通向决策终点的路段和连接器序列。以此作为通行路径，由该路径起点通向各路径终点的车流量由固定的比例值确定。

需要注意的是,对公交车辆无法指定"静态路径"。

"停车路径":定义了一个车辆路径决策起点,该起点能够生成通向指定停车场的路段和连接器序列。以此作为通行路径,停车场的类型必须为"实时停车场(Real Parking Spacings)"。

"动态路径":定义了一个车辆路径决策起点,车辆经过该路径决策起点后根据用户设置的条件或策略,自动选择具体的通行路径。

"闭关路径":定义了一个车辆路径决策起点,该路径决策起点至路径决策终点所包含的路段将不能被分配给动态路径。闭关类型的路径无须分配作用时间范围,无须输入相对流量。

"局部路径":在静态路径的局部范围内根据当前局部路径对车辆路径进行重新分配,对公交车辆无效。

"局部公交路径":在静态路径的局部范围内根据当前局部路径对公交车辆路径进行重新分配。

(1)新建车辆路径

新建车辆路径(包括静态路径、局部路径、停车路径以及闭合路径)的操作步骤为:

①单击用户界面左侧"路网对象"栏中的"车辆路径"按钮(文字"车辆路径"所在位置),如图6-4-1所示。

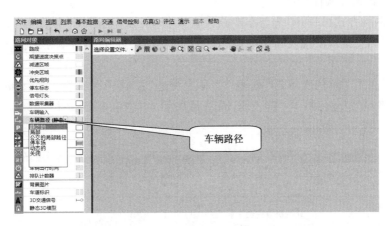

图6-4-1 "车辆路径"按钮

②单击车辆路径类型下拉菜单,并按照需求选择车辆路径类型。

③鼠标左键单击选中某条路段作为路径的起始路段。

④对于非停车路径,按住"Ctrl"键,在希望设置路径决策起点的断面位置单击鼠标右键,路段上出现紫色线段(图6-4-2),转入步骤⑤;对于停车路径,单击左键选择目标停车场,VISSIM会以黄色彩带显示具体路径,在空白位置单击鼠标坐标左键,松开"Ctrl"键,完成车辆路径布设。

⑤移动鼠标至路径的目标路段,VISSIM会以黄色彩带显示具体路径,在希望设置路径决策终点的断面位置单击鼠标左键,路段上出现青色线段(图6-4-2),完成其中一条路径布设。重复该步骤直至完成最后一条路径布设,在空白单击鼠标左键,松开"Ctrl"键,完成车辆路径布设。

警告:如果在路径决策点(起点)和路径目的地(终点)之间不存在连续的路段和连接器序

列,VISSIM 将无法找到行驶路径,代表路径的黄色彩带无法显示。此时,需要改变路径终点的位置,或路径的目标路段,或创建必要的连接器。

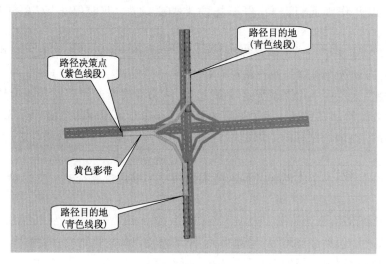

图 6-4-2　新建车辆路径

(2)编辑车辆路径属性参数

按照以下两种方式可打开"静态车辆路径决策点/静态车辆路径"参数编辑窗口。

方式一:鼠标左键双击代表路径决策起点的紫色线段,打开"车辆路径决策/车辆路径"参数编辑窗口。

方式二:通过主菜单依次单击"列表"、"私人交通"、"路径",选择期望编辑的路径类型,以选择"静态路径"为例,打开"静态车辆路径决策点/静态车辆路径"参数编辑窗口,如图 6-4-3 所示。

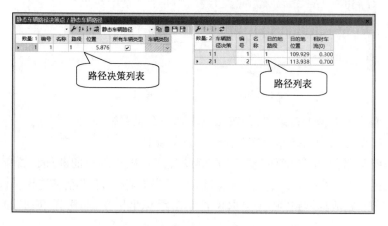

图 6-4-3　"静态车辆路径决策/静态车辆路径"参数编辑窗口

窗口左侧的路径决策列表显示路径决策起点的参数信息,具体包括:"编号",是系统自动分配给新建车辆路径起点的唯一标识,可以修改,但不允许与其他车辆路径决策起点相同。"名称",是用户为当前车辆路径起点指定的标识名称。"路段",表示当前车辆路径起点所在路段或连接器的编号。"位置",表示当前车辆路径起点距离所在路段或连接器起点的相对坐标。"所有车辆类型",若该选项被勾选,则所有的车辆类型都接受当前车辆路径起点的决策结果。"车辆类别",是指接受当前车辆路径起点决策结果的车辆类别。

窗口右侧的路径列表显示由当前决策起点分流出的各条路径的参数信息,具体包括:"编号",是系统自动分配给新建车辆路径的唯一标识,可以修改,但不允许与其他路径相同;"名称",是用户为当前路径指定的标识名称。"车辆路径决策",表示与当前路径相对应的路径决策起点。"目的地路段",表示当前车辆路径的终点所在路段或连接器。"目的地位置",表示当前车辆路径的终点距离所在路段或连接器起点的相对坐标。"相对流量",表示当前车辆路径车流量的相对比例。

(3)修改路径

若当前路径所经过的路段和连接器序列不满足建模要求,可通过添加临时中间点,修改当前路径所包含的路段和连接器序列。具体操作步骤为:

①鼠标左键双击代表路径决策起点的紫色线段,打开"车辆路径决策/车辆路径"参数编辑窗口,在右侧窗口选择待修改路径,此时路网编辑窗口的黄色彩带显示了选中的待修改路径;

②按住"Ctrl"键,在需要改变路段或连接器序列的位置右击鼠标添加临时中间点;

③松开"Ctrl"键,按住鼠标左键,将临时中间点拖动到目标路段或连接器的期望位置(VISSIM将通过中间点计算一个新的路段和连接器序列,并通过黄色彩带显示修改后的路径);

④在空白位置单击鼠标左键,路径修改完成。

(4)删除车辆路径

删除某条车辆路径的操作步骤为:

①鼠标左键双击代表路径决策起点的紫色线段,打开"车辆路径决策/车辆路径"参数编辑窗口。

②在右侧窗口单击右键选择要删除的车辆路径,在弹出窗口单击"删除"。

(5)删除车辆路径决策

可通过以下两种方式删除车辆路径决策:

方式一:

①鼠标左键双击代表路径决策起点的紫色线段,打开"车辆路径决策/车辆路径"参数编辑窗口;

②在左侧窗口单击右键选择要删除的车辆路径决策,在弹出窗口单击"删除",路径决策删除完成。

方式二:

①鼠标左键选中待删除的车辆路径的决策起点。

②按住鼠标,将其拖动到所在路段或连接器以外,路径决策删除完成。

第 7 章
行人仿真

VISSIM 的行人仿真界面在 6.0 版本后被并入了车辆仿真界面中,现在新版本的 VISSIM 软件的车辆仿真和行人仿真元素可以在统一的环境中进行编辑。

在 VISSIM 界面左侧的"路网对象"窗口中最下面 6 行为行人仿真编辑的路网对象,分别为面域、障碍物、斜坡或楼梯、行人输入、行人路径、行人行程时间,如图 7-0-1 所示。

图 7-0-1 行人仿真编辑的路网对象

需要说明的是,VISSIM 中的行人模型可以分为两种,一种按照机动车跟车的 Wiedemann 模型运行,本质上是将行人按照机动车模型建模,这时行人只能在自定义的路段移动,这种模型通常用在交叉口行人与车辆的冲突,以及行人与信号灯的互动上;还有一种根据 Helbing 的行人社会力模型运行,行人可以在平面的二维空间内自由移动,而不需要事先设定其特定的轨迹,需要通过模型计算形成行人行走的轨迹。本章介绍社会力模型的行人仿真建模。

7.1 行人 2D 和 3D 模型

7.1.1 行人 2D 和 3D 模型的区别

VISSIM 中自带了部分行人的 3D 模型,这些 3D 模型对应的 2D 属性也保存在模型文件中。本质上行人仿真的计算反映的是行人在二维空间里的移动,因此每个行人模型自身的尺寸会对空间和其他行人产生影响,同样每个行人模型也会受到其他行人尺寸的影响。在二维空间内行人表现的模型形状为椭圆形。可以看到图 7-1-1a)中默认的二维模型中,行人的尺寸并不一样,可以通过这样的 2D 尺寸分布来表达不同性别、不同体型的行人对空间的影响;右图为与之对应的三维模型。

在二维模型中每个行人只能用一种颜色来表示,而在三维模型中行人的头发、肤色、上衣、裤子以及鞋子的颜色可以通过不同的颜色来展示。除此之外,在三维模型中还可以体现行人身高的差别,但身高在目前的仿真中对结果并不产生影响。

图 7-1-1 为 VISSIM 行人仿真的二维和三维画面。

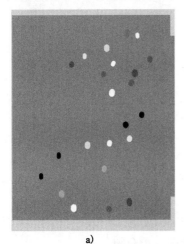

a) b)

图 7-1-1 行人二维和三维模型在 VISSIM 中的显示

7.1.2 行人 2D 和 3D 模型的三个层次

与车辆的定义一样,行人 2D 和 3D 模型的定义在包含在菜单栏的"基本数据"中。行人模型的定义可以分三个层次,可以通过菜单选择,分别为:

1-基本数据——2D/3D 模型元素;

2-基本数据——2D/3D 模型;

3-基本数据——分布——2D/3D 模型。

这三个层次与车辆仿真中的模型对应的层次一致,行人模型中的 2D/3D 模型元素和 2D/3D 模型之间的关系可以理解为 2D/3D 模型可以由一个或者多个 2D/3D 模型元素组成,例如一个轮椅模型的行人模型和一个正常行人模型可以组合成一个推着轮椅行走的两个人的组合

2D/3D 模型;一般如果是单个行人的模型,2D/3D 模型和 2D/3D 模型元素是一一对应的关系。

2D/3D 模型的分布指的是行人 2D/3D 模型在所定义的分布中所占比例的情况,例如,VISSIM 默认的行人 2D/3D 模型有 10 种,可以通过定义不同的 2D/3D 模型分布,分别包括不同的行人模型以及对应的比例。

三个层次之间的关系可以用图 7-1-2 来表达,从最右侧开始定义了 5 个行人 2D/3D 模型元素,中间定义了 4 个行人 2D/3D 模型,分别与行人 2D/3D 最右侧的模型元素对应,其中行人 2D/3D 模型 4 对应了两个模型元素行人 2D/3D 模型元素 4 和 5,因此该模型反映的是推着轮椅的行人。最左侧定义的 3 个行人 2D/3D 模型分布可以包括一个或多个行人 2D/3D 模型,可以对每个模型所占比例进行设置。

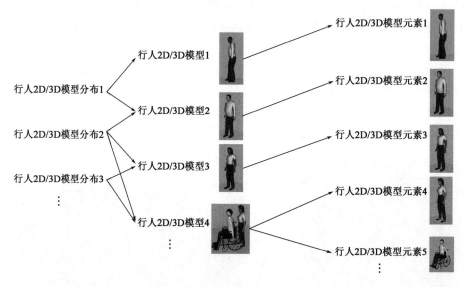

图 7-1-2　行人 2D/3D 模型的层次定义

行人仿真中 2D 模式下的尺寸与其所对应的 3D 模型所定义的尺寸是一致的,3D 模型的尺寸由 3D 模型元素决定,这个模型元素后缀名为 v3d 的文件,可以到 VISSIM 安装目录下的 Exe\3DModels\Pedestrians\ 目录找到。此外,也可以通过 VISSIM 的 3D 模块自己建立行人模型或者从外部导入 SKP 或 3DMAX 格式的模型,本书中不做进一步介绍。

7.1.3　行人 2D 和 3D 模型的定义

单击菜单栏中"基本数据"—"2D/3D 模型元素",打开 2D/3D 模型元素的列表,在列表窗口的工具栏右侧分表选项框内选择"单表"。可以发现列表中已有部分默认的 2D/3D 模型元素,单击列表下方任一个以 ped 开头的 3D 模型文件后面的文件夹图标,如图 7-1-3 所示,弹出该 3D 模型文件(v3d 格式)对应的文件夹,单击取消关闭该对话框。"2D/3D 模型元素"是指被"2D/3D 模型"使用的 v3d 文件,不可以直接新建,但在创建"2D/3D 模型"时,可以通过选择新的 v3d 文件新增"2D/3D 模型元素"。

单击菜单栏中"基本数据"—"2D/3D 模型",打开 2D/3D 模型的列表,在列表工具栏右侧的分表选项框内选择"2D/3D 模型组成",单击列表左侧任一行,右侧列表将该行"2D/3D 模型"对应的 v3d 文件列出,如图 7-1-4 所示。

图 7-1-3 2D/3D 模型元素

图 7-1-4 2D/3D 模型

在列表工具栏右侧的分表选项框内选择"单表",分表消失。然后在列表右侧空白处右击,在弹出的菜单中选择"新建…",弹出选择 3D 模型对话框,在弹出的对话框中的文件夹目录中双击 Pedestrians 文件夹,这时文件夹目录下方出现该文件夹内所有的 v3d 文件,双击其中的 Ped-Boy01.v3d,可以看到该模型已经被选择到下方的选择框内,窗口右侧是预览图形,可以通过按住鼠标左键旋转模型来查看模型,如图 7-1-5 所示。单击"确定"关闭该对话框。

这时在 2D/3D 模型的列表内增加了一行,位于最下方,可以在名称栏中输入"BOY1",作为该 2D/3D 模型的名称,如图 7-1-6 所示,这样就新建了一个名称为 BOY1 的行人 2D/3D 模型。

同样的操作可以新建 BOY2、GIRL1、GIRL2 的 2D/3D 模型,分别对应 Ped – Boy02.v3d、Ped – Girl01.v3d、Ped – Girl02.v3d 文件。

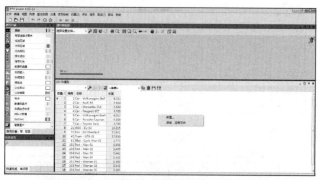

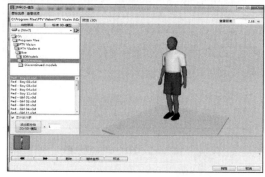

图 7-1-5　新建一个 2D/3D 模型

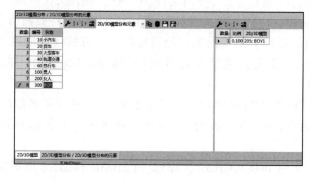

图 7-1-6　输入新建 2D/3D 模型的名称

单击菜单栏中"基本数据"—"分布"—"2D/3D 模型",打开"2D/3D 模型分布"列表,在列表工具栏右侧的选项框内选择"2D/3D 模型分布元素",然后在列表左侧的空白区域单击右键,在弹出的菜单中选择"新建…",右侧列表新增了一行位于最下方,在名称栏内输入 BOY,列表右侧的分表中是刚刚新建的模型分布所包含的模型,已经有一个默认的模型,如图 7-1-7 所示。在列表右侧的分表中空白处单击右键,在弹出的菜单中选择"新建…",这时列表右侧的分表中有两个模型,单击第一行的 2D/3D 模型栏,在弹出的选项框内包含所有定义的 2D/3D 模型,在最下方可以发现刚刚新建的 4 个行人 2D/3D 模型,选择 BOY1,如图 7-1-8 所示。对第二行的 2D/3D 模型栏进行同样的编辑,选择 BOY2。

图 7-1-7　新建一个名称为 BOY 的 2D/3D 模型分布

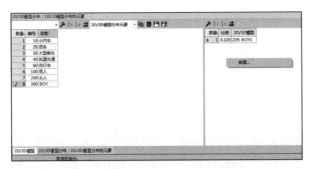

图 7-1-8　新建的模型分布增加新的模型

在 2D/3D 模型栏左侧有个名称为比例的数据栏,表示这一列模型在整个分布中所占的相对比例。以刚刚新建的名称为 BOY 的模型分布为例,如果在 BOY1 和 BOY2 的比例栏中输入 1 和 2,表示 BOY1 模型占整个分布中的 1/3,BOY2 占 2/3,如图 7-1-9 所示。

图 7-1-9　2D/3D 模型分布设置

以此类推,可以新建一个名称为 GIRL 的模型分布,包含 GIRL1 和 GIRL2 两种模型,可以自定义相互的比例。这样除了软件自带的默认行人 2D/3D 模型外,又定义了两种行人模型,并且新增了 4 个行人模型元素(可以到行人模型元素列表中查看)。

7.2　行人类型、类别和行走行为

行人类型、类别和行走行为的定义与车辆相应概念的定义基本一致,唯一的区别是行人类型的定义不需要像车辆类型一样需要指定种类。

7.2.1　行人类型和类别的关系

行人类型(Pedestrian Type)是指使用同一种行人模型分布,并具有同样的行走行为的行人集合。行人类型是行人交通构成的基本单位,在 7.4 节中会具体介绍行人构成。

行人类别(Pedestrian Class)是指一个或多个行人类型的组合,在仿真中可以对不同的行人类别进行路径、信号以及行走行为的区别设置。

7.2.2　行人类型和类别的设置

单击菜单栏中"基本数据"—"行人类型",打开"行人类型"列表,在列表工具栏右侧的选项框内选择"单表",可以看到 VISSIM 已经默认设置好两种行人类型,如图 7-2-1 所示。

图 7-2-1　行人类型列表

在列表的空白处单击右键,在弹出的菜单中选择"新建…",弹出行人类型的对话框,在模型分布中选择之前定义好的 BOY 分布,单击确定关闭对话框。行人类型列表中最下方多了一行新的行人类型,在名称栏中输入 BOY _type,这时一个名为 BOY _type 的行人类型被定义好,它的 2D/3D 模型分布为之前定义过的 BOY 分布,行走行为为默认的行为参数,如图 7-2-2 所示。同样的操作可以再定义一个名为 GIRL _type 的行人类型。

图 7-2-2　新增一个行人类型

单击菜单栏中"基本数据"—"行人类别",打开"行人类别"列表,在列表工具栏右侧的选项框内选择"单表",如图 7-2-3 所示。

图 7-2-3　行人类别列表

在列表窗口右侧空白处右键鼠标,在弹出的菜单中选择"新建…",行人类别列表中最下方多了一行新的行人类别,在名称栏里输入 ALL_STUDENTS,用鼠标左键单击对应行的行人类别栏,在弹出的菜单里选择刚刚新建的 BOY _type 和 GIRL _type 行人类型,将其他类型的勾选去除,如图 7-2-4 所示。

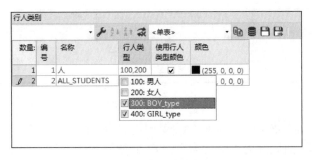

图 7-2-4 行人类别定义

同理,可以继续新建一个名称为 BOY_STUDENTS 的行人类别,仅包含 BOY _type 的行人类型,最后再新建一个名称为 GIRL_STUDENTS 的行人类别,仅包含 GIRL _type 的行人类型。

这样新建了两种行人类型和三种行人类别,其与 2D/3D 模型之间的关系如图 7-2-5 所示。

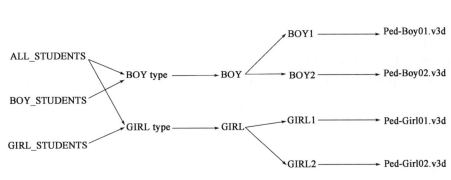

图 7-2-5 行人类别类型与 2D/3D 模型之间的关系

7.2.3 行走行为和面域行为类型

行走行为是行人仿真中社会力模型的参数设置,可以在一个仿真文件中定义多种行走行为。行走行为可以对不同的行人类型进行设置(在行人类型中编辑),对应的行人类型在仿真过程中将按照设置好的行走行为进行移动。同时,行走行为还可以对特定的区域进行设置,例如在楼梯区域或者检票口区域行人的行走行为会发生改变,各个类型的行人在进入具有行走行为设置的区域后将按照区域内规定的行走行为进行移动,直到离开指定区域,行人继续按照原先所属的行人类型的行走行为设置移动。

7.2.4 行走行为和面域行为类型的设置

单击菜单栏中"基本数据"—"行走行为",打开"行走行为"列表,可以发现列表中已经有一行名称为默认的行走行为参数。在列表窗口空白处右键鼠标,在弹出的菜单中选择"新建…",

这时新建一个行走行为参数，在名称内输入 STUDENT，对后续的参数不作调整，进行同样的操作，继续新建一个名称为 SPECIAL 的行走行为参数，同样对参数不做修改，如图7-2-6所示。这样就创建了两个行走行为，目前包含同样的参数，在后续的应用中可以根据标定或者需要进行调整。

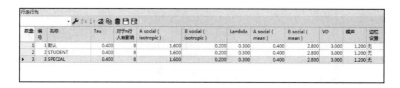

图7-2-6　行走行为定义

单击菜单栏中"基本数据"—"面域行为类型"，打开"面域行为类型"列表，在列表工具栏右侧的选项框内选择"面域行为类型元素"。在"面域行为类型"列表窗口内左侧的空白处右键鼠标，在弹出的菜单中选择"新建…"，生成一行面域行为类型，在名称中输入 SPECIAL，如图7-2-7所示。

图7-2-7　新建面域行为类型

在"面域行为类型"列表窗口内右侧的空白处右键鼠标，在弹出的菜单中选择"新建..."，生成一行面域行为类型元素，在这个面域行为类型元素中的行人类别栏选择 BOY_STUDENTS 行人类别，在期望速度分布中选择编号为 1001、名称为 IMO－M 30－50 的速度分布，在对应行的行走行为栏中选择 SPECIAL 的行为。同样继续创建一个行人类别为 GIRL_STUDENTS、期望速度为编号 1002、名称为 IMO-F 30-50 的速度分布，行走行为选择 STUDENT 的面域行为类型元素。如图7-2-8所示。创建了一个名称为 SPECIAL 的面域行为类型，在后续的面域编辑中就以使用，当相应的行人类别的行人走上该面域，其将按照面域行为类型进行行走。

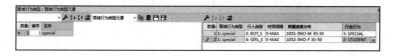

图7-2-8　编辑面域行为类型

7.3　行人设施

行人仿真中行人行走的环境在 VISSIM 中分为三类，分别是面域、障碍物和斜坡或楼梯。

7.3.1　行人面域

行人面域是 VISSIM 行人仿真环境中的最基本元素，行人面域可以表达行人进入路网的起始面域、行人离开路网的终止面域或者行人通过、排队集散的环境。

单击 VISSIM 界面左侧路网对象栏的"面域",激活行人面域编辑。用鼠标在路网编辑器内的空白处右键单击,弹出菜单中选择"添加面域"。弹出行人面域对话框,单击确定,如图 7-3-1 所示,一个行人面域出现在路网中。

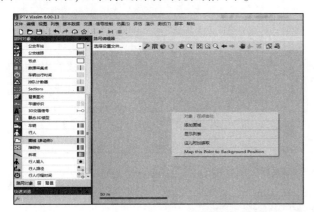

图 7-3-1　新建一个行人面域

用鼠标左键单击刚刚新建好的行人面域,行人面域被激活,同时边界出现四个小圆点(软件界面中为黄色),用鼠标左键按住其中一个小圆点拖动,可以对面域的形状进行编辑,如图 7-3-2 所示。

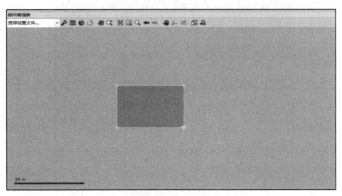

图 7-3-2　编辑行人面域

用鼠标左键单击刚刚新建好的行人面域,行人面域被激活,用鼠标在行人面域边界(软件界面中为黄色)上右键单击,在弹出的菜单中选择"添加点",原来的四边形变成了五边形,如图 7-3-3 所示,面域边界新增一个小圆点(软件界面中为黄色),可以继续用鼠标按住小圆点拖动,继续编辑面域的形状。

经过几次操作,可以将行人面域的形状编辑成一个多边形,其尺寸大小大致为横向和纵向均为 40~50m,如图 7-3-4 所示。

继续用鼠标在路网编辑器的空白处右键单击,在弹出的菜单中继续选择"添加面域"。弹出行人面域对话框,在对话框中的"总是作为出发地面域"前的方框内用鼠标左键单击打勾,继续单击确定完成一个新的行人面域的建立,如图 7-3-5 所示。这个行人面域的作用为作为行人输入专用,也就是仿真中的行人可以通过该面域进入整个路网。

同样继续新建一个行人面域,在行人面域对话框的"总是作为目的地面域"前的方框内用鼠标左键单击打勾,如图 7-3-6 所示,单击确定。

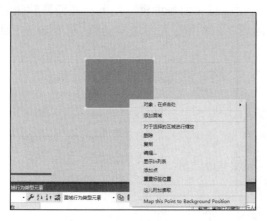 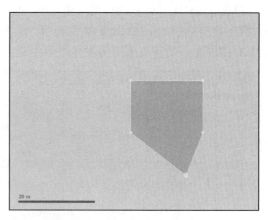

图 7-3-3　编辑行人面域形状

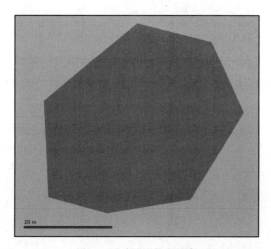

图 7-3-4　多边形行人面域

图 7-3-5　新建一个行人面域作为出发地　　　图 7-3-6　新建一个行人面域作为目的地

将新建好的行人出发地面域和目的地面域分别放置在第一个新建并编辑好的行人面域两侧,需要注意的是,这两个面域必须与第一个面域有重叠的部分,这样就能保证从出发地出发的行人能通过重叠面域部分进入第一个面域,也能让行人从第一个面域进入目的地面域完成出行,如图 7-3-7 所示。

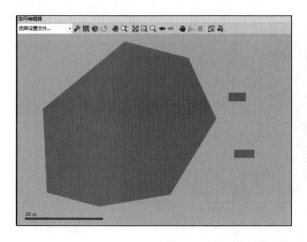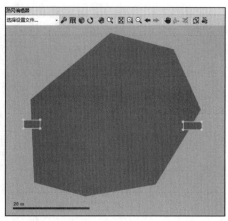

图 7-3-7　将出发地面域和目的地面域重叠

行人面域的窗口编辑中可以选择自定义的行人行走行为,反映不同面域的行人行走行为差异,本书仅介绍基本的建模流程,对于行走行为的设置和应用可参考 VISSIM 说明书。

7.3.2　障碍物

障碍物是指行人在面域行走时需要绕开的范围,可以理解为建筑物里的柱子、墙体或者其他行人不能跨越的设施。障碍物的建立方式与行人面域的建立方式类似。

单击 VISSIM 界面左侧路网对象栏的"障碍物",激活障碍物编辑。用鼠标在路网编辑器内的空白处右键单击,弹出菜单中选择"添加障碍物"。弹出障碍物对话框,在"高度"栏内输入 1,单击确定,一个高度为 1m 的障碍物出现在路网中,如图 7-3-8 所示。

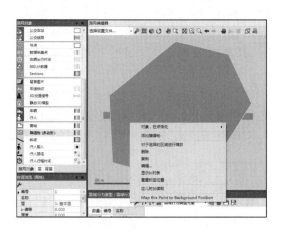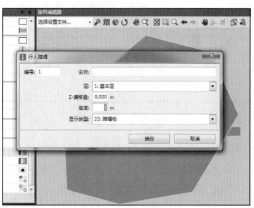

图 7-3-8　创建一个障碍物

用鼠标左键按住刚刚新建好的障碍物,拖动到第一个建立的面域中间,适当编辑该障碍物的形状,如图 7-3-9 所示。这样在面域中建立了一个障碍物,仿真过程中行人在该面域内的行走将不能进入该障碍物的范围。

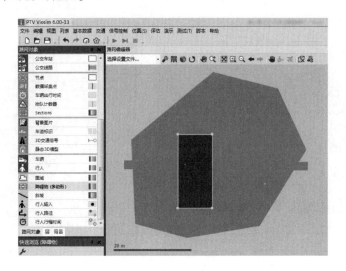

图 7-3-9　编辑障碍物形状

可以根据需要建立多个障碍物,放置在行人面域的不同位置,但是不能将行人出发地面域和目的地面域分开,或者只留下非常狭小的空间使得行人无法通过。

7.3.3　斜坡和楼梯

行人可以通过斜坡或者楼梯在不同的层之间行走。

VISSIM 中的层的概念可以用于区分在平面上重叠的路网元素,并且便于这些元素的编辑。由于行人行走的设施经常会有多层的情况,因此对于行人仿真,VISSIM 中层的概念非常重要。

图 7-3-10　新建层

单击菜单栏的"基本数据",在弹出的菜单中选择"层"。路网编辑器下方出现了层的列表,这时列表里仅有一行名为基本层的层,其高度为 0.0。用鼠标右键在层列表中的空白处单击,在弹出的菜单中用鼠标左键单击"新建",这时层列表中新增了一行,在名称栏内输入"L2",在高度栏内输入 5,如图 7-3-10 所示。单击层列表右上角的关闭图标,关闭层列表窗口。

关于层的概念可以参考本书第 2 章的相关内容以及 VISSIM 相关帮助和说明书。

单击 VISSIM 界面左侧路网对象栏的"面域",激活面域编辑。在路网编辑器的空白处右键单击新建一个面域,在弹出的面域窗口中的层中选择刚刚新建的 L2 层。单击确定关闭面域窗口。编辑新建的 L2 层面域的形状和位置,使得该面域的大小是第一个新建的面域大小的一半左右,并且位于第一个面域的范围内,如图 7-3-11 所示。

 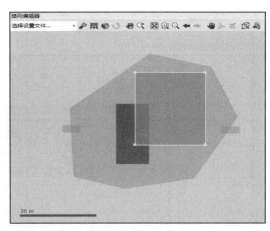

图 7-3-11　新建 L2 层面域

继续新建一个面域,在弹出的面域窗口中的层中选择 L2 层,同时在"始终作为行人目的地面域"前的方框内用左键单击打勾。单击确定关闭面域窗口。拖动新建的 L2 层的行人目的地面域到刚刚新建的 L2 层的行人面域一侧,并且保证两个面域之间有重叠部分,如图 7-3-12 所示。

 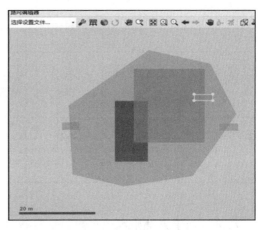

图 7-3-12　新建并移动 L2 层目的地面域

至此建立了位于基本层和 L2 层的行人面域,接下来将建立斜坡或者楼梯来连接这两层。

单击 VISSIM 界面左侧路网对象栏的"斜坡",激活斜坡或楼梯的编辑。在路网编辑器中右键鼠标,在弹出的菜单中选择"添加斜坡",弹出斜坡或楼梯的编辑窗口,在开始层选项框中选择基本层,在结束层选项框中选择 L2 层。单击类型选项中的"楼梯"选项前的圆框,将"类型"设施设置为楼梯的形式,如图 7-3-13 所示。单击确定关闭斜坡或楼梯的编辑窗口。

用鼠标左键按住刚刚新建好的楼梯,拖动到两层行人面域的范围内,使得楼梯的开始和到达端能在两层行人面域上。按住 Alt 键再用鼠标左键拖动,可以旋转楼梯的方向。

同时按下 Ctrl + D,路网编辑器将被切换到 3D 模式,这时可以看到刚刚新建的两层面域以及连接两层面域的楼梯,如图 7-3-14 所示。

楼梯的形式还可以是斜坡、自动扶梯、行人传送带等,在斜坡和楼梯的编辑窗口中可以进行选择。读者可以自己尝试。

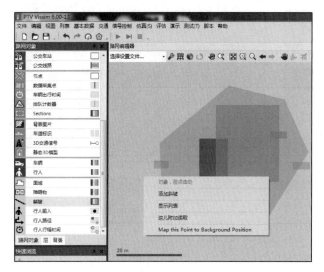

图 7-3-13　新建连接基本层和 L2 层的楼梯

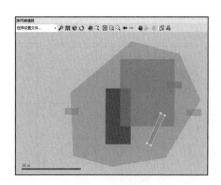
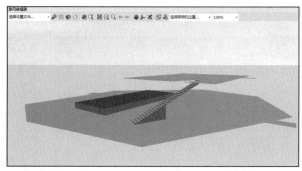

图 7-3-14　编辑楼梯位置和旋转楼梯并切换到 3D 模式下

7.4　行人输入

行人的输入和车辆的输入类似。单击 VISSIM 界面左侧路网对象栏的"行人输入",激活行人输入编辑。在进行行人输入之前同时按下 Ctrl + D,将路网编辑器切换回 2D 模式。

将鼠标放置在路网中新建的行人出发地面域上,右键单击,在弹出的菜单中选择"添加行人输入",这时该面域中间出现了一个点,说明该面域内已经有行人输入,如图 7-4-1 所示。

双击新添加的行人输入点,在路网编辑器的下方出现行人输入的列表,列表中有一行数据与路网编辑器行人出发地面域中的点对应。在列表中的流量中输入 1000,行人构成使用默认参数,不做修改,如图 7-4-2 所示。

这样就在路网中输入了一个每小时 1000 人的行人流量(这里的 1000 人/h 是流率的概念,即行人将以平均每小时 1000 人的速度从输入的面域中出现)。

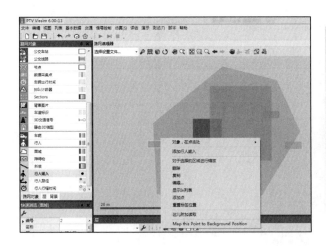 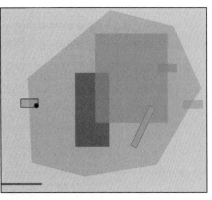

图 7-4-1　添加行人输入

图 7-4-2　在列表中编辑行人输入

7.5　行人路径

行人路径的编辑通过定义行人进入面域的决策点和行人到达不同面域的目的地点以及不同目的地之间的行人比例完成。

单击 VISSIM 界面左侧路网对象栏的"行人路径",激活行人路径编辑。

将鼠标放置在路网中新建的行人出发地面域上,右键单击,在弹出的菜单中选择"添加行人静态路径决策点",这时该面域中间又新增了一个点,与之前的行人输入点的颜色不同,说明该面域内已经有行人路径决策,如图 7-5-1 所示。

这时不要单击鼠标,而是将鼠标移动到 base 层的行人目的地面域上,单击鼠标左键,这时 base 层的行人目的地面域出现一个点,并且由一根直线与行人出发地面域上的行人静态路径决策点相连,这时就基于定义的静态路径决策点建立了一个行人路径,行人将从出发地面域通过建立的行人行走网络到达该目的地面域。

继续移动鼠标到 L2 层的行人目的地面域,在该面域内单击鼠标左键,同样基于定义的同一个静态路径决策点又建立了一个新的行人路径。将鼠标放到路网编辑器窗口内的空白位置单击,结束行人路径编辑。如果要继续新增行人路径,可以将鼠标放置在对应的行人静态路径决策点上单击右键,在弹出的菜单中选择"添加行人路径",可以继续对该行人静态路径决策点添加路径,如图 7-5-2 所示。

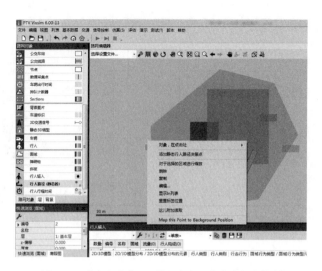

图 7-5-1　在行人出发地面域添加行人静态路径决策点

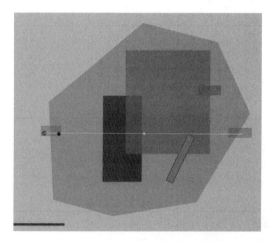 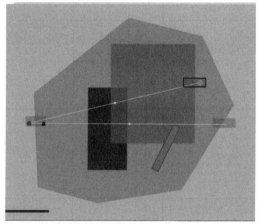

图 7-5-2　新建的行人静态路径决策点添加行人路径

鼠标左键双击行人静态路径决策点,路网编辑器下方出现行人静态路径编辑的列表,列表以分表的形式出现,表的左侧为行人静态路径决策点,右侧为所选中的行人静态路径决策点对应的路径,这时右侧表为空。与此同时,行人静态路径决策列表的右侧也相应新增了一行行人路径数据。列表右侧的两行行人路径数据中的相对车流栏里默认值均为 1.000,表示行人在路径决策点对这两个路径的选择概率为 1∶1 的关系,可以通过修改这两个数据来达到行人相对比例的调整,数据大小不受限制,只反映相对关系。

7.6　行人仿真

单击保存,保存刚刚编辑好的行人仿真文件。行人仿真的运行与机动车仿真一样,可以通过单击工具栏中的"连续仿真"图标进行。仿真的参数可以通过菜单栏中的"仿真"—"参数"进行设置,具体概念与机动车仿真设置相同。图 7-6-1 为刚刚建立的行人仿真模型在二维和三维下的仿真画面。

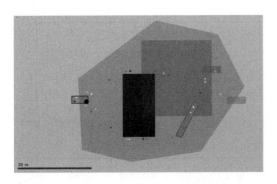 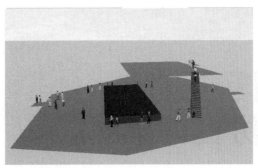

图 7-6-1　2D 和 3D 状态下的行人仿真画面

行人仿真的结果分析与机动车结果分析获取的方式类似，主要包括行人在面域间的行程时间、行人在面域上不同区域的密度、行人在面域上的速度、行人排队长度、延误等数据。对行人仿真结果数据的获取和分析感兴趣的读者，可以通过 VISSIM 自带的说明书进一步学习，本书不做深入介绍。

第 8 章
仿真评估

仿真根据所使用的路网对象得出大量数据,例如包含关于车辆、路段、节点、状态、绿灯时间分布、公交的等待时间或面域等信息。这些数据可能是原始数据或集聚数据。根据数据类型和所需的其他用途,可在列表或窗口内显示评估,以及将评估保存为文本文件或数据库文件。

8.1 节点评估

按照表 8-1-1 条件创建信号控制交叉口,各进口添加车辆。左转、直行、右转数据见表 8-1-1。

示例交叉口道路条件与各进口流量　　　　表 8-1-1

方　向		车道数(条)	单车道宽度(m)	交通流量(辆/h)	合计(辆/h)
东进口	左转	1	3.5	310	1710
	直行	2	3.5	1203	
	右转	1	3.5	197	
西进口	左转	1	3.5	251	1648
	直行	2	3.5	1108	
	右转	1	3.5	289	

续上表

方向		车道数(条)	单车道宽度(m)	交通流量(辆/h)	合计(辆/h)
南进口	左转	1	3.5	180	940
	直行	2	3.5	508	
	右转	1	3.5	252	
北进口	左转	1	3.5	203	1052
	直行	2	3.5	672	
	右转	1	3.5	177	

创建的交叉口如图 8-1-1 所示。

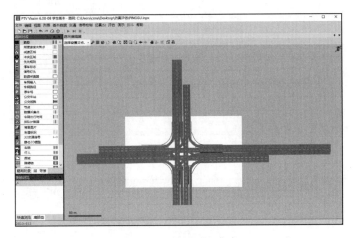

图 8-1-1 示例交叉口仿真

可通过节点评价采集 VISSIM 路网内节点的数据。节点评价特别适用于测得十字路口的特定数据，不必为此先手动定义测定数据时的所有截面。

（1）单击路网对象栏"节点"，切换至节点编辑状态。

（2）在路网编辑器中用鼠标右键单击围绕交叉口区域多边形所需的角点，所围区域如图 8-1-2 所示，同时弹出节点属性设置对话框，如图 8-1-3 所示。

图 8-1-2 节点仿真评估区域

（3）运行仿真。单击评估—结果列表—节点。结果如图 8-1-4、图 8-1-5 所示。

结果列表中节点结果显示排队长度、车辆数和人数、停止时间、延误、停车次数、尾气排放以及转向等数据。

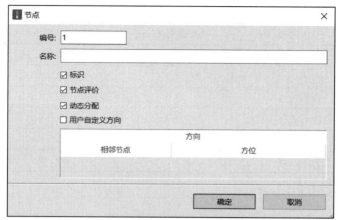

图 8-1-3　节点属性设置对话框

图 8-1-4　节点评估结果 1

图 8-1-5　节点评估结果 2

8.2　数据采集点

（1）数据采集器。以西出口为例，单击左侧"数据采集器"，进入数据采集器的编辑状态。在西出口车道 1，靠近终点处单击右键，出现方框（软件界面中为蓝色），数据采集器的设置如图 8-2-1 所示。

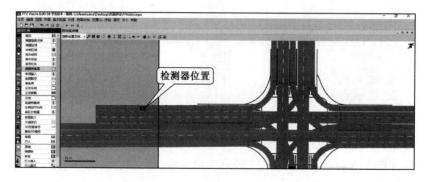

图 8-2-1　设置检测器位置

（2）单击左侧"数据采集点"，进入数据采集点的编辑状态。在下方单击右键，单击新建，如图8-2-2所示，选择上一步设置的数据采集器，单击确定。

（3）依次单击评估、配置，弹出图8-2-3所示对话框，勾选数据采集。

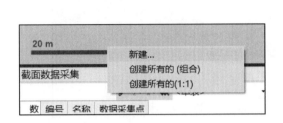

图8-2-2　数据采集点编辑　　　　　　图8-2-3　评估设置对话框

（4）运行仿真，单击评估—结果列表—数据采集，结果如图8-2-4所示。

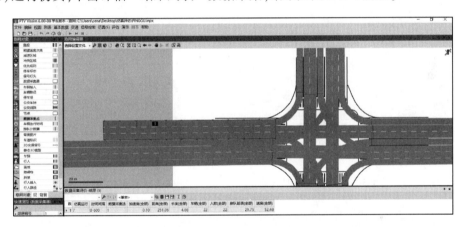

图8-2-4　评估结果显示

8.3　车辆出行时间

（1）单击左侧"车辆出行时间，进入车辆出行时间的编辑状态。在东进口靠近起点位置单击右键，显示一红色线段，移动鼠标至西出口靠近终点位置，单击右键，出现一绿色线段，同时弹出"行程时间检测对话框"，行程时间检测点设置如图8-3-1所示。

（2）依次单击评估、配置，弹出图8-3-2所示对话框，选择车辆行程时间，单击确定。

（3）运行仿真，单击评估—结果列表—车辆出行时间，如图8-3-3所示。

（4）车辆出行时间仿真结果输出，如图8-3-4所示。

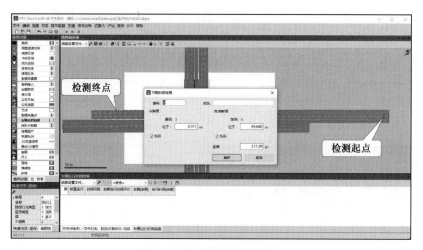

图 8-3-1　行程时间检测点设置

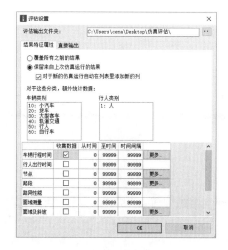 

图 8-3-2　行程时间评估设置　　　　图 8-3-3　仿真结果输出选择

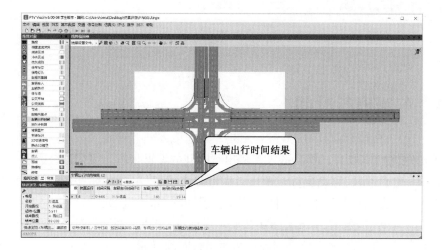

图 8-3-4　车辆出行时间仿真结果

8.4 排队计数器

(1)单击路网对象栏"排队计数器",切换至排队计数器设置状态。
(2)鼠标右键单击东进口靠近停止线处,出现红色线段,如图8-4-1所示,排队计数器打开。

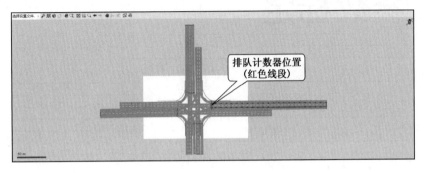

图 8-4-1 设置排队计数器

(3)单击评估—配置,在弹出对的对话框中选择"排队",如图8-4-2所示,单击确定。
(4)运行仿真,单击评估—结果列表—排队长度,在下方显示排队结果如图8-4-3所示。

图 8-4-2 仿真结果输出选择

图 8-4-3 排队长度仿真结果

说明:
①排队长度平均值:每个时间步长中,排队计数器向上游测量当前排队长度,从中产生每时间间隔数学上的平均值。
②排队长度(最大):每个时间步长中,排队计数器向上游测量当前排队长度,从中得出每时间间隔的最大值。
③排队—停车数量:当未在排队中的车辆超过排队条件开始时的速度时,为排队—停车计数。

第 9 章
仿真参数标定

　　VISSIM 仿真软件是最为优秀的微观仿真软件之一,其在道路交通研究领域应用广泛。目前,微观仿真软件的核心思想多数为基于跟驰模型和换道模型等一系列微观交通模型,模拟仿真交通流变化运行情况,进而实现对真实交通流数字化表达。但实际应用中,由于 VISSIM 仿真软件是基于国外交通特征而开发,应用到国内交通仿真时,其系统参数往往与国内实际交通特征不符,需要对其系统参数重新标定。

　　车辆尺寸、道路宽度等物化设备及设施,国内外无明显差异,但对于涉及驾驶行为的参数,国内外驾驶习惯和行驶规则存在差异,因此需要重新进行标定。

　　目前,微观交通仿真模型参数校正主要有两类:一类是宏观参数校正,另一类是全微观参数校正。宏观参数校正指使用宏观交通数据对微观交通仿真模型的参数进行校正,即把宏观参数作为校正数据,经过不断改变微观参数的输入值,使微观模型仿真输出的宏观数值和实测值误差最小。全微观参数校正是指利用实测的大量微观交通数据(加速度、车头间距、前车速度、平均停车间距等)对微观交通仿真模型进行参数校正。全微观参数校正对于微观数据充分,且模型数学表达式清楚,简单的微观模型较为适用。但 VISSIM 中微观交通仿真模型(跟驰模型和换道模型)是极其复杂的模型,没有明确的数学表达式,且实际数据获取中,难以获得大量的微观数据。因此,VISSIM 参数标定方法多采用宏观参数校正方法,本章将对 VISSIM 宏观参数校正方法进行介绍。

9.1 主要驾驶行为参数介绍

9.1.1 期望车速

期望车速是指车辆在无约束或轻度约束条件下,驾驶员所期望达到的最高安全行驶速度。期望车速由道路等级及驾驶员的性别、年龄、性格的差异、驾车风格等因素决定,并呈现一定的不确定性。驾驶员在实际驾驶过程中,总是期望不断靠近期望车速行驶。

期望车速分布是 VISSIM 输入参数之一。总体来看,对于高速公路路段,驾驶员运行车速倾向于略高于限速值。在设计车速大于 100km/h 的高等级公路上,实际运行车速一般比设计车速大 10km/h;在限速车速小于 100km/h 的高等级公路上,运行车速一般比设计车速大 20km/h。因此,在考虑到驾驶员分为冒进型和保守型后,期望车速分布可依据道路设计车速值上下浮动相应数值,具体分布见表 9-1-1。

各设计速度对应的期望车速区间　　　　　　　　表 9-1-1

参　数	车辆类型	设计速度(km/h)			
		60	80	100	120
期望车速	小客车	60~85	80~100	95~115	115~130
	大型车	50~60	60~70	70~80	70~80

期望车速分布可参考正态分布。此外,需要注意的是驾驶员期望车速也与道路状况相关。在道路弯曲线和纵曲线发生变化时,可通过设置限速标志,改变期望车速。

期望车速常见的分布为围绕限速值的 S 形分布。

9.1.2 跟驰模型参数

VISSIM 软件在高速公路的跟驰模型采用的是 Wiedemann-99 模型,拥有 10 个参数,各参数含义见表 9-1-2。

Wiedemann-99[1] 跟驰模型各项参数　　　　　　　　表 9-1-2

参　数	含　义	取值范围
CC0(停车间距)	两停止车辆之间的平均期望间隔距离	1.0~2.0m
CC1(车头时距)	后车驾驶员对于某一个确定速度而期望保持的车头时距(对安全距离与饱和流量有决定性的作用)	0.5~3.0s
CC2(跟车变量)	前后车的纵向摆动约束,默认值为 4m	0~15.0m
CC3(进入跟车状态的阈值)	在后车达到安全距离之前多少秒,后车驾驶员开始减速	-30.0~0s
CC4(消极跟车状态的阈值)	控制"跟车"状态下前后车的速度差,值越小反应越灵敏	-1.0~0m/s
CC5(积极跟车状态的阈值)	控制"跟车"状态下前后车的速度差,与 CC4 对应	0~1.0m/s

续上表

参　数	含　义	取 值 范 围
CC6(车速振动)	跟车过程中,距离对后车速度摆动的影响	0～20.0rad/s
CC7(振动加速度)	加速度摆动过程中的实际加速度	0～1.0 m/s²
CC8(停车的加速度)	停车启动时的期望加速度(受加速度曲线中的最大加速度限制)	1.0～8.0m/s²
CC9(80km/h 车速时的加速度)	80km/h 车速时的期望加速度	0.5～3.0m/s²

9.1.3　车道变换模型参数

VISSIM 中有两种车道变换模型:必要车道变换和自由车道变换。必要车道变换是为了规避道路前方事故或转弯而必须换道的行为。自由车道变换是为了获取更大的行驶空间或更高的行驶速度而进行的换道行为。

VISSIM 换道模型主要包括 7 个参数[1]:最大减速度、 $-1m/s^2$ 距离、可接受的减速度、消散前的等待时间、最小车头空距、安全距离折减系数、协调刹车的最大减速度。其含义分别如下:

最大减速度:减速度的上限。

$-1m/s^2$ 距离:定义为车辆在进行车道变换时速度变化率为 $-1m/s^2$ 所需要的距离。

可接受的减速度:减速度的下限。

消散前的等待时间:车辆在紧急停车位置等待车道变换空间出现的最长时间。如果某车辆等待时间达到预设值,路网中会失去该车辆信息,消失车辆的位置以及消失的时间将记录在错误文件中。

最小车头空距:后方车辆为成功超前方车辆所需的最小车头间距。

安全距离折减系数:变道时的安全距离与原来安全距离的比值。只要车辆发生换道时,VISSIM 可通过该参数值降低实际安全距离。

协调刹车的最大减速度:当驾驶员允许其他一辆车变换到自己行驶的当前车道上,需要相应进行刹车,该值是采取的一个自身最大期待的减速度。

9.2　主要行人行为参数介绍

VISSIM 的行人行为仿真是建立在社会力模型基础之上的。社会力模型的基本理念是通过与牛顿机械学相似的受力分析,来建立行人基本行为趋向性的模型。从社会力的角度,心理和物理上产生的影响将共同构成对行人行为的推动力,随后这一推动力将整合成行人移动过程中的物理参数——加速度。这些影响行人行为的力可以是行人对目的地的趋动力、周围行人对其的影响以及障碍物对其的干扰,所以行人仿真模型受以下参数影响。

9.2.1　行人模型

社会力模型中,行人模型尺寸对于实际模拟结果影响也比较大,同样是1m 宽的通道或扶梯,由于行人模型的尺寸不同,此通道或扶梯所允许同时并排通过的人数也不同,因此有必要对行人模型的尺寸进行标定。

行人模型主要包括以下几个内容:

重量:定义各种行人类型的重量,由于该信息在社会力模型中没有用到,故不做具体阐述。

模型分布:通过选择预先设定的模型,定义具体的行人类型以及参数(长度、宽度和高度)。

模型长度:3D 模型的参数,用于定义行人对象体积的分布,以交通的方向为长度方向。在考虑行人对象的空间时,前后端高度并不要求为恒值。

空间变量:行人对象空间的伸缩范围,以 3D 模型为基准。

长度:对象长度的伸缩范围,相应于 3D 模型长度,例如从行人前脚脚趾到后脚脚跟的长度。

通常行人类型、行人类别及行人构成等应通过对实地调查数据进行整理,得出经验分布,以用于仿真模型的标定。

9.2.2 行人期望速度

期望速度是行人出于自身目的,在一定的交通环境中,未受到障碍物和其他行人的影响,期望达到的一个速度。若行人不受周围环境影响,行人将会以他的期望速度行走(这其中具有微小的变化,称之为 Oscillation)。当行人前有其他行人阻挡前进道路时,只要行人的期望速度大于目前行走速度,行人便会选择一条不威胁到其他行人的路径超过前方行人。

行人步行的期望速度,一般以 m/s 或 m/min 为单位。对于单个人来说,速度受到人种、年龄、性别、行动能力、社会地位、出行目的、天气情况、携带行李情况、周围行人速度、行走设施、行人流的方向性等多种复杂因素综合影响。

在基于社会力模型的 VISSIM 行人模块中,需要输入行人期望速度。由于行人在通道、站台、楼扶梯等通行设施处将会受到行人行走参数的控制,因此要分别标定行人通过这些通行设施的速度。由于男性与女性的期望速度有着较为明显的不同,一般来讲,成年男性由于身体因素,体力、耐力、步幅等方面都要比成年女性大,并且很多成年女性喜欢穿高跟鞋,因此成年男性的期望速度要大于女性的期望速度,所以在实际应用中也需要按照不同性别,标定相应的期望速度。

9.2.3 行人设施

行人设施的具体布设位置、衔接方式和规模等级,会对行人的服务质量产生直接影响。首先,表现在不同行人设施组合提供的集散能力和效果不尽相同;其次,相同的行人设施,对于不同行人流其服务效果也不一样。一些特殊的步行设施,包括通道、楼梯/自动扶梯、自动检票闸机设备等。

(1)通道:通道用于连接车站内部的不同功能空间,或是枢纽内进行换乘的引导设施。

(2)楼梯/自动扶梯:起到不同高差的区域之间的纽带作用。楼梯分为上行楼梯、下行楼梯和混行楼梯,自动扶梯有阶梯式和平地式。

(3)自动检票闸机设备:自动售检票系统的重要组成部分。其可实现售票、检票、计费、收费、统计、清分、管理等全过程的自动处理。其最基本、最核心的功能是实现一次只通过一人，可用于各种收费、门禁场合的入通道处。

9.2.4 社会力模型参数

社会力模型的核心思想认为行人的运动受到来自环境及自身的目的性影响，将这些影响用类似于力学的公式表达出来，即形成社会力模型。但是，需要注意的是，虽然社会力模型是以力学原理为基础的，但是在社会力模型中，牛顿第三定律并不成立。例如，行人受到墙壁的排斥力，但是墙壁并不会受到行人的排斥力。针对每个行人类型，可以设置从原始模型继承的参数。此外，通过行人类型也可设置 VISSIM 特有参数。

(1)行人类型的模型参数：

tau(T)：tau 就是一个松弛时间，与行人的反应时间和惯性有关。它通过某一方向上的期望速度 v_0 和实际速度 v 的差，来表示加速度 $a:a = (v\_0 - v)/T$。

Lambda_mean(λ_mean)：Lambda 代表了行人所受各方向上力的互异性，例如发生在行人背后的事件和现象，不会像发生在行人视野内的事件和现象那样对行人造成很大的影响(心理上和社会学上)。通过 lambda、当前趋动力方向以及受力源的夹角 ϕ，可以计算得到所有社会力(非物力)的因数 w 来反映该力，如果 $\phi \neq 0$，且 $\lambda < 1$，则 $w(\lambda) = \lambda + (1 - \lambda)[1 + \cos(\phi)]/2$。因此，如果 $\phi = 0$，那么 $w = 1$；或者如果 $\phi = \pi$，那么 $w(\lambda) = \lambda$。

A_soc_isotropic 与 B_soc_isotropic：这两个参数连同 λ 控制了行人之间的力，即 $F = A\_soc\_isotropic\ w(\lambda)\ \exp(-d/B\_soc\_isptropic)\ n$，其中 d 为行人之间的距离(人体轮廓之间的距离)，n 为从一个人指向另一人的单位向量。

A_soc_mean、B_soc_mean，以及 VD：这些参数用来决定行人之间社会力的影响力(A)和影响范围(B)。两个行人之间的相互影响力的计算公式如下：$F = w(\lambda)A\ \exp(-d/B)n$，如果影响来自于正前方(180°)，否则为 0。其中，$w(\lambda)$ 是根据 λ 计算得到的因数，如上文中所述，d 是两个行人之间(身体表面与表面)的距离，n 是从发起影响的行人的指向受影响行人的单向矢量。注意，如果参数 VD 大于 0，那么行人之间的相对速度也会计算在内。这种情况下，距离 d 会统一定义为：

$$d -> 0.5\text{sqrt}\{[d + |d - (v\_1 - v\_0)|VD]^2 - |(v\_1 - v\_0)VD|^2\}$$

其中，VD 的单位是"秒"；v_0 是受影响的行人速度；v_1 是施加影响的行人速度；d 从施加影响的人指向受影响的人，$|d| = d$("受影响行人"就是在他身上计算受力的那个人)。

Noise：当某一行人的步速仍低于其理想速度时，该参数值越大，加载到对称计算力上的随机力越强。查核该效果的方法如下：让一群行人通过一个约 70cm 的瓶颈时，若 Noise = 0，"拱形"形成且保持稳定；如果 Noise 值处于[0.8,…,1.4]时，则某一行人会退后片刻，让另一人通过。

react_to_n：只有最接近行人对象的 n 位行人，才会考虑在行人的综合力计算之中。

side_preference：该参数决定了对向的行人流采取右手优先还是左手优先原则。-1 代表采取右手优先，1 代表采取左手优先，无控制状态则输入 0。

(2)特别执行的全局参数：

grid_size：通过这个参数，用户可以定义行人间相互影响的最大范围。行人是按照 grid_

size × grid size 平方米的单元格来保存的。每个行人只会与相同单元格或相邻单元格(包括拐角)的行人发生交互影响。

routing_large_grid：这个参数定义了拓扑的单元格尺寸，即 routing_large_grid × routing_larger_grid 的单元格将在上一个层次的栅格体系中合成为 1 个单元格。该参数决定了需占用的内存，但它不影响至终点的距离计算的精度，一般没有最佳值可言。对于存在众多小的障碍物与行走面域的小型仿真方案(如针对于一个建筑)，推荐选用低值(<10)；而针对大面积仿真及大型障碍物(如，对一个社区的仿真)，可选用 100 甚至更大的值。64 位 VISSIM 版本主要用于大型项目，因此该参数的默认值在 32 位版本中为 7,64 位版本中为 20。修改该参数，不会造成不利影响。

routing_step：这是用于计算位势(potential)的一个参数。如果这个值较大，位势就会较精确，但计算时间就会相应增加。较合理的值可以是 2、3、4 或 5。

routing_accuracy：这个参数是另一个用来计算位势(potential)的参数。该参数的取值在[0.0,…,1.0]之间，值越大，计算的结果越精确。

routing_obstacle_dist：在进行位势(又称"距离势场"或"距离查询表")计算时，靠墙附近的单元格会添加一种"额外距离"，并附加在实际距离之上。根据这个参数，当行人面对两个相同距离的瓶颈口时，行人就会自动选择较宽瓶颈处通过。通常情况下，行人与墙壁会保持一定距离。通过这个参数，就可以设置墙壁对行人位势的影响。该参数尚未纳入动态位势的计算之中。

routing_cell_size：该参数定义为至固定数据点的距离，该数据点被用于计算到达终点面域的距离，默认值为 0.15m。当模型中包含宽度小于或等于 0.50m 的通道时，修改默认值，因为此时行人在仿真中将不会穿越这些通道，而是站在目标面域前的通道前。发生这种问题时，可将该值减小到 0.1m。这样的改动将耗费更多的内存空间，进一步减小该值可能引发其他问题。因此，在所有的项目中推荐使用默认值，唯有在发生问题时修改。

9.3 参数标定流程

VISSIM 仿真模型的参数标定分为六步[2](图9-3-1)，具体如下：

(1)确定仿真模型参数校正的目标，一般而言，目标是使仿真输出结果与实际测量的校核数据差异最小或为零。

(2)校正参数指标选择，并确定选择参数取值范围。VISSIM 仿真模型拥有多种参数，实际参数标定过程中不需要对每个参数进行标定，选择对仿真结果影响较大的参数进行标定即可。校正参数选择有定性分析和基于神经网络的敏感性分析方法等定量分析法。

(3)实际交通数据采集，获取仿真模型输入以及模型输出数据，要注意区分高峰与平峰的数据采集。

(4)实验设计，建立评价指标。构建仿真路段 VISSIM 仿真模型，输入交通量、期望车速分布等，确定目标函数。

(5)编写标定程序。通过多次运行 VISSIM，运用优化算法，实现选定参数的自动校正。优化算法包括 SPSA 算法、遗传算法等。

(6) 根据仿真结果,确定校正过程的中止。

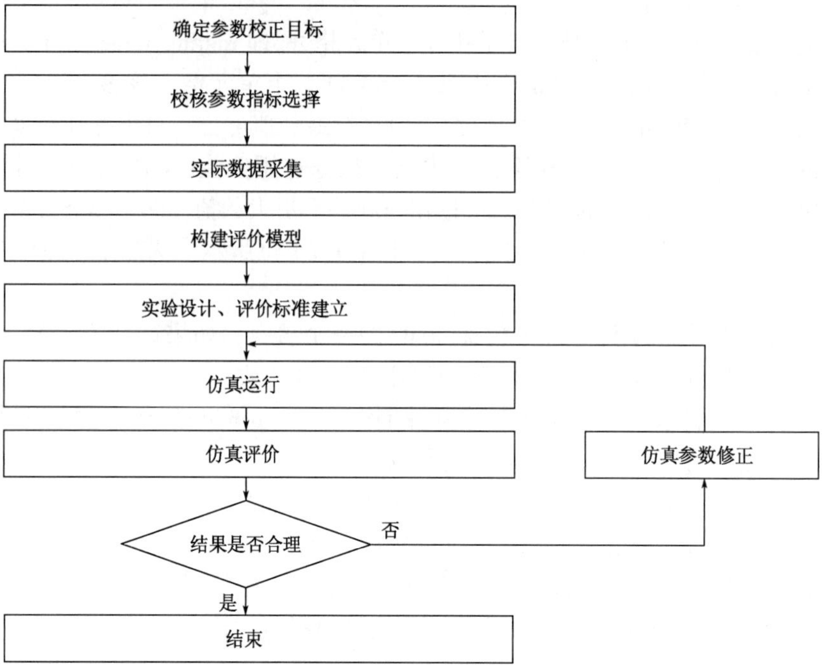

图 9-3-1　VISSIM 仿真模型的参数标定流程

9.4　校正指标选择

模型参数校正是通过选取一个或多个校正数据,反复比较实测数据与仿真输出数据之间的误差,直到达到误差范围,因此,选取评价指标需要考虑一些原则,主要为:

(1) 易得性。评价指标选取不仅要考虑从仿真直接输出,还要考虑实际现场采集的难易程度。

(2) 敏感性。选取的评价指标应对现场交通条件敏感,能够反映交通状态的变化。

(3) 一致性。现场调查的评价指标应与仿真输出评价指标计算方法相同。

一般而言,选择的评价指标有延误、排队长度、速度、行程时间、交通流量等。

选取完成评价指标后,构建校正模型。当只有一个评价指标时,可以使用评价指标的仿真输出值与实测数据的相对误差平方和 SSRE 作为目标函数。当有多个评价指标时,不同指标量纲不一致,不能使用相对误差作为校正目标函数,情况较为复杂,这里不详细介绍。对于一个评价指标,评价目标函数具体公式如下:

$$SSRE = \left(\frac{T_f - T_s}{T_f}\right)^2$$

式中:T_f——评价指标的实测数据;

T_s——评价指标的仿真输出数据。

建立的校正模型如下:

$$\min L(X) = \left(\frac{T_f - T_s}{T_f}\right)^2$$

并满足　　$X_i \in F$　　$i = 1, \cdots, n$

式中:X——校正的参数;
　　　F——约束条件下各校正参数的取值范围。

9.5　校正参数敏感性分析

VISSIM 中参数众多,在实际参数标定过程中,没有必要对所有的参数都进行标定,只需要对仿真结果影响较大的参数进行标定即可。因此,在参数标定前,需要对各参数进行敏感度分析,以选择需要标定的参数。下面介绍两种参数敏感性分析方法:

(1)传统方差分析法[3]

首先,保持其他参数值为默认值不变,待分析参数值均匀变化,通过多次运行得到待分析参数在不同水平下的仿真输出值,而后利用散点图及单因素方差分析判断待定参数对于评价指标是否有显著影响,从而确定校正参数集。

(2)基于神经网络的灵敏度分析法[4]

基于神经网络的灵敏度分析法主要分为四种:基于连接权的灵敏度分析法、基于输出变量对输入变量偏导的灵敏度分析法、与传统方法结合的灵敏度分析法、基于输入变量扰动的灵敏度分析法。此处详细介绍 Garson 提出的借助神经网络获取连接权的灵敏度分析方法。算法计算输入变量 x_i(即 VISSIM 参考变量)与输出变量 Y(即 VISSIM 仿真结果变量)的灵敏度系数如下:

$$T_{ik} = \frac{\sum_{j=1}^{L}(|w_{ij}v_{jk}|\sum_{i=1}^{N}|w_{ij}v_{jk}|)}{\sum_{i=1}^{N}\sum_{j=1}^{L}(|w_{ij}v_{jk}|\sum_{i=1}^{N}|w_{ij}v_{jk}|)}$$

神经网络输入值为各参数,输出变量为选择评价指标。在各参数取值范围内抽取 200 个数值合成 200 组参数集,对每组参数集进行 5 次随机运行,平均值作为仿真结果。在进行神经网络训练前,需对输入输出数据进行归一化处理,公式如下:

$$x_i = \frac{x_i - x_{\min}}{x_{\max} - x_{\min}}$$

最后依据上述公式计算灵敏度系数值,以确定哪些参数对评价指标影响较大。

对于校正参数的选取,已有大量研究者进行研究。以下给出几个已有研究建议选取的校正参数。

2005 年,Park[5] 在先前研究的基础上又提出了一种改进的微观交通仿真模型参数校正方法。他采用 VISSIM 微观仿真模型,校正过程包括:确定校正参数,校正次数的试验设计,参数灵敏度分析,遗传算法 GA 的参数校正,校正结果验证评价。其中,目标函数采用的是平均行程时间的相对误差。待校正参数集的确定是采用灵敏度分析法逐个对参数进行测试,确定出关键参数为期望速度分布和最小车头空距。2007 年,Chitturi[6]对高速公路 VISSIM 参数进行了校正,通过结合定性分析和前人研究,确定停车间距(C0)与车头时距(C1)为需要校正的关键参数。

2004 年,美国联邦高速公路管理局[7]资助的交通分析工具项目研究报告从影响通行能力指标的角度给出了高速公路需要校正的仿真参数,见表 9-5-1。

高速公路仿真校正参数(美国联邦公路管理局)　　　　　表 9-5-1

Freeway (高速公路)	Mean following headway(平均跟驰车头时距)
	Driver reaction time(驾驶员反应时间)
	Critical gap for lane changing(标准换道间距)
	Minimum separation under stop – and – go condition(停车时最小间距)

英国高速公路管理局也对微观仿真模型的适应性状况进行过研究,其中 VISSIM 仿真模型需要校正的参数见表 9-5-2[8]。

VISSIM 仿真模型校正参数(英国高速公路管理局)　　　　　表 9-5-2

VISSIM	Number of observed vehicles	VISSIM	CC1
	Seed value		CC2
	Lane change variation		CC3

9.6　校正算法的选取

参数标定模型的构建过程是一个解决约束非线性优化问题的过程。对于约束优化问题尚无行之有效的普适性解法,且容易得到局部最优解。目前主要有以下五类常见的解法:

(1)将约束问题转化为无约束问题。常见的解法有:内罚函数法、外罚函数法和广义乘子法。

(2)直接处理法:先不对约束优化问题进行转化,直接进行处理的分析方法。常见解法有:梯度投影法、可行方向法和既约梯度法等。

(3)将非线性规划问题转化为线性规划或二次规划。如线性逼近法、二次逼近法等。

(4)启发式方法。常见的解法有复合性法、随机试验法等。

(5)智能优化算法:主要包括模拟退火算法、禁忌搜索算法和遗传算法等。

(1)、(2)、(3)建立在目标函数连续或可微的基础上,对于 VISSIM 的参数校正模型计算应用中,目标函数与待校正参数之间没有具体的函数关系式,因此微观交通仿真模型参数校正多为(4)(5)两种方法,如同步扰动随机逼近(SPSA)启发式算法、遗传算法(GA)、模拟退火算法都属于此类算法。其中,SPSA 具有局部搜索效率较高、收敛速度快等优点。下面以基于 SPSA 算法的 VISSIM 驾驶行为。参数标定实例,加以说明。

9.7 基于 SPSA 算法的 VISSIM 驾驶行为参数标定方法实例[9]

9.7.1 标定参数的选取

VISSIM 模型参数标定中,驾驶员行为参数对仿真结果影响较大。选取 10 个关键的驾驶员行为参数,其名称、默认值及取值范围见表 9-7-1。

标定参数及其取值范围　　　　表 9-7-1

参数名称	默认值	取值范围	单位
消失前的等待时间	60.00	30～90	s
最小车头时距	0.50	0.1～1.0	m
最大减速度	-4.00	-6～-2	m/s²
-1m/s²/距离	100.00	50～150	m
可接受的减速度	-1.00	-3～-0.2	m/s²
车辆最大前视距离	250.00	200～300	m
平均停车间距	2.00	0～5	m
安全距离的附件部分	2.00	0.2～5	—
安全距离的倍数部分	3.00	0.2～5	—
50km/h 运行时最小横向间距	1.00	0～6	m

9.7.2 目标函数的选取

参数标定的目标是最大程度地匹配模型仿真的结果与实测结果,此处以车辆行驶速度的匹配为最终目标,使用以下收敛函数来评价模型精度:

$$F = \sum_{i=1}^{n} \left[\frac{(v_i^r - v_i^s)}{v_i^r} \right]^2$$

式中:n——数据检测点的数量;

v_i^r——第 i 个数据检测点的实际运行速度;

v_i^s——第 i 个数据检测点的仿真输出速度。

9.7.3 参数标定步骤

步骤 1:初始化及参数选择。给定标定参数初始值(取 VISSIM 默认值),令计数器 $k=0$,对非负参数 a、c、A、α 和 γ 赋初值。此处,根据 Spall[10]对以上参数进行最优取值,α、γ 分别取 0.602 和 0.101,a、c、A 分别取 20、1.9 和 100。

步骤 2:产生随机扰动向量,产生均值为 0 的 10 维独立随机扰动向量 Δ_k,Δ_k 中包含 3 个元素,每个元素 $\Delta_{ki}(i=1,2,3)$ 取值为:

$$\Delta_{ki} = \begin{cases} 1 & \text{概率为} \dfrac{1}{2} \\ -1 & \text{概率为} \dfrac{1}{2} \end{cases}$$

步骤3：产生两组扰动参数。根据步骤2得到的扰动向量 Δ_k，分别产生两组扰动参数并保存。

步骤4：运行仿真模型并计算目标函数的估计值，对产生的两级扰动参数分别输入到VISSIM模型中仿真运行，并计算其目标函数值。

步骤5：计算逼近梯度，利用仿真结果计算得到的目标函数值，计算逼近梯度。

步骤6：标定参数更新。通过计算得到的逼近梯度更新标定参数 θ_k。

步骤7：重复步骤2至步骤5，直至满足条件。每循环一次 k 加1，直到目标函数满足收敛条件时结束。

基于SPSA算法的VISSIM参数标定具体流程如图9-7-1所示。

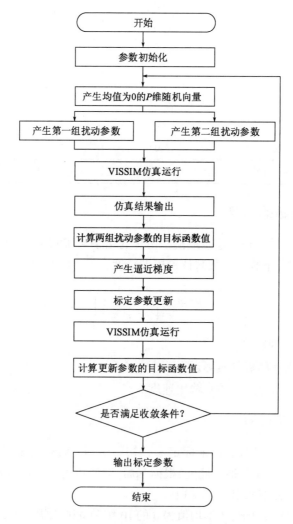

图9-7-1　基于SPSA算法的VISSIM参数标定流程

参 考 文 献

[1] PTV. VISSIM 6.0 USER MANUAL[EB/OL]. German：Planung Transport Verkehr AG, 2014.
[2] 孙剑,杨晓光,刘好德. 微观交通仿真系统参数校正研究[J]. 系统仿真学报,2007,19(1)：48-50.
[3] 张清华. VISSIM 微观交通仿真模型校正研究[D]. 北京:北京交通大学,2012.
[4] 蔡毅,邢岩,胡丹. 敏感性分析综述[J]. 北京师范大学学报(自然科学版),2008,44(1)：1-1.
[5] Park B, Qi H M. Development and Evaluation of a Procedure for the Calibration of Simulation Models[J]. Transportation Research Record Journal of the Transportation Research Board. 2005,1934(1934):208-217.
[6] Chitturi M V, Benekohal R F. Calibration of VISSIM for Freeways[C]. 2008.
[7] Dowling R, Skabardonis A, Alexiadis V. Traffic Analysis Toolbox Volume III：Guidelines for Applying Traffic Microsimulation Modeling Software[R]. Washington, DC：Federal Highway Administration,2004.
[8] Brian V, Andy M. Guidelines for the Use of Microsimulation Software[R]. UK：Highways Agency,2007.
[9] 章玉,于雷叫,赵娜乐,等. SPSA 算法在微观交通仿真模型 VISSIM 参数标定中的应用[J]. 交通运输系统工程与信息,2010,10(4):44-49.
[10] Spall J C. Implementation of the simultaneous perturbation algorithm for stochastic optimization [J]. IEEE Transactions on aerospace and electronic systems,1998,34(3):817-823.

第 10 章
T 形平面交叉口

平面交叉口有多种形状,常见的有 T 形交叉口、十字形交叉口和环形交叉口。T 形交叉口多见于主要道路和次要道路的交汇处,普遍存在于城市和农村道路网中。下面,以一个典型的 T 形平面交叉口为例,说明这类交叉口仿真模型的构建方法。

10.1 基本情况

10.1.1 道路状况

图 10-1-1 是某城市郊区一个典型的 T 形交叉口。汾阳路是一条东西走向的主要道路,机动车双向四车道,道路两边有辅道(辅道的交通主体是自行车,可视为自行车道)和分隔带。麒麟路是一条南北走向的次要道路,机动车双向四车道,道路两边有自行车道,机动车停止线前方有一人行横道。次要道路的机动车辆在交叉口可以左转或者右转进入主要道路,但是自行车不能在此穿越主要道路。交叉口主要道路交通设施几何设计参数如表 10-1-1。

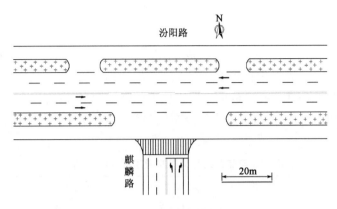

图 10-1-1 汾阳路与麒麟路交叉口

汾阳路与麒麟路交叉口道路交通设施几何设计参数　　　　表 10-1-1

道路名称	交通设施	数量(条)	宽度(m)	长度(m)
汾阳路	机动车道	4	3.6	126
	辅道(自行车道)	2	5	126
麒麟路	机动车道	4	3.2	60
	自行车道	2	1.6	60
	人行横道	1	6	18

10.1.2　交通管理规则

汾阳路与麒麟路交叉口是一个采取停车让行控制的平面交叉口,南进口道有停车让行交通标志。依据《中华人民共和国道路交通安全法实施条例》,根据各个设施通行权优先级别的高低,在交通管理中的主要让行规则如下:

(1)在南进口的外侧机动车道,来自麒麟路的机动车辆在右转弯进入汾阳路时,需要停车让行汾阳路自西向东方向的自行车道和机动车道上的车辆。在南进口的内侧机动车道,来自麒麟路的机动车辆在左转弯进入汾阳路时,需要停车让行汾阳路自西向东方向自行车道上的车辆、汾阳路双向机动车道上的直行车辆以及东进口内侧机动车道的左转弯车辆。

(2)在东进口的内侧机动车道,来自汾阳路的左转机动车辆在转弯时,需要减速让行汾阳路自西向东方向的机动车道和自行车道上的直行车辆。

(3)在西进口的外侧机动车道,来自汾阳路的右转弯机动车辆在转弯时,需要减速让行汾阳路自西向东方向的自行车道上的直行车辆。

(4)在南进口的自行车道,来自麒麟路的自行车在右转弯进入汾阳路时,需要减速让行汾阳路自行车道上的直行车辆。

(5)在麒麟路的南进口道和南出口道处,机动车道和自行车道上的车辆减速让行人行横道上的行人。为保障行人的交通安全,车辆在接近人行横道处(停车线前方5m以内),需要减速至5km/h。

(6)在各个车道上行驶的车辆,分流时转弯车辆让行直行车辆。

10.1.3 交通状况

该交叉口的机动车主要由两种车型组成:小汽车和货车。两种车型的期望速度近似服从均匀分布。其中,小汽车的期望速度分布区间为 50~60km/h,货车的期望速度分布区间为 48~56km/h。此外,自行车和行人的期望速度也近似服从均匀分布,其中,自行车的期望速度分布区间为 13~18km/h,行人的期望速度分布区间为 4~6km/h。交叉口各进口道的交通量数据见表 10-1-2。

汾阳路与麒麟路交叉口交通组成与流向、流量　　　　表 10-1-2

进口道	交通组成	运动方向	交通量(辆/h)	合计(辆/h)
南进口道	小汽车	右转弯	120	176
		左转弯	56	
	货车	右转弯	13	21
		左转弯	8	
	自行车	右转弯	135	135
	行人	自东向西	76	139
		自西向东	63	
东进口道	小汽车	直行	860	892
		左转弯	32	
	货车	直行	137	146
		左转弯	9	
	自行车	直行	260	260
西进口道	小汽车	直行	920	1067
		右转弯	147	
	货车	直行	176	201
		右转弯	25	
	自行车	直行	126	241
		右转弯	115	

10.2 道路设施仿真

10.2.1 添加背景图片

在创建交叉口的仿真模型时,如果有表征各种道路交通设施空间布局的图片(譬如图 10-1-1)做背景图片,则有利于设计和实施更加准确客观的交通仿真。VISSIM 6.0 可以打开多种格式的背景图片,如:*.bmp、*.jpg、*.png、*.tga、*.tif、*.sid 和 *.ecw。此外,还能打开多种向量格式的文件,如:*.dwg、*.dxf、*.emw、*.wmf 和 *.shf。下面说明添加背景图片的主要步骤。

①以鼠标左键单击 VISSIM 用户界面左侧"路网对象"中的"背景图片"按钮(文字"背景图片"所在位置)。

②以鼠标右键单击"路网编辑器"的左下方,在弹出的菜单中选择"添加背景图片"选项,如图 10-2-1 所示。

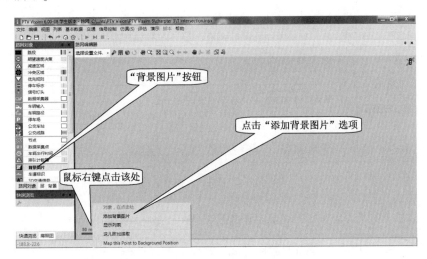

图 10-2-1　添加背景图片

③在弹出的"选择位图文件"对话框中打开图片所在的文件夹,并选中需要打开的文件,如图 10-2-2 所示。

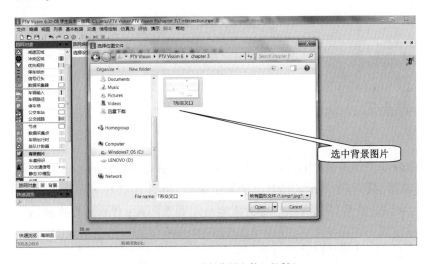

图 10-2-2　"选择位图文件"对话框

说明:以上操作将在步骤②中的鼠标右键单击处右上方添加背景图片,如图 10-2-3 所示。

④以鼠标右键单击"路网编辑器"中的图片,在弹出的菜单中选择"设置比例"选项。

⑤将十字形的光标放在背景图片比例尺的左段,然后按下鼠标左键,并向右拖动鼠标,随着鼠标的拖动出现一根黄色的线条;当黄色的线条与比例尺等长时,松开鼠标左键。

⑥在弹出的"比例"对话框中输入比例尺的实际长度,如图 10-2-4 所示。

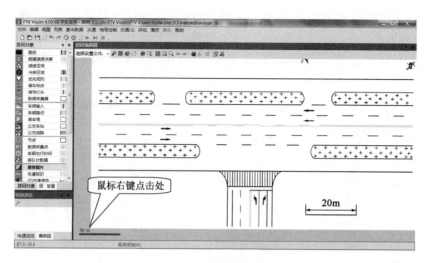

图 10-2-3 打开的背景图片

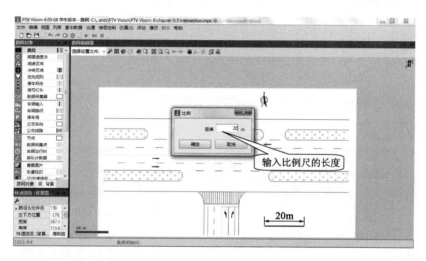

图 10-2-4 "比例"对话框

以上操作调整了背景图片的比例,使得其中所显示的各种设施的几何设计符合实际尺寸。在调整之后,路网编辑器中显示的图片可能发生缩小,如图 10-2-5 所示。这时,可单击路网编辑器内的"显示整个路网"图标,以便更清晰地显示背景图片(背景图片将铺满整个路网编辑器)。此外,在完成上述操作之后,建议单击 VISSIM 用户界面菜单栏下面的"保存"图标,以便及时保存有关背景图片所做的各种设置。

10.2.2 创建主要道路

如图 10-1-1 所示,主要道路汾阳路的主要交通设施包括四条机动车道和两条自行车道,以道路中心线为对称轴南北对称分布。为方便起见,先创建由西向东方向的机动车道和自行车道,然后应用"创建反方向路段"操作,创建由东向西方向的机动车道和自行车道。主要操作步骤如下:

①以鼠标左键单击 VISSIM 用户界面左侧"路网对象"中的"路段和连接器"按钮。

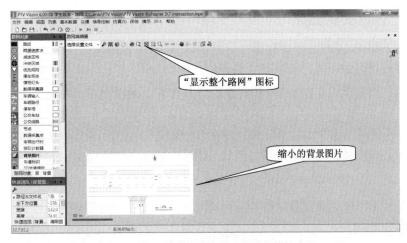

图 10-2-5 比例调整后缩小的背景图片

②在路网编辑器的背景图上,沿着"汾阳路"由西向东方向的机动车道从左向右拖拽出一条路段,并在弹出的"路段属性"对话框中进行以下编辑:"名称"设置为"汾阳路—机动车道—由西向东";"车道数"设置为"2";"行为类型"设置为"城市道路(机动车道)"。两条机动车道的"宽度"均设置为 3.6m。

③在路网编辑器的背景图上,沿着"汾阳路"由西向东方向的自行车道从左向右拖拽出一条路段,并在弹出的"路段属性"对话框中进行以下编辑:"名称"设置为"汾阳路—自行车道—由西向东";"车道数"设置为"1";"行为类型"设置为"自行车道(任意超车)"。车道的"宽度"设置为 5m。

④运用"创建反方向"操作(详见本书 3.1 相关内容)分别创建路段"汾阳路—机动车道—由西向东"和路段"汾阳路—自行车道—由西向东"的反方向路段,将创建的反方向路段移动到背景图上相应的位置,并将其"名称"分别修改为"汾阳路—机动车道—由东向西"和"汾阳路—自行车道—由东向西"。

说明:以上操作将在路网编辑器的背景图上创建主要道路汾阳路的仿真模型,如图 10-2-6 所示。

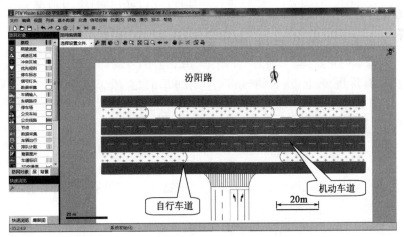

图 10-2-6 汾阳路仿真模型

10.2.3　创建次要道路

如图 10-1-1 所示,次要道路麒麟路是南北走向,两边各有两条机动车道和一条自行车道,以道路中心线为对称轴东西对称分布。为方便起见,先创建由北向南方向的机动车道和自行车道,然后应用"创建反方向路段"操作创建由南向北方向的机动车道和自行车道。主要操作步骤如下:

①以鼠标左键单击路网编辑器工具栏中的"平移模式",然后将光标置于"路网编辑器"的底部,按下鼠标左键,并向上移动图像,使得"路网编辑器"仅呈现交叉口南端的麒麟路,如图10-2-7所示。

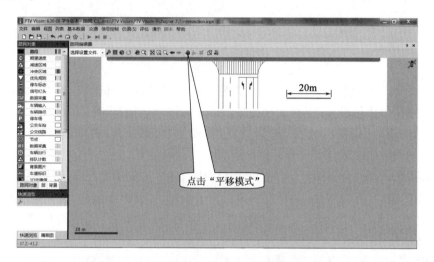

图 10-2-7　向上移动背景图

②松开鼠标左键,并再次以鼠标左键单击"路网编辑器"顶端的"平移模式",使得该模式处于关闭状态。

说明: 以上操作将仿真工作的重点转移到交叉口的南部(次要道路),为后续操作做好准备。

③在路网编辑器的背景图上,沿着"麒麟路"由北向南方向的机动车道从上向下拖拽出一条路段(起始于"麒麟路"最北端,长约60m),并在弹出的"路段属性"对话框中进行以下编辑:"名称"设置为"麒麟路—机动车道—由北向南";"车道数"设置为"2";"行为类型"设置为"城市道路(机动车道)"。两条机动车道的"宽度"均设置为3.2m。

④在路网编辑器的背景图上,沿着"麒麟路"由北向南方向的自行车道从上向下拖拽出一条路段(起始于"麒麟路"最北端,长约60m),并在弹出的"路段属性"对话框中进行以下编辑:"名称"设置为"麒麟路—自行车道—由北向南";"车道数"设置为"1";"行为类型"设置为"自行车道(任意超车)"。车道的"宽度"设置为1.6m。

⑤运用"创建反方向"操作(详见本书3.1节相关内容),分别创建路段"麒麟路—机动车道—由北向南"和路段"麒麟路—自行车道—由北向南"的反方向路段,将创建的反方向路段移动到背景图上相应的位置,并将其"名称"分别修改为"麒麟路—机动车道—由南向北"和"麒麟路—自行车道—由南向北"。

说明: 以上操作将在路网编辑器的背景图上创建次要道路麒麟路的仿真模型,如图10-2-8所示。

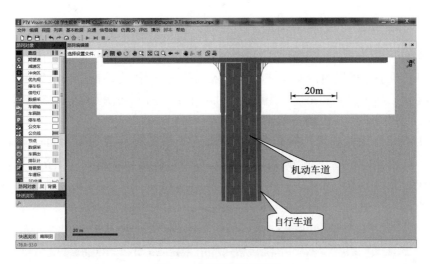

图 10-2-8 麒麟路仿真模型

10.2.4 创建人行横道

如图 10-1-1 所示,T 形交叉口的人行横道位于麒麟路的最北端,通过综合应用"路段"和"面域"来构建仿真模型,其主要步骤如下:

①在路网编辑器的背景图上,沿"麒麟路"人行横道的位置新建一条路段(自东向西)。在路段属性对话框中进行以下编辑:"名称"设置为"麒麟路—人行横道—自东向西";"是否作为行人面域使用"设置为"是"(以鼠标左键单击其右侧的方框,使得方框内出现勾号);"车道数"设置为"1";"车道"选项卡的"宽度"设置为"6.0";将其对偶路段的"名称"设置为"麒麟路—人行横道—自西向东"(具体操作可参考本书 3.4 节的步骤④和步骤⑤)。

②在"面域(四边形)"模式下(以鼠标左键单击"面域"按钮),新建两个"面域",分别移动到"麒麟路—人行横道"的西端和东端,并将其名称分别设置为"麒麟路—人行横道—西端"和"麒麟路—人行横道—东端"(具体操作方法见第 7 章相关内容)。

说明:以上操作将在路网编辑器的背景图上创建人行横道的仿真模型,如图 10-2-9 所示。

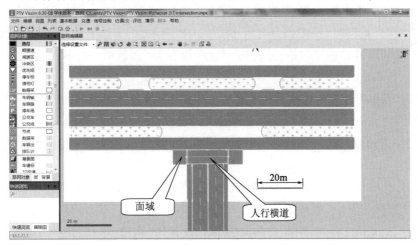

图 10-2-9 人行横道仿真模型

10.2.5 连接进口道和出口道

（1）东进口

在东进口，机动车可以由汾阳路左转弯进入麒麟路。用"连接器"将路段"汾阳路—机动车道—由东向西"的车道2和路段"麒麟路—机动车道—由北向南"的车道2连接起来，并将其"名称"设置为"东进口—左转—机动车"。

说明：为避免连接器和人行横道发生重叠，连接器的终点应尽量靠近下游路段"麒麟路—机动车道—由北向南"的北端（起点位置），也即是尽量让连接器"到路段"的"位于"属性取值为0，如图10-2-10所示。这可以通过修改连接器的终点位置得以实现（详见本书3.5相关内容）。

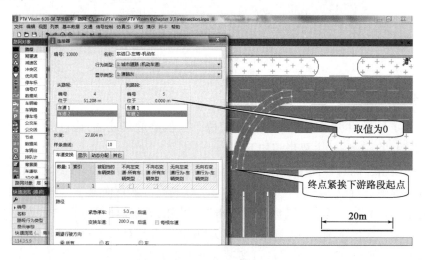

图10-2-10 "东进口"左转连接器

（2）西进口

在西进口，机动车和自行车皆可由汾阳路右转弯进入麒麟路。主要操作步骤如下：

①用"连接器"将路段"汾阳路—机动车道—由西向东"的车道1和路段"麒麟路—机动车道—由北向南"的车道1连接起来，并将其"名称"设置为"西进口—右转—机动车"。

②用"连接器"将路段"汾阳路—自行车道—由西向东"的车道1和路段"麒麟路—自行车道—由北向南"的车道1连接起来，并将其"名称"设置为"西进口—右转—自行车"，"行为类型"设置为"自行车道（任意超车）"。

说明：以上操作所建立的连接器模型如图10-2-11所示。为避免连接器和人行横道发生重叠，连接器的终点应尽量靠近下游路段的起点，即尽量让连接器"到路段"的"位于"属性取值为0。这可以通过修改连接器的终点位置得以实现（详见本书3.5节相关内容）。

（3）南进口

在南进口，机动车和自行车皆可由麒麟路右转弯进入汾阳路。主要操作步骤如下：

①用"连接器"将路段"麒麟路—机动车道—由南向北"的车道1和路段"汾阳路—机动车道—由西向东"的车道1连接起来，并将其"名称"设置为"南进口—右转—机动车"。

②用"连接器"将路段"麒麟路—自行车道—由南向北"的车道1和路段"汾阳路—自行车

道—由西向东"的车道 1 连接起来,并将其"名称"设置为"南进口—右转—自行车","行为类型"设置为"自行车道(任意超车)"。

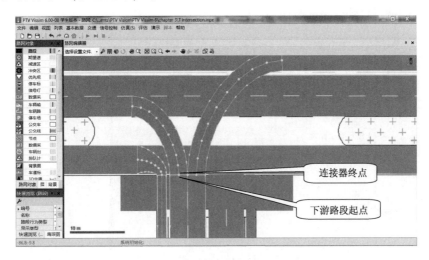

图 10-2-11　连接器终点紧邻下游路段起点

③用"连接器"将路段"麒麟路—机动车道—由南向北"的车道 2 和路段"汾阳路—机动车道—由东向西"的车道 2 连接起来,并将其"名称"设置为"南进口—左转—机动车"。

说明:以上操作所建立的南进口连接器模型如图 10-2-12 所示。为避免连接器和人行横道发生重叠,连接器的起点应尽量靠近上游路段的终点。这可以通过修改连接器的起点位置得以实现(详见本书 3.5 节相关内容)。

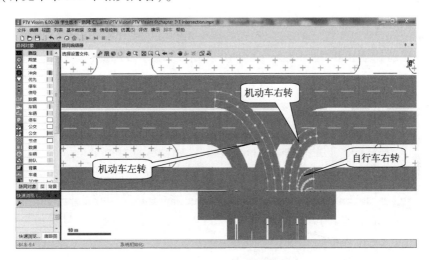

图 10-2-12　南进口连接器

10.2.6　检查仿真模型

在 T 形交叉口各类交通设施的仿真模型建立起来之后要进行全面检查,主要检查内容包括以下两个方面:检查各个设施(路段)是否有遗漏的情况,各个设施的主要设计参数是否正确;检查设施之间的连接(连接器)是否有遗漏的情况,连接是否正确。

首先,可以单击"显示整个路网"图标,观察所建立的仿真模型的整体结构和布局。以上操作所建立的T形交叉口仿真模型整体布局如图10-2-13所示。显然,仿真模型的整体结构与路网背景图相吻合,没有异常情形。

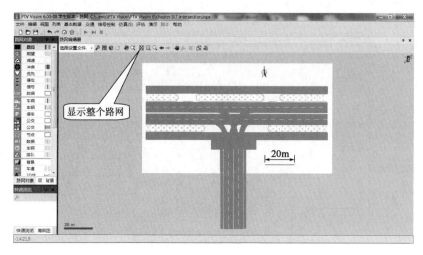

图 10-2-13　T形交叉口仿真模型整体布局

其次,需要逐个检查各条路段,核对其设计参数是否有误。为便于检查,可以把路段和连接器的基本信息全部列出,其操作是:在路网编辑器中单击鼠标右键,在弹出的菜单中选择"显示列表"。如图10-2-14所示,单击列表中的某一数据行,该行所对应的路段会在"路网编辑器"中被选中(路段周围出现黄色的轮廓线)。双击该行,则会弹出其"路段属性"对话框。

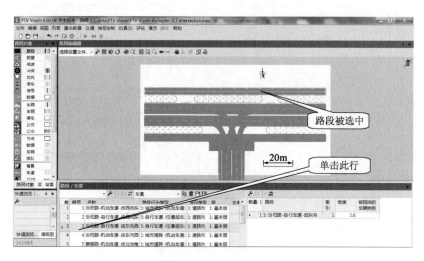

图 10-2-14　"路段和连接器"列表

最后,还要检查路段与路段之间的连接关系是否有遗漏,连接是否正确。由于连接器颜色和形状与路段完全一样,不容易区分,为了更好地检查连接器的连接情况,最好在"线框显示状态"下进行分析,如图10-2-15所示。在该状态下,路段显示为蓝色的线条,连接器显示为紫色的线条,二者的区分非常明显,路段之间的连接关系非常清晰。

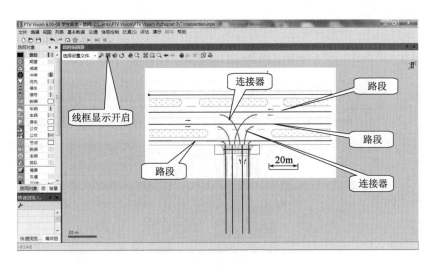

图 10-2-15　仿真模型的线框显示状态

10.3　交通管理仿真

　　交通管理规定了车辆和行人在路段和交叉口运行时必须遵守的基本规则,对交通流的运行产生重要的影响。在 VISSIM 仿真系统中,通过运用"冲突区域"仿真交通管理对车辆或者行人之间让行关系的规范,通过运用"停车标志"仿真"停车让行管理"中对车辆的停车行为的规范,通过运用"减速区域"仿真交通管理对车辆行驶速度的规范。依据该交叉口的交通管理规则,可以通过以下步骤实现对交通管理的仿真:
　　①单击用户界面左侧"路网对象"栏中的"冲突区域"按钮(文字"冲突区域"所在位置);在主菜单栏依次选择"列表"、"交叉口控制"、"冲突区域",打开冲突区域列表;单击列表上方的图标"显示非激活的冲突区域",将其关闭。
　　②分别设置连接器"南进口—右转—机动车"与路段"汾阳路—自行车道—由西向东"和路段"汾阳路—机动车道—由西向东"的冲突区域,将冲突区域的状态属性都设置为"2 等候 1 先行",如图 10-3-1 所示。
　　③分别设置连接器"南进口—左转—机动车"与路段"汾阳路—自行车道—由西向东"、连接器"东进口—左转—机动车"、路段"汾阳路—机动车道—由西向东"和路段"汾阳路—机动车道—由东向西"的冲突区域,将冲突区域的状态属性都设置为"2 等候 1 先行",如图 10-3-1 所示。
　　④分别设置连接器"东进口—左转—机动车"与路段"汾阳路—机动车道—由东向西"、路段"汾阳路—机动车道—由西向东"和路段"汾阳路—自行车道—由西向东"的冲突区域,将冲突区域的状态属性都设置为"2 等候 1 先行";
　　说明:连接器"东进口—左转—机动车"与连接器"南进口—左转—机动车"的冲突区域已经在步骤③中进行设置,因此,在步骤④中,该设置被忽略。
　　⑤分别设置连接器"西进口—右转—机动车"与路段"汾阳路—机动车道—由西向东"、路段"汾阳路—自行车道—由西向东"的冲突区域,将冲突区域的状态属性都设置为"2 等候 1 先行"。

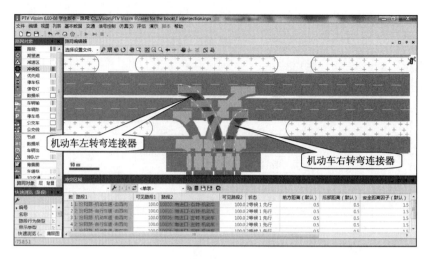

图 10-3-1　南进口道机动车右转弯连接器和左转弯连接器冲突区域的设置

⑥设置连接器"西进口—右转—自行车"和路段"汾阳路—自行车道—由西向东"的冲突区域,将其状态属性设置为"2 等候 1 先行";设置连接器"南进口—右转—自行车"和路段"汾阳路—自行车道—由西向东"的冲突区域,将其状态属性设置为"2 等候 1 先行"。

⑦分别设置路段"麒麟路—人行横道—自东向西"与路段"麒麟路—自行车道—由南向北"、路段"麒麟路—机动车道—由南向北"、路段"麒麟路—机动车道—由北向南"和路段"麒麟路—自行车道—由北向南"的冲突区域,将冲突区域的状态属性都设置为"1 等待 2 先行"。

说明:在设置路段"麒麟路—人行横道—自东向西"与其他路段的冲突区域时,其对偶路段"麒麟路—人行横道—自西向东"所对应的冲突区域也同时被自动设定,并且后者的状态属性与前者的状态属性完全相同。以上有关冲突区域的设置效果如图 10-3-2 所示。

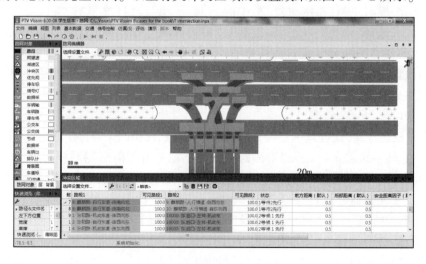

图 10-3-2　冲突区域的设置效果

⑧在路段"麒麟路—自行车道—由南向北"和路段"麒麟路—机动车道—由南向北"上停车线所在位置分别添加停车标志。

⑨在路段"麒麟路—自行车道—由南向北"的停车标志前方添加减速区,编辑"减速区域"

对话框,将名称设置为"麒麟路—自行车道",长度设置为5m,车辆类别为"自行车"的期望速度分布设置为5km/h;在路段"麒麟路—机动车道—由南向北"的车道1停车标志前方添加减速区,编辑"减速区域"对话框,将名称设置为"麒麟路—机动车道—1",长度设置为5m,车辆类别为"小汽车"和"货车"的期望速度分布设置为5km/h;复制减速区"麒麟路—机动车道—1",将其移动到该路段车道2的停车标志前方,并将其名称修改为"麒麟路—机动车道—2"。

说明:以上操作建立起针对各条交通管理规则的仿真模型,如图10-3-3所示。

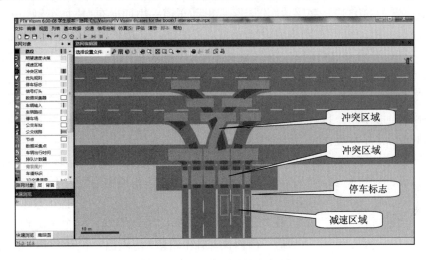

图10-3-3 交通管理规则的仿真模型

10.4 车辆和行人仿真

期望速度是VISSIM仿真系统仿真车辆和行人运动特征的基本模型,是影响交通仿真的核心要素。为了更好地仿真车辆和行人的交通行为,首先需要定义其各自的期望速度分布。在此基础上,定义车辆组成和行人构成。最后,进行车辆和行人的输入及其路径选择的设置。可以按照以下步骤进行操作:

①在主菜单栏依次单击"基本数据"、"分布"和"期望速度",打开"期望速度-分布"列表。在列表内分别新建四个期望速度分布,其编号分别为:"1008"、"1009"、"1010"和"1011"。将其名称分别设置为"小汽车"、"货车"、"自行车"和"行人",其下限值和上限值分别设置为:50和60;48和56;13和18;4和6。

②在主菜单栏依次单击"交通"和"车辆组成",打开"车辆构成/车辆构成的相对流量"列表。在列表内分别新建四个车辆构成,其名称分别为"南进口—机动车"、"东进口—机动车"、"西进口—机动车"和"自行车",编号分别为:"2"、"3"、"4"和"5"。设置"南进口-机动车"的车辆构成为两个车辆类型:"100:小汽车"和"200:货车",其期望速度分布设置为:"1008:小汽车"和"1009:货车",其相对车流设置为"176"和"21"。设置"东进口—机动车"的车辆构成为两个车辆类型:"100:小汽车"和"200:货车",其期望速度分布设置为:"1008:小汽车"和"1009:货车",其相对车流设置为"892"和"146"。设置"西进口—机动车"的车辆构成为两个车辆类型:"100:小汽车"和"200:货车",其期望速度分布设置为:"1008:小汽车"和

"1009：货车"，其相对车流设置为"1067"和"201"。设置"自行车"的车辆构成为单一车辆类型"600：自行车"，其期望速度分布设置为"1010：自行车"。

③单击用户界面左侧"路网对象"栏中的"车辆输入"按钮（文字"车辆输入"所在位置）。在路段"麒麟路—机动车道—由南向北"添加车辆输入，将其名称设置为"南进口—机动车"，车辆构成设置为"2：南进口—机动车"，流量设置为"197"。在路段"汾阳路—机动车道—由东向西"添加车辆输入，将其名称设置为"东进口—机动车"，车辆构成设置为"3：东进口—机动车"，流量设置为"1038"。在路段"汾阳路—机动车道—由西向东"添加车辆输入，将其名称设置为"西进口—机动车"，车辆构成设置为"4：西进口—机动车"，流量设置为"1268"。在路段"麒麟路—自行车道—由南向北"添加车辆输入，将其名称设置为"南进口—自行车"，车辆构成设置为"5：自行车"，流量设置为"135"。在路段"汾阳路—自行车道—由东向西"添加车辆输入，将其名称设置为"东进口—自行车"，车辆构成设置为"5：自行车"，流量设置为"260"。在路段"汾阳路—自行车道—由西向东"添加车辆输入，将其名称设置为"西进口—自行车"，车辆构成设置为"5：自行车"，流量设置为"241"。

④单击用户界面左侧"路网对象"栏中的"车辆路径"按钮（文字"车辆路径"所在位置）；在主菜单栏依次单击"列表"、"私人交通"、"路径"和"静态路径决策"，打开"静态车辆路径决策点/静态车辆路径"列表。在路段"麒麟路—机动车道—由南向北"添加静态路径决策点，将其名称设置为"南进口—小汽车"，取消属性"所有车辆类型"的勾号，将车辆类别设置为"小汽车"；分别以路段"汾阳路—机动车道—由西向东"和路段"汾阳路—机动车道—由东向西"为目的地路段设置两条静态车辆路径，路径的名称分别设置为"右转"和"左转"，路径的相对车流分别设置为"120"和"56"。在路段"麒麟路—机动车道—由南向北"添加静态路径决策点，将其名称设置为"南进口—货车"，取消属性"所有车辆类型"的勾号，将车辆类别设置为"货车"；分别以路段"汾阳路—机动车道—由西向东"和路段"汾阳路—机动车道—由东向西"为目的地路段设置两条静态车辆路径，路径的名称分别设置为"右转"和"左转"，路径的相对车流分别设置为"13"和"8"。

⑤在路段"汾阳路—机动车道—由东向西"添加静态路径决策点，将其名称设置为"东进口—小汽车"，取消属性"所有车辆类型"的勾号，将车辆类别设置为"小汽车"；分别以路段"汾阳路—机动车道—由东向西"和路段"麒麟路—机动车道—由北向南"为目的地路段设置两条静态车辆路径，路径的名称分别设置为"直行"和"左转"，路径的相对车流分别设置为"860"和"32"。在路段"汾阳路—机动车道—由东向西"添加静态路径决策点，将其名称设置为"东进口—货车"，取消属性"所有车辆类型"的勾号，将车辆类别设置为"货车"；分别以路段"汾阳路—机动车道—由东向西"和路段"麒麟路—机动车道—由北向南"为目的地路段设置两条静态车辆路径，路径的名称分别设置为"直行"和"左转"，路径的相对车流分别设置为"137"和"9"。

⑥在路段"汾阳路—机动车道—由西向东"添加静态路径决策点，将其名称设置为"西进口—小汽车"，取消属性"所有车辆类型"的勾号，将车辆类别设置为"小汽车"；分别以路段"汾阳路—机动车道—由西向东"和路段"麒麟路—机动车道—由北向南"为目的地路段设置两条静态车辆路径，路径的名称分别设置为"直行"和"右转"，路径的相对车流分别设置为"920"和"147"。在路段"汾阳路—机动车道—由西向东"添加静态路径决策点，将其名称设置为"西进口—货车"，取消属性"所有车辆类型"的勾号，将车辆类别设置为"货车"；分别以路

段"汾阳路—机动车道—由西向东"和路段"麒麟路—机动车道—由北向南"为目的地路段设置两条静态车辆路径,路径的名称分别设置为"直行"和"右转",路径的相对车流分别设置为"176"和"25"。在路段"汾阳路—自行车道—由西向东"添加静态路径决策点,将其名称设置为"西进口—自行车",取消属性"所有车辆类型"的勾号,将车辆类别设置为"自行车";分别以路段"汾阳路—自行车道—由西向东"和路段"麒麟路—自行车道—由北向南"为目的地路段设置两条静态车辆路径,路径的名称分别设置为"直行"和"右转",路径的相对车流分别设置为"126"和"115"。

⑦在主菜单栏依次单击"交通"和"行人构成",打开"行人构成/行人构成的相对流量"列表。在列表内新建一个行人构成,其编号为"2",其名称设置为"南进口—人行横道",行人构成设置为两个行人类型:"100:男人"和"200:女人",二者的期望速度分布都设置为"1011:行人",二者的相对车流设置为"1"和"1"。

⑧单击用户界面左侧"路网对象"栏中的"行人输入"按钮(文字"行人输入"所在位置)。在面域"麒麟路—人行横道—西端"添加行人输入;在行人输入列表中,对其属性进行编辑:名称设置为"自西向东",行人构成设置为"2:南进口—人行横道",流量设置为"63"。在面域"麒麟路—人行横道—东端"添加行人输入;在行人输入列表中,对其属性进行编辑:名称设置为"自东向西",行人构成设置为"2:南进口—人行横道",流量设置为"76"。

⑨单击用户界面左侧"路网对象"栏中的"行人路径"按钮(文字"行人路径"所在位置)。在面域"麒麟路—人行横道—西端"添加静态行人路径决策点,并将其终点设置在面域"麒麟路—人行横道—东端";在面域"麒麟路—人行横道—东端"添加静态行人路径决策点,并将其终点设置在面域"麒麟路—人行横道—西端"。

10.5 仿真评估

以上通过对道路设施、交通管理以及车辆和行人的仿真,建立起T形平面交叉口完整的仿真模型,可以运行该模型,并观察仿真模型运行的状况。仿真运行结果表明,交叉口各进口道的交通运行流畅,次要道路(麒麟路)停车线前面的排队车辆很少,没有出现长时间的延误。

然而,为了更加客观准确地评估交叉口的服务水平,还需要采集有关车辆运行状况的数据。鉴于该交叉口采取了停车让行控制,来自次要道路(麒麟路)的车辆需要停车让行来自主要道路(汾阳路)的车辆。因此,评估该交叉口服务水平的关键在于分析次要道路车辆在停车线之前的运行状况,需要采集车辆在停车线前方的排队延误,可以通过设置数据采集设施予以实现,该过程包括以下操作步骤:

①单击用户界面左侧"路网对象"栏中的"数据采集点"按钮(文字"数据采集点"所在位置)。在路段"麒麟路—机动车道—由南向北"的车道2上停车线所在位置,添加数据采集点,编号为"1",其名称设置为"机动车—左转";在路段"麒麟路—机动车道—由南向北"的车道1上停车线所在位置,添加数据采集点,编号为"2",其名称设置为"机动车—右转"。在路段"麒麟路—自行车道—由南向北"的车道1上停车线所在位置,添加数据采集点,编号为"3",其名称设置为"自行车—右转"。

②在主菜单栏依次单击"评估"、"测量定义"和"数据采集设施",打开"截面数据采集"列表。在列表中新建三个数据采集设施(数据采集法),其名称分别是:"机动车—左转"、"机动车—右转"和"自行车—右转",其数据采集点分别设置为:"1"、"2"和"3"(这是数据采集点的编号)。

③在主菜单栏依次单击"评估"和"配置",打开"评估设置"对话框。编辑"结果特征属性"选项卡,对列表中的"数据采集"进行设置:"收集数据"属性打钩;"时间间隔"设置为"60"(单位为秒)。编辑"直接输出"选项卡,将"数据采集(原始)"的"写入文件"属性打钩。

④在主菜单栏依次单击"评估"、"结果列表"和"数据采集",打开"数据采集评价-结果"列表;运行仿真模型,则在该列表中显示多项评价指标。

仿真结束后,对"数据采集评价—结果"列表中的数据进行分析和处理,得到交叉口南进口道各个车道每分钟平均排队延误随时间变化的曲线图,如图10-5-1所示。分析该图可知,与机动车相比,自行车的延误比较稳定,分布在4~6s之间的狭窄区域。机动车的延误波动比较大,绝大部分数据点位于4~14s之间,右转机动车道的延误明显高于其他车道。由表10-1-2可知,在南进口道,右转机动车道的流量显著高于其他车道,大量的右转机动车辆进入主路之前需要等待更长的时间。

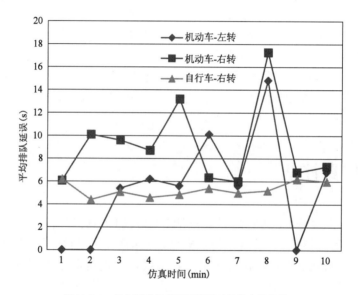

图10-5-1　每分钟平均排队延误随时间的变化趋势

在步骤③中,将"时间间隔"设置为"600"(单位为秒),则运行仿真模型可以得到南进口道各车道在整个仿真时间(600s)之内的平均排队延误,如图10-5-2所示。该图表明,在南进口道,左转机动车道、右转机动车道和右转自行车道的平均排队延误分别为:7.87s、9.77s和5.55s;各个车道的延误都非常短,服务水平达到A级。

在仿真文件(*.inpx)所在的文件夹寻找一个后缀为mer的文件,该文件保存了数据采集点所采集的原始数据,可以将其中的数据导入Excel中进行分析。通过分析可知,在仿真过程中有60辆仿真车辆经过数据采集点,其中小汽车37辆、货车3辆、自行车20辆。各车辆类型的平均排队延误如图10-5-3所示。由该图可知,自行车的平均排队延误最小,为5.55s;其次是小汽车,为8.41s;最高的是货车,为20.8s。由于货车具有很长的车身(10.22m),使得其在避让主路车辆时处于非常不利的地位,从而导致其较高的排队延误。

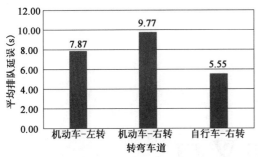

图 10-5-2　南进口转弯车道平均排队延误

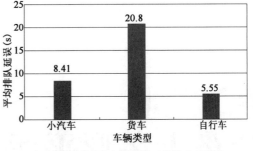

图 10-5-3　各车辆类型的平均排队延误

此外,由该数据还可以详细分析每辆车在停车线前所经受的排队延误,如图 10-5-4 所示。该图表明,在许多情形下,小汽车所经受的排队延误高于自行车。由于次要道路的小汽车在左转弯或者右转弯进入主要道路的过程中,不仅需要避让主路的机动车,还要避让主路的自行车,从而导致其较高的排队延误。

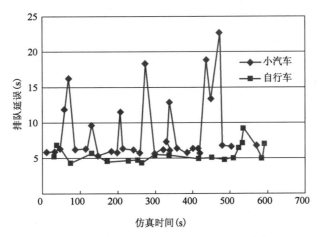

图 10-5-4　单个车辆排队延误随时间的变化曲线

第 11 章
公路十字形平面交叉口

公路系统主要服务于长距离的机动车辆通行，自行车和行人的交通出行非常稀少，使得该类系统的仿真相对比较简单。本章以一个公路十字形平面交叉口为例，说明这类交通系统仿真模型的构建方法。

11.1 基本情况

11.1.1 道路状况

该十字形平面交叉口由蔡州路和秣陵路相交而成，如图11-1-1所示。蔡州路双向四车道，秣陵路双向两车道。由于地处人烟稀少的郊外乡村地区，两条相交道路仅有机动车道，没有提供自行车道和人行道。鉴于该交叉口的左转和右转交通量都比较小，不需要提供左转或者右转专用车道。因此，四个进口道都没有进行拓宽，交通组织采取以下方案。东进口和西进口：内侧车道供左转和直行车辆使用，外侧车道供右转和直行

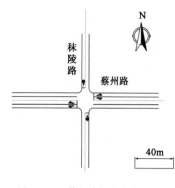

图 11-1-1 蔡州路与秣陵路交叉口

车辆使用;南进口和北进口:左转、直行和右转车辆合用一条道路(图 11-1-1)。该十字交叉口交通设施几何设计参数见表 11-1-1。

蔡州路与秣陵路交叉口道路交通设施几何设计参数　　　　表 11-1-1

道 路 名 称	交 通 设 施	车道数量(条)	车道宽度(m)	长度(m)
蔡州路	进口道	2	3.75	100
	出口道	2	3.75	100
秣陵路	进口道	1	3.5	100
	出口道	1	3.5	100

11.1.2　交通状况

该交叉口的机动车主要由两种车型组成:小汽车和货车。在信号交叉口附近,驾驶员的驾驶行为趋于更加谨慎,期望速度有所降低。两种车型的期望速度近似服从均匀分布,小汽车的期望速度分布区间为 53～63km/h,货车的期望速度分布区间为 50～58km/h。交叉口各进口道的交通量数据见表 11-1-2。

蔡州路与秣陵路交叉口交通量和交通组成　　　　表 11-1-2

进 口 道		交通量(辆/h)	合计(辆/h)	货车比例(%)	小汽车比例(%)
东进口	左转	32	1100	23	77
	直行	985			
	右转	83			
西进口	左转	45	1262	28	72
	直行	1126			
	右转	91			
南进口	左转	18	452	16	84
	直行	392			
	右转	42			
北进口	左转	15	417	12	88
	直行	368			
	右转	34			

11.1.3　交通管理规则

该交叉口采取两相位的信号控制,交通冲突有所减少(消除了蔡州路直行车辆和左转弯车辆与秣陵路直行车辆和左转弯车辆之间的某些冲突),但依然存在。《中华人民共和国道路交通安全法实施条例》规定了信号控制交叉口各个方向的交通流在相遇时通行权优先级别的高低。为避免交通冲突的发生,通行权优先级别较低的车辆让行通行权优先级别较高的车辆通过;通行权优先级别相同的车辆按照先来后到的顺序依次通过冲突区域。具体来说,按照以下规则进行让行:

(1)在交叉口各进口车道的分流处(停车线附近),驶往不同方向的交通流存在分流冲突。这类冲突主要有:在蔡州路东进口道和西进口道的内侧车道停车线处,左转车辆和直行车辆之间的交通冲突;在蔡州路东进口道和西进口道的外侧车道停车线处,右转车辆和直行车辆之间的交通冲突;在秣陵路南进口道和北进口道停车线处,右转车辆、直行车辆和左转车辆之间的交通冲突。为避免这类分流冲突的发生,车辆按照到达冲突区域的先后顺序进行让行,后到的车辆让行先到的车辆。

(2)在交叉口物理区内部,存在左转车辆与对向直行车辆的交通冲突。这类冲突主要表现为:蔡州路自东向西的直行车辆与来自蔡州路西进口道的左转车辆之间的交通冲突;蔡州路自西向东的直行车辆与来自蔡州路东进口道的左转车辆之间的交通冲突;秣陵路自南向北的直行车辆与来自秣陵路北进口道的左转车辆之间的交通冲突;秣陵路自北向南的直行车辆与来自秣陵路南进口道的左转车辆之间的交通冲突。为避免这类交叉冲突的发生,车辆按照左转让直行的规则进行让行。

(3)在交叉口的出口道,来自不同方向的交通流在合流的过程中存在冲突。这类冲突表现在以下地点:在蔡州路东出口道的外侧车道,来自秣陵路南进口的右转车辆与来自蔡州路西进口的直行车辆之间存在合流冲突;在蔡州路西出口道的外侧车道,来自秣陵路北进口的右转车辆与来自蔡州路东进口的直行车辆之间存在合流冲突;在秣陵路的北出口道,来自蔡州路东进口的右转车辆与来自秣陵路南进口的直行车辆之间存在合流冲突;在秣陵路的南出口道,来自蔡州路西进口的右转车辆与来自秣陵路北进口的直行车辆之间存在合流冲突。为避免这类合流冲突的发生,车辆按照右转让直行的规则进行让行。

11.1.4 交通控制方案

分析表 11-1-2 中的数据,可以看出该交叉口的左转车辆和右转车辆的交通量均不大,不需要设计左转弯或者右转弯保护相位。两相位的信号控制应可以满足该交叉口的交通需求。交通控制方案如图 11-1-2 所示。

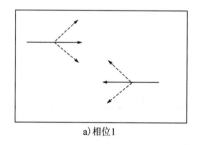 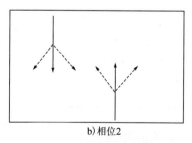

a)相位1　　　　　　　　　　　b)相位2

图 11-1-2　交通信号控制方案

由图 11-1-2 可知,相位 1 有两个车道组,它们分别是:东进口的左转、直行和右转车道组;西进口的左转、直行和右转车道组;相位 2 有两个车道组,它们分别是:南进口的左转、直行和右转车道组;北进口的左转、直行和右转车道组。根据该交叉口的几何设计和交通需求(见图 11-1-1、表 11-1-1 和表 11-1-2),分别计算各个车道组的直行当量交通量和直行饱和流率,见表 11-1-3。

蔡州路与秫陵路交叉口流率比计算表　　　　表 11-1-3

进　口　道		直行当量交通量 （辆/h）	直行当量交通量合计 （辆/h） （1）	直行饱和流量 （辆/h） （2）	流　率　比 （1）/（2）
东进口	左转	40	1123	2716	0.4134757
	直行	985			
	右转	98			
西进口	左转	59	1292	2610	0.49501916
	直行	1126			
	右转	107			
南进口	左转	21	463	1422	0.32559775
	直行	392			
	右转	50			
北进口	左转	18	426	1473	0.2892057
	直行	368			
	右转	40			

由表 11-1-3 可知，第一相位的关键车道组是西进口道，其流率比为 0.495；第二相位的关键车道组是南进口道，其流率比是 0.3256。取全红时间为 2s，黄灯时间为 3s，启动损失时间为 3s，经计算可得该信号交叉口的配时方案如下：周期时间 73s，第一相位的绿灯显示时间 38s，第二相位的绿灯显示时间 25s。

11.2　道路设施仿真

为构建交叉口道路设施的仿真模型，首先需要添加背景图片（操作方法详见 10.2.2 节有关内容）。以此为底图，分别构建蔡州路和秫陵路的仿真模型；然后，依据进口道机动车车流的运行方向连接相邻路段，完成道路基础设施仿真模型的构建。

11.2.1　创建蔡州路和秫陵路

东西走向的蔡州路被交叉口分为东西两个完全对称的路段。因此，可以首先建立蔡州路西进口道仿真模型；然后，运用"创建反方向"操作建立蔡州路西出口道仿真模型；最后，运用"复制"操作，创建蔡州路东进口道和东出口道仿真模型。主要操作步骤如下：

①以鼠标左键单击 VISSIM 用户界面左侧"路网对象"中的"路段和连接器"按钮。

②以路网编辑器的背景图为底图，在蔡州路西进口道的位置新建路段，在弹出的"路段属性"对话框中进行以下编辑："名称"设置为"蔡州路—西进口道"；"车道数"设置为"2"；"行为类型"设置为"郊外道路（自由选择车道）"；两条机动车道的"宽度"均设置为 3.75m。

③以鼠标右键单击该路段，在弹出的菜单中单击"创建反方向"选项。

④在弹出的"创建反方向"对话框中（"车道数"的默认值为 2），单击确定按钮。

说明：在原始路段的上方出现了一条方向相反的路段，其各项属性取值与原路段完全一致。

⑤双击创建的反方向路段,将其"名称"设置为"蔡州路—西出口道"。

⑥按下"Ctrl"键,分别单击新建路段及其反向路段(选中这两条路段);按下鼠标左键("Ctrl"键不能松开),移动光标(将复制的路段移动到另一位置后,先松开鼠标左键,后松开"Ctrl"键)。

⑦在复制的路段上方按下鼠标左键,并继续移动光标,将其放置在蔡州路东进口道和东出口道所在的位置,并将其"名称"做相应的修改。

以上述同样的步骤,建立秣陵路的仿真模型(秣陵路南进口道、秣陵路南出口道、秣陵路北进口道和秣陵路北出口道)。

11.2.2 连接进口道和出口道

(1)蔡州路西进口道

如图 11-2-1 所示,蔡州路西进口道有两条车道,内侧车道是直行和左转弯合用车道,左转弯车辆由此左转弯进入秣陵路北出口道;外侧车道是直行和右转弯合用车道,右转弯车辆由此右转弯进入秣陵路南出口道。蔡州路西进口道的直行车辆可以由内侧车道或者外侧车道直行进入蔡州路东出口道的相应车道。

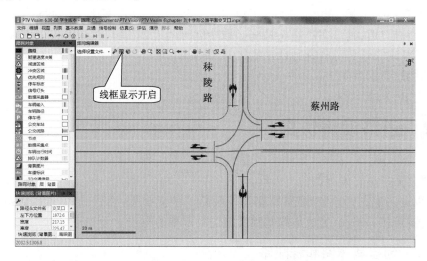

图 11-2-1　蔡州路西进口道和东进口道与相邻出口道之间的连接器

根据上述分析,进行如下操作:

①用"连接器"将路段"蔡州路—西进口道"的车道 2 和路段"秣陵路—北出口道"的车道 1 连接起来,在弹出的"连接器"对话框中进行以下编辑:"名称"设置为"西进口—北出口—左转";"行为类型"设置为"郊外道路(自由选择车道)"。

②用"连接器"将路段"蔡州路—西进口道"的车道 1 和路段"秣陵路—南出口道"的车道 1 连接起来,在弹出的"连接器"对话框中进行以下编辑:"名称"设置为"西进口—南出口—右转";"行为类型"设置为"郊外道路(自由选择车道)"。

③用"连接器"将路段"蔡州路—西进口道"的车道 1 与车道 2 和路段"蔡州路—东出口道"的车道 1 与车道 2 连接起来,在弹出的"连接器"对话框中进行以下编辑:"名称"设置为

"西进口—东出口—直行";"行为类型"设置为"郊外道路(自由选择车道)"。

(2)蔡州路东进口道

"蔡州路—东进口道"和其相邻的路段具有类似的连接关系(详见上述分析),据此进行如下操作:

①用"连接器"将路段"蔡州路—东进口道"的车道2和路段"秣陵路—南出口道"的车道1连接起来,在弹出的"连接器"对话框中进行以下编辑:"名称"设置为"东进口—南出口—左转";"行为类型"设置为"郊外道路(自由选择车道)"。

②用"连接器"将路段"蔡州路—东进口道"的车道1和路段"秣陵路—北出口道"的车道1连接起来,在弹出的"连接器"对话框中进行以下编辑:"名称"设置为"东进口—北出口—右转";"行为类型"设置为"郊外道路(自由选择车道)"。

③用"连接器"将路段"蔡州路—东进口道"的车道1与车道2和路段"蔡州路—西出口道"的车道1与车道2连接起来,在弹出的"连接器"对话框中进行以下编辑:"名称"设置为"东进口—西出口—直行";"行为类型"设置为"郊外道路(自由选择车道)"。

说明:上述操作规定了蔡州路西进口道和蔡州路东进口道与相邻出口道之间的连接关系,建立了西进口道和东进口道交通流运行路径的基本模型,如图11-2-1所示。

(3)秣陵路南进口道

如图11-2-2所示,秣陵路南进口道只有一条车道,是左转弯、右转弯和直行车辆合用的车道。左转弯车辆由此左转弯进入蔡州路西出口道的内侧车道,右转弯车辆由此右转弯进入蔡州路东出口道的外侧车道,直行车辆由此直行进入秣陵路北出口道。

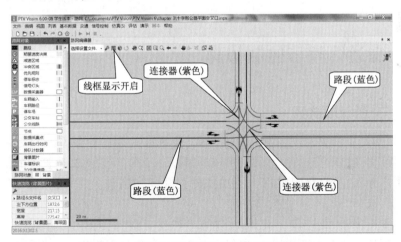

图11-2-2 蔡州路与秣陵路交叉口仿真模型线框显示

根据上述分析,进行如下操作:

①用"连接器"将路段"秣陵路—南进口道"的车道1和路段"蔡州路—西出口道"的车道2连接起来,在弹出的"连接器"对话框中进行以下编辑:"名称"设置为"南进口—西出口—左转";"行为类型"设置为"郊外道路(自由选择车道)"。

②用"连接器"将路段"秣陵路—南进口道"的车道1和路段"蔡州路—东出口道"的车道1连接起来,在弹出的"连接器"对话框中进行以下编辑:"名称"设置为"南进口—东出口—右转";"行为类型"设置为"郊外道路(自由选择车道)"。

③用"连接器"将路段"秣陵路—南进口道"的车道1和路段"秣陵路—北出口道"的车道

1连接起来,在弹出的"连接器"对话框中进行以下编辑:"名称"设置为"南进口—北出口—直行";"行为类型"设置为"郊外道路(自由选择车道)"。

(4)秣陵路北进口道

秣陵路北进口道和秣陵路南进口道的情形类似(详见上述分析),可进行如下操作:

①用"连接器"将路段"秣陵路—北进口道"的车道1和路段"蔡州路—东出口道"的车道2连接起来,在弹出的"连接器"对话框中进行以下编辑:"名称"设置为"北进口—东出口—左转";"行为类型"设置为"郊外道路(自由选择车道)"。

②用"连接器"将路段"秣陵路—北进口道"的车道1和路段"蔡州路—西出口道"的车道1连接起来,在弹出的"连接器"对话框中进行以下编辑:"名称"设置为"北进口—西出口—右转";"行为类型"设置为"郊外道路(自由选择车道)"。

③用"连接器"将路段"秣陵路—北进口道"的车道1和路段"秣陵路—南出口道"的车道1连接起来,在弹出的"连接器"对话框中进行以下编辑:"名称"设置为"北进口—南出口—直行";"行为类型"设置为"郊外道路(自由选择车道)"。

11.2.3 检查仿真模型

以上操作建立了蔡州路与秣陵路交叉口道路交通设施的仿真模型。为了确保所建立的模型准确无误,需要进行全面检查,主要检查内容包括以下两个方面:检查各个设施(路段)是否有遗漏的情况,各个设施的主要设计参数是否正确;检查设施之间的连接(连接器)是否有遗漏的情况,连接是否正确(检查方法详见10.2.7节相关内容)。为方便检查,可开启仿真模型线框显示,如图11-2-2所示(软件界面中蓝色的线条代表路段,紫色的线条代表连接器)。

11.3 交通管理与控制仿真

11.3.1 交通管理仿真

在VISSIM仿真系统中,可以运用"冲突区域"仿真彼此存在冲突关系的交通流之间的让行关系。依据该交叉口的交通管理规则,可以通过以下步骤,实现对交通管理的仿真:

①单击用户界面左侧"路网对象"栏中的"冲突区域"按钮(文字"冲突区域"所在位置);在主菜单栏依次选择"列表"、"交叉口控制"、"冲突区域",打开冲突区域列表。

②分别设置连接器"北进口—东出口—左转"与连接器"北进口—南出口—直行"之间的冲突区域、连接器"北进口—西出口—右转"与连接器"北进口—南出口—直行"之间的冲突区域和连接器"北进口—东出口—左转"与连接器"北进口—西出口—右转"之间的冲突区域,将冲突区域的状态属性都设置为"未明确的",如图11-3-1所示。

③分别设置连接器"南进口—西出口—左转"与连接器"南进口—北出口—直行"之间的冲突区域、连接器"南进口—东出口—右转"与连接器"南进口—北出口—直行"之间的冲突区域和连接器"南进口—西出口—左转"与连接器"南进口—东出口—右转"之间的冲突区域,将冲突区域的状态属性都设置为"未明确的",如图11-3-1所示。

④分别设置连接器"西进口—南出口—右转"与连接器"西进口—东出口—直行"之间的冲突区域以及连接器"西进口—北出口—左转"与连接器"西进口—东出口—直行"之间的冲突区

域,将冲突区域的状态属性都设置为"未明确的"。分别设置连接器"东进口—北出口—右转"与连接器"东进口—西出口—直行"之间的冲突区域以及连接器"东进口—南出口—左转"与连接器"东进口—西出口—直行"之间的冲突区域,将冲突区域的状态属性都设置为"未明确的"。

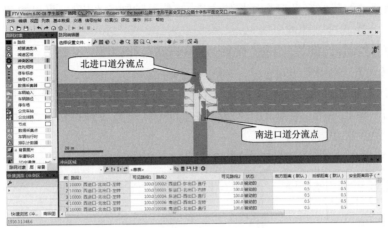

图 11-3-1　分流点冲突区域的设置

⑤设置连接器"西进口—东出口—直行"与连接器"东进口—南出口—左转"之间的冲突区域,将冲突区域的状态属性设置为"2 等候 1 先行";设置连接器"东进口—西出口—直行"与连接器"西进口—北出口—左转"之间的冲突区域,将冲突区域的状态属性设置为"1 等待 2 先行"。以上设置如图 11-3-2 所示。

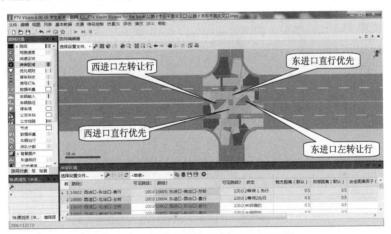

图 11-3-2　直行与对向左转冲突区域的设置

⑥设置连接器"南进口—北出口—直行"与连接器"北进口—东出口—左转"之间的冲突区域,将冲突区域的状态属性设置为"2 等候 1 先行";设置连接器"北进口—南出口—直行"与连接器"南进口—西出口—左转"之间的冲突区域,将冲突区域的状态属性设置为"1 等待 2 先行"。

⑦设置连接器"西进口—东出口—直行"与连接器"南进口—东出口—右转"之间的冲突区域,将冲突区域的状态属性设置为"2 等候 1 先行";设置连接器"东进口—西出口—直行"与连接器"北进口—西出口—右转"之间的冲突区域,将冲突区域的状态属性设置为"2 等候 1 先行"。

⑧设置连接器"南进口—北出口—直行"与连接器"东进口—北出口—右转"之间的冲突区域,将冲突区域的状态属性设置为"1 等待 2 先行";设置连接器"北进口—南出口—直行"与连接

器"西进口—南出口—右转"之间的冲突区域,将冲突区域的状态属性设置为"1等待2先行"。

11.3.2 交通控制仿真

根据蔡州路与秣陵路交叉口交通控制方案,其信号控制仿真模型,可以按照下述步骤进行构建:

①新建信号控制机,将其"名称"设置为"蔡州路与秣陵路交叉口",将其"类型"设置为"定时"。

②打开信号控制编辑器,新建两个信号灯组,并将其"名称"分别设置为"蔡州路—东西方向"和"秣陵路—南北方向",默认的序列设置为"红—绿—黄";根据信号配时方案,计算各个信号灯组的主要参数,见表11-3-1。

蔡州路与秣陵路交叉口信号灯组的主要参数(单位:s) 表11-3-1

信号灯组	红灯1(结束)	绿灯1(结束)	黄灯
蔡州路—东西方向	0	38	3
秣陵路—南北方向	43	68	3

③新建"信号配时方案1",将其周期时间设置为73s,并按照表11-3-1编辑各个信号灯组的属性,设置的参数如图11-3-3所示。

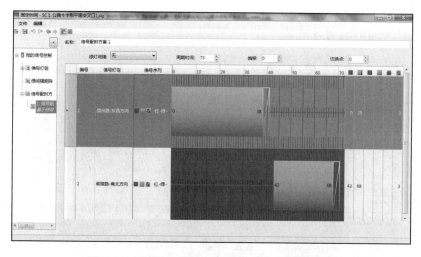

图11-3-3 蔡州路与秣陵路交叉口信号配时参数的设置

④单击用户界面左侧"路网对象"栏中的"信号灯头"按钮。在路段"蔡州路-西进口道"的内侧车道(车道2)上停车线所在位置添加一个信号灯头,"名称"设置为"西进口","信号控制机"设置为"1","信号灯组"设置为"1";复制该信号灯头,并将其放置在该路段车道1的停车线所在位置。以同样的方式在路段"蔡州路—东进口道"上停车线所在位置放置两个信号灯头,"名称"设置为"东进口","信号控制机"设置为"1","信号灯组"设置为"1"。

⑤在路段"秣陵路—南进口道"上停车线所在位置添加一个信号灯头,"名称"设置为"南进口","信号控制机"设置为"1","信号灯组"设置为"2";在路段"秣陵路—北进口道"上停车线所在位置添加一个信号灯头,"名称"设置为"北进口","信号控制机"设置为"1","信号灯组"设置为"2"。

说明：以上操作建立了蔡州路与秣陵路交叉口的交通控制仿真模型，如图11-3-4所示。

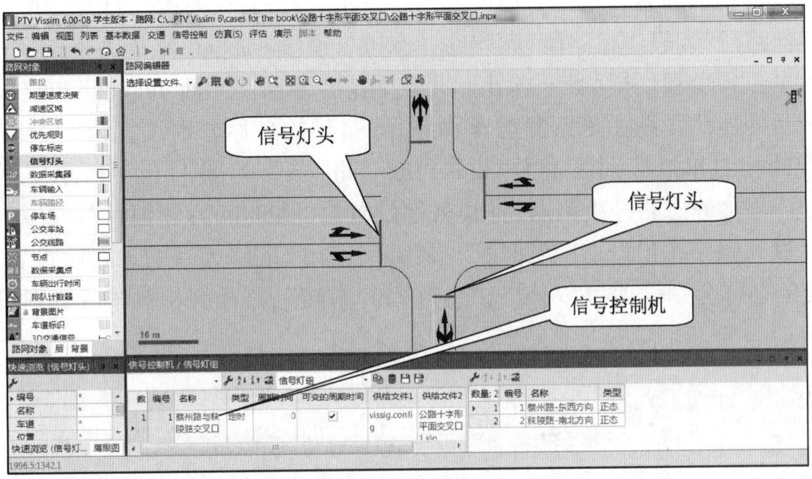

图11-3-4 蔡州路与秣陵路交叉口交通控制仿真模型

11.4 车辆仿真

蔡州路与秣陵路交叉口的主要交通车辆类型是机动车辆，这里仅对机动车（小汽车和货车）进行仿真。首先需要定义车辆的期望速度分布。在此基础上，定义车辆组成。最后，进行车辆的输入，并设置车辆的路径。可以按照以下步骤进行操作：

①在主菜单栏依次单击"基本数据"、"分布"和"期望速度"，打开"期望速度—分布"列表。在列表内分别新建两个期望速度分布，其编号分别为："1008"和"1009"。将其名称分别设置为"小汽车"和"货车"，其下限值和上限值分别设置为：53 和 63；50 和 58。

②在主菜单栏依次单击"交通"和"车辆组成"，打开"车辆构成/车辆构成的相对流量"列表。在列表内分别新建四个车辆构成，其名称分别为"东进口"、"西进口"、"南进口"和"北进口"，编号分别为："2"、"3"、"4"和"5"。这四个车辆构成的车辆类型均设置为："100：小汽车"和"200：货车"，其期望速度分布设置为："1008：小汽车"和"1009：货车"。车辆构成"东进口"两个车型（小汽车与货车）的相对车流设置为"77"和"23"；车辆构成"西进口"两个车型（小汽车与货车）的相对车流设置为"72"和"28"；车辆构成"南进口"两个车型（小汽车与货车）的相对车流设置为"84"和"16"；车辆构成"北进口"两个车型（小汽车与货车）的相对车流设置为"88"和"12"。

③单击用户界面左侧"路网对象"栏中的"车辆输入"按钮（文字"车辆输入"所在位置）。在路段"蔡州路—东进口道"添加车辆输入，将其名称设置为"东进口"，车辆构成设置为"2：东进口"，流量设置为"1100"。在路段"蔡州路–西进口道"添加车辆输入，将其名称设置为"西进口"，车辆构成设置为"3：西进口"，流量设置为"1262"。在路段"秣陵路—南进口道"添加车辆输入，将其名称设置为"南进口"，车辆构成设置为"4：南进口"，流量设置为"452"。在路段"秣陵路—北进口道"添加车辆输入，将其名称设置为"北进口"，车辆构成设置为"5：北进口"，流量设置为"417"。

④单击用户界面左侧"路网对象"栏中的"车辆路径"按钮(文字"车辆路径"所在位置);在主菜单栏依次单击"列表"、"私人交通"、"路径"和"静态路径决策",打开"静态车辆路径决策点/静态车辆路径"列表。在路段"蔡州路—东进口道"添加静态路径决策点,将其名称设置为"东进口";分别以路段"秣陵路—南出口道"、路段"蔡州路—西出口道"和路段"秣陵路—北出口道"为目的地路段设置三条静态车辆路径,路径的名称分别设置为"左转"、"直行"和"右转",路径的相对车流分别设置为"32"、"985"和"83",如图 11-4-1 所示。在路段"蔡州路—西进口道"添加静态路径决策点,将其名称设置为"西进口";分别以路段"秣陵路—北出口道"、路段"蔡州路—东出口道"和路段"秣陵路—南出口道"为目的地路段设置三条静态车辆路径,路径的名称分别设置为"左转"、"直行"和"右转",路径的相对车流分别设置为"45"、"1126"和"91"。

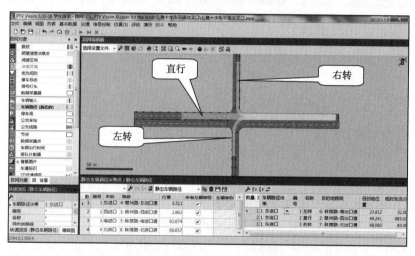

图 11-4-1　蔡州路与秣陵路交叉口东进口道车辆路径的设置

⑤在路段"秣陵路—南进口道"添加静态路径决策点,将其名称设置为"南进口";分别以路段"蔡州路—西出口道"、路段"秣陵路—北出口道"和路段"蔡州路—东出口道"为目的地路段设置三条静态车辆路径,路径的名称分别设置为"左转"、"直行"和"右转",路径的相对车流分别设置为"18"、"392"和"42"。在路段"秣陵路—北进口道"添加静态路径决策点,将其名称设置为"北进口";分别以路段"蔡州路—东出口道"、路段"秣陵路—南出口道"和路段"蔡州路—西出口道"为目的地路段设置三条静态车辆路径,路径的名称分别设置为"左转"、"直行"和"右转",路径的相对车流分别设置为"15"、"368"和"34"。

11.5　仿真评估与优化

11.5.1　仿真评估

以上通过对道路设施、交通管理与控制以及车辆的仿真,建立该公路平面交叉口完整的仿真模型。可以运行该模型,并观察仿真模型运行状况。仿真运行表明,蔡州路与秣陵路交叉口各进口道的交通运行较为畅通,达到了很高的服务水平。其中,秣陵路的运行偶尔出现轻微拥堵,而蔡州路的运行畅通。

为了更加客观准确地评估交叉口的服务水平,需要采集有关车辆运行状况的数据。鉴于该交叉口采取信号控制,红灯期间到达进口道的车辆需要在停车线之前停车等待;因此,评估该交叉口服务水平的关键在于分析车辆在停车线之前的运行状况,需要采集车辆在停车线前方的排队延误,可以通过设置数据采集设施予以实现。该过程包括以下操作步骤:

①单击用户界面左侧"路网对象"栏中的"数据采集点"按钮(文字"数据采集点"所在位置)。在路段"蔡州路—西进口道"的车道2上停车线附近,添加数据采集点,编号为"1",其名称设置为"西进口—直行与左转";在路段"蔡州路—西进口道"的车道1上停车线附近,添加数据采集点,编号为"2",其名称设置为"西进口—直行与右转";在路段"蔡州路—东进口道"的车道2上停车线附近,添加数据采集点,编号为"3",其名称设置为"东进口—直行与左转";在路段"蔡州路—东进口道"的车道1上停车线附近,添加数据采集点,编号为"4",其名称设置为"东进口—直行与右转"。

②在路段"秣陵路—南进口道"的车道1上停车线附近,添加数据采集点,编号为"5",其名称设置为"南进口";在路段"秣陵路—北进口道"的车道1上停车线附近,添加数据采集点,编号为"6",其名称设置为"北进口"。

说明:以上操作在交叉口进口道布置了数据采集点,如图11-5-1所示。

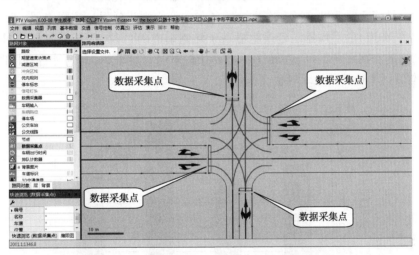

图11-5-1　蔡州路与秣陵路交叉口进口道数据采集点的布置

③在主菜单栏依次单击"评估"、"测量定义"和"数据采集设施",打开"截面数据采集"列表。在列表中新建六个数据采集设施(数据采集法),其名称依次是:"西进口—直行与左转"、"西进口—直行与右转"、"东进口—直行与左转"、"东进口—直行与右转"、"南进口"和"北进口",其相应的数据采集点分别设置为:"1"、"2"、"3"、"4"、"5"和"6"(即数据采集点的编号)。

④在主菜单栏依次单击"评估"和"配置",打开"评估设置"对话框。编辑"结果特征属性"选项卡,对列表中的"数据采集"进行设置:"收集数据"属性打钩;"时间间隔"设置为"600"(单位为秒)。

⑤在主菜单栏依次单击"评估"、"结果列表"和"数据采集",打开"数据采集评价-结果"列表;运行仿真模型,则在该列表中显示多项评价指标。

仿真结束后,对"数据采集评价—结果"列表中的数据进行处理,得到蔡州路与秣陵路交叉口进口道各个车道的平均排队延误,如图 11-5-2 所示。分析该图可知,该交叉口的总体运行状况良好,进口道绝大部分车道的平均排队延误在 20s 以下。与主干道蔡州路相比,南北走向的秣陵路略显拥堵,秣陵路北进口道和南进口道的平均排队延误分别达到了 16.2s 和 20.02s,明显高于蔡州路的西进口道和东进口道。根据《通行能力手册》的评价标准,西进口和东进口达到了 A 级服务水平,北进口达到了 B 级服务水平,而南进口的服务水平是 C 级。因此,相位 1 的服务水平高于相位 2。

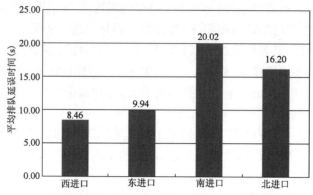

图 11-5-2　蔡州路与秣陵路交叉口进口道平均排队延误

图 11-5-3 是蔡州路西进口道和东进口道各车道平均排队延误。该图表明,进口道内侧车道(直行与左转车道)的平均排队延误明显高于外侧车道(直行与右转车道)。这是由左转车辆的影响带来的。在绿灯期间,左转车辆必须让行对向直行车辆,需要等待一段时间才能通行,并使得与其同车道的其他车辆也受到影响。

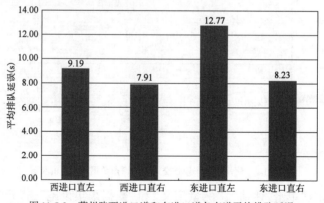

图 11-5-3　蔡州路西进口道和东进口道各车道平均排队延误

此外,由该图还可以发现,东进口内侧车道(直行与左转车道)的平均延误显著高于西进口内侧车道(直行与左转车道)。分析表 11-1-2 中的数据可知,西进口直行交通量高于东进口直行交通量。西进口较高的直行交通量给东进口内侧车道的左转车辆造成更多的阻碍,引起其排队延误的增加。

11.5.2　信号配时方案优化

由上述分析可知,蔡州路与秣陵路交叉口各个进口道的服务水平有着较大的差异。表现为,东进口和西进口的平均排队延误显著地高于南进口和北进口。这表明,该信号配时方案存在缺陷,还可以进一步优化。

方案优化是一个反复试错的过程,通过反复试验,寻找最优方案。其思路是:逐步增加或者减少信号配时方案的某一参数(如周期时间、第一相位的绿灯显示时间或者第二相位的绿灯显示时间);当评价指标(如平均排队延误)得到改善时,说明方案得到了优化;否则,说明方案没有得到优化。这一过程可以一直持续下去,直到方案不能继续优化为止。

鉴于原信号配时方案的主要问题在于南进口和北进口的服务水平不太理想,因此优化的主要目标在于改善秣陵路进口道的服务水平,同时不能削减蔡州路进口道服务水平。在这一目标的指导下,经过反复试验,得到了一个优化方案:周期时间71s,第一相位的绿灯显示时间36s,第二相位的绿灯显示时间25s。此方案相对应的主要控制参数见表11-5-1。

优化方案的主要控制参数(单位:s) 表11-5-1

信号灯组	红灯1(结束)	绿灯1(结束)	黄灯
蔡州路—东西方向	0	36	3
秣陵路—南北方向	41	66	3

运行优化后的仿真模型,得到蔡州路与秣陵路交叉口各个进口的平均排队延误,如图11-5-4所示。与图11-5-2对比可知:优化后,南进口和北进口的平均排队延误得到了不同程度的降低,北进口的服务水平仍然是B级,而南进口的服务水平由C级上升为B级。此外,西进口和东进口的平均排队延误略有增加,但其服务水平保持不变,仍然是A级。

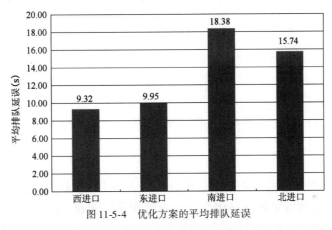

图11-5-4 优化方案的平均排队延误

参 考 文 献

[1] 陈峻,徐良杰,朱顺应,等.交通管理与控制[M].北京:人民交通出版社股份有限公司,2015.

第 12 章
城市道路十字形平面交叉口

　　自行车道和人行横道的普遍存在,使得城市道路系统的交通仿真更加复杂。本章将以一个典型的城市道路十字形平面交叉口为例,说明这类交通系统仿真模型的构建方法。

　　十字形交叉口是城市道路平面交叉口最为常见的形式,其既可以是主要道路与主要道路相交,也可以是主要道路与次要道路相交。与 T 形交叉口相比,十字形交叉口的结构和布局更为复杂,其仿真模型所涉及的道路交通设施也更加庞杂,涉及多个进口道路、出口道路和人行横道,以及道路交通设施之间错综复杂的连接关系。

12.1　基本情况

12.1.1　道路状况

　　图 12-1-1 是一个十字形交叉口,由两条道路相交而成。"常德街"东西走向,双向 6 条机动车道,两边各有一条自行车道。在交叉口进口道,道路中线向左偏移,形成左转专用车道,停车线前方设置人行横道。"虎贲路"南北走向,双向 6 条机动车道,两边各有一条自行车道;在

交叉口进口道,道路中线向左偏移,形成左转专用车道,停车线前方设置人行横道。为方便左转机动车和自行车的通行,在四个进口道的前端均设计了机动车和自行车的左转弯待转区。

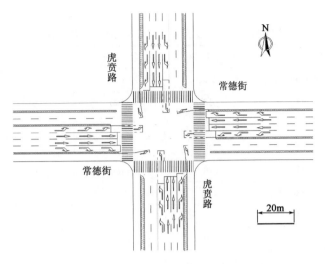

图 12-1-1　常德街与虎贲路交叉口

进口道上游路段涉及交通流的交织和分流,车辆需要减速和变换车道;出口道的下游路段车道数增加,车辆有换道和加速行为。因此,除了图 12-1-1 所示的区域,仿真模型还应包含进口道的上游路段和出口道的下游路段。交叉口主要道路交通设施几何设计参数见表 12-1-1。

常德街与虎贲路交叉口主要道路交通设施几何设计参数　　　　表 12-1-1

道路名称	交通设施		数量(条)	宽度(m)	长度(m)
常德街	机动车	进口道	4	3.3	60
		进口道上游	3	3.5	55
		出口道	2	3.2	60
		出口道下游	3	3.5	55
	自行车	进口道	1	3.6	118
		出口道	1	3.6	118
	人行横道		2	6.0	31
虎贲路	机动车	进口道	4	3.4	80
		进口道上游	3	3.5	78
		出口道	2	3.4	80
		出口道下游	3	3.5	78
	自行车	进口道	1	3.7	170
		出口道	1	3.7	170
	人行横道		2	6.0	33

12.1.2　交通状况

常德街与虎贲路交叉口属于城市道路系统十字形交叉,其机动车主要由两种车型组成:小汽车和大型客车。在城市拥挤的道路环境中行驶,驾驶员的驾驶行为趋于更加谨慎,期望速度偏低。两种车型的期望速度近似服从均匀分布,小汽车的期望速度分布区间为46~56km/h,大型客车的期望速度分布区间为43~55km/h。交叉口各进口道的机动车交通量数据见表12-1-2。

常德街与虎贲路交叉口各进口道的机动车交通量　　　　表12-1-2

进口道		交通量(辆)	合计(辆)	大型客车比例	小汽车比例
东进口	左转	210	1140	5%	95%
	直行	650			
	右转	280			
西进口	左转	240	1160	6%	94%
	直行	610			
	右转	310			
南进口	左转	180	1290	2%	98%
	直行	870			
	右转	240			
北进口	左转	160	1330	3%	97%
	直行	960			
	右转	210			

此外,该交叉口的自行车道和人行横道上还存在一定数量的自行车和行人交通。电动自行车的大量存在使得自行车的期望速度分布区间扩大,而较长的人行横道使得行人的步行速度有所提高。二者的期望速度也近似服从均匀分布,自行车的期望速度分布区间为15~30km/h,行人的期望速度分布区间为4~7km/h。该交叉口的自行车交通量和行人交通量分别见表12-1-3和表12-1-4。

常德街与虎贲路交叉口自行车交通量　　　　表12-1-3

进口道		交通量(辆)	合计(辆)
东进口	左转	96	536
	直行	320	
	右转	120	
西进口	左转	108	478
	直行	260	
	右转	110	
南进口	左转	190	870
	直行	490	
	右转	190	
北进口	左转	160	820
	直行	450	
	右转	210	

常德街与虎贲路交叉口行人交通量　　　　　　　　　　表 12-1-4

设　施　名　称		交通量(辆)	合计(辆)
常德街东人行横道	自南向北	210	413
	自北向南	203	
常德街西人行横道	自南向北	221	435
	自北向南	214	
虎贲路南人行横道	自东向西	132	255
	自西向东	123	
虎贲路北人行横道	自东向西	126	245
	自西向东	119	

12.1.3　交通管理规则

该十字形平面交叉口采取多相位信号控制,交通冲突得到最大程度的消减(消除直行车辆与直行车辆之间的交叉冲突、直行车辆与左转弯车辆之间的交叉冲突以及左转弯车辆与左转弯车辆之间的交叉冲突)。但是,某些形式的冲突依然存在。《中华人民共和国道路交通安全法实施条例》规定信号控制交叉口各个方向的交通流在相遇时通行权优先级别的高低。为避免交通冲突的发生,通行权优先级别较低的车辆让行通行权优先级别较高的车辆;通行权优先级别相同的车辆,按照先来后到的顺序依次通过冲突区域。具体来说,即按照以下规则进行让行:

(1)在机动车进口道与其上游路段的衔接处,左转弯机动车和直行机动车在驶入进口道左转车道和直行车道时,存在分流冲突。这类冲突存在于以下地点:常德街西进口道与其上游路段的衔接处;常德街东进口道与其上游路段的衔接处;虎贲路南进口道与其上游路段的衔接处;虎贲路北进口道与其上游路段的衔接处。为避免这类分流冲突的发生,机动车辆按照到达冲突区域的先后顺序进行让行,后到的车辆让行先到的车辆。

(2)在出口道,存在左转自行车与向右转机动车之间的交叉冲突。这类冲突表现在以下方面:在虎贲路南出口道,存在常德街东进口道左转自行车与常德街西进口道右转机动车之间的交通冲突;在虎贲路北出口道,存在常德街西进口道左转自行车与常德街东进口道右转机动车之间的交通冲突;在常德街东出口道,存在虎贲路北进口道左转自行车与虎贲路南进口道右转机动车之间的交通冲突;在常德街西出口道,存在虎贲路南进口道左转自行车与虎贲路北进口道右转机动车之间的交通冲突。为避免这类交叉冲突的发生,按照右转让行左转的规则进行让行。

(3)在自行车左转弯待转区的上游,存在同一进口道的左转自行车与右转机动车之间的交叉冲突。这类冲突表现在以下方面:在常德街西进口道自行车左转弯待转区的上游,存在从西进口同时驶出的左转自行车与右转机动车之间的交通冲突;在常德街东进口道自行车左转弯待转区的上游,存在从东进口同时驶出的左转自行车与右转机动车之间的交通冲突;在虎贲路南进口道自行车左转弯待转区的上游,存在从南进口同时驶出的左转自行车与右转机动车之间的交通冲突;在虎贲路北进口道自行车左转弯待转区的上游,存在从北进口同时驶出的左转自行车与右转机动车之间的交通冲突。为避免这类交叉冲突的发生,按照右转让行左转的规则进行让行。

（4）在自行车左转弯待转区，存在左转弯待转区的左转自行车与对向左转自行车之间的交叉冲突。这类冲突表现在以下方面：在常德街西进口道自行车左转弯待转区，左转弯待转区的自行车与来自常德街东进口道的左转自行车之间发生的交通冲突；在常德街东进口道自行车左转弯待转区，左转弯待转区的自行车与来自常德街西进口道的左转自行车之间发生的交通冲突；在虎贲路南进口道自行车左转弯待转区，左转弯待转区的自行车与来自虎贲路北进口道的左转自行车之间发生的交通冲突；在虎贲路北进口道自行车左转弯待转区，左转弯待转区的自行车与来自虎贲路南进口道的左转自行车之间发生的交通冲突。为避免这类交叉冲突的发生，左转弯待转区的自行车让行来自对向的左转弯自行车。

（5）在自行车出口道，右转自行车与左转自行车存在合流冲突。这类冲突表现在以下方面：在虎贲路自行车南出口道，来自常德街西进口道的右转自行车与来自常德街东进口道的左转自行车之间存在合流冲突；在虎贲路自行车北出口道，来自常德街东进口道的右转自行车与来自常德街西进口道的左转自行车之间存在合流冲突；在常德街自行车西出口道，来自虎贲路北进口道的右转自行车与来自虎贲路南进口道的左转自行车之间存在合流冲突；在常德街自行车东出口道，来自虎贲路南进口道的右转自行车与来自虎贲路北进口道的左转自行车之间存在合流冲突。为避免这类合流冲突的发生，按照右转让左转的规则进行让行。

12.1.4 交通控制方案

分析图 12-1-1，可知该交叉口的四个进口道均设置左转和右转专用车道，可以在适当的情形下设置左转和右转保护相位。分析该交叉口的机动车交通量（表 12-1-2），可以看到东进口和西进口的左转交通量相当高，均超过 200 辆/h，需要设置左转保护相位。南进口和北进口的左转交通量比较低（均低于 200 辆/h）。由于对向直行交通量相当高，导致左转交通量对对向单车道平均直行交通量之积超过了 50000，因此，同样需要为南进口和北进口的左转交通提供保护相位。根据上述分析，可以设计一个四相位的交通信号控制方案，如图 12-1-2 所示。

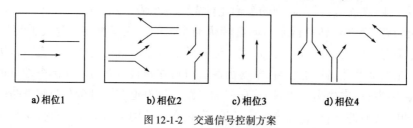

图 12-1-2　交通信号控制方案

在该控制方案中，第一相位供东进口和西进口的直行交通使用，服务对象包括机动车、自行车和行人；第二相位供东进口和西进口的左转交通和右转交通以及南进口和北进口的右转交通使用，服务对象包括机动车和自行车；第三相位供南进口和北进口的直行交通使用，服务对象包括机动车、自行车和行人；第四相位供南进口和北进口的左转交通和右转交通以及东进口和西进口的右转交通使用，服务对象包括机动车和自行车。与左转交通相比，右转交通有两个相位（相位 2 和相位 4）可以使用，具有更多的通行时间。因此，相位 2 和相位 4 的主要制约因素是左转交通流。根据该交叉口的几何设计和交通需求（详见图 12-1-1 以及表 12-1-1、表 12-1-2），分别计算各个车道组的直行当量交通量和直行饱和流率，见表 12-1-5。相关的理论和计算方法详见有关教材[1]。

常德街与虎贲路交叉口流率比计算表　　　　　　表 12-1-5

进　口　道		交通量（辆）	直行当量交通量（辆/h）（1）	直行饱和流率（辆/h）（2）	流率比(1)/(2)
东进口	左转	210	221	1571	0.140675
	直行	650	650	3142	0.20687
	右转	280	330	1571	0.210057
西进口	左转	240	252	1557	0.16185
	直行	610	610	3114	0.19589
	右转	310	366	1557	0.235067
南进口	左转	180	189	1618	0.11681
	直行	870	870	3236	0.26885
	右转	240	283	1618	0.174907
北进口	左转	160	168	1602	0.104869
	直行	960	960	3204	0.29963
	右转	210	248	1602	0.154806

交通信号的配时方案主要由机动车交通量决定。由图 12-1-2 和表 12-1-5 可知，第一相位包括两个车道组：东进口直行车道组和西进口直行车道组，其关键车道组是东进口直行车道组，关键流率比为 0.20687。第二相位包括了四个车道组，它们分别是：东进口左转道组、东进口右转车道组，西进口左转道组、西进口右转车道组，南进口右转车道组和北进口右转车道组，关键车道组是西进口左转车道组，关键流率比是 0.16185。第三相位包括两个车道组：南进口直行车道组和北进口直行车道组，其关键车道组是北进口直行车道组，关键流率比为 0.29963。第四相位包括了四个车道组，它们分别是：南进口左转道组、南进口右转车道组、北进口左转道组、北进口右转车道组、东进口右转车道组和西进口右转车道组，关键车道组是南进口左转车道组，关键流率比为 0.11681。取全红时间为 2s，黄灯时间为 3s，启动损失时间为 3s，经计算可得该信号交叉口的配时方案如下：周期时间 115s，第一相位的绿灯显示时间 25s，第二相位的绿灯显示时间 20s，第三相位的绿灯显示时间 36s，第四相位的绿灯显示时间 14s。

由表 12-1-1 可知，常德街人行横道的长度为 31m，虎贲路人行横道的长度为 33m。假定行人的启动时间为 4s，以 5km/h 的速度行走，则穿越常德街人行横道所需要的最小绿灯时间为 21.3s，穿越虎贲路人行横道所需要的最小绿灯时间为 22.8s。根据上述信号配时，南北方向直行的绿灯时间（第三相位）为 36s，东西方向直行的绿灯时间（第一相位）为 25s，均能够满足行人的过街要求。因此，上述信号配时方案是可行的。

12.2　道路设施仿真

为构建交叉口的仿真模型，首先需要添加背景图片（操作方法详见 10.2.2 节相关内容），然后构建每个进口道和出口道的仿真模型。最后，依据交通流运行的时空轨迹，连接相关道路交通设施。

12.2.1 常德街交通仿真

常德街被交叉口分为东西两个部分,这两个部分是完全对称的。因此,可以首先建立常德街西段仿真模型,然后运用"复制"和"方向反转"操作得到常德街东段仿真模型。具体操作如下:

①单击路网编辑器工具栏中的"平移模式",移动路网编辑器中的背景图片,并且放大图像,使得图片中的常德街西段置于路网编辑器的中心位置,图片中的各种交通标线清晰可见。

②在常德街西进口机动车左转车道、直行车道和右转车道所在的位置,分别新建三条路段,其"名称"分别设置为"常德街—西进口道—机动车—左转"、"常德街—西进口道—机动车—直行"和"常德街—西进口道—机动车—右转","行为类型"皆设置为"城市道路(机动车道)","车道数"分别设置为"1、2 和 1","宽度"均设置为 3.3m。路段"常德街—西进口道—机动车—左转"覆盖西进口机动车左转车道和左转弯待转区,终点略微超过"机动车左转弯待转区"处的停车线,以便于在此设置"信号灯头"。路段"常德街—西进口道—机动车—直行"的终点设置在略微超过"人行横道"的位置,以便于"人行横道"和"信号灯头"的设置。以上操作所建立的仿真模型如图 12-2-1 所示。

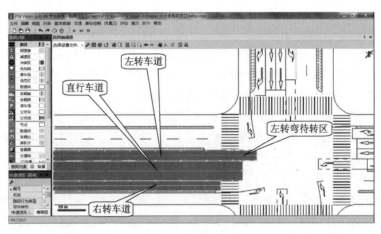

图 12-2-1 常德街西进口机动车道

③在常德街西出口机动车道所在的位置,新建一条路段。"名称"设置为"常德街—西出口道—机动车","行为类型"设置为"城市道路(机动车道)","车道数"设置为"2","宽度"设置为 3.3m。

④使用"平移模式",将背景图片和仿真路段移动到路网编辑器的东边。在路段"常德街—西出口道—机动车"的西边延伸线上新建一条路段。"名称"设置为"常德街—西出口下游路段—机动车","行为类型"设置为"城市道路(机动车道)","车道数"设置为"3","宽度"设置为 3.5m。

⑤运用"创建反方向"操作创建路段"常德街—西出口下游路段—机动车"的反方向路段,将其"名称"设置为"常德街—西进口上游路段—机动车",并将其移动到靠近"常德街西进口道"的位置。

⑥在常德街西进口自行车道的位置新建一条路段,起始于路段"常德街—西进口上游路段—机动车"起点的下方,终止于停车线。"名称"设置为"常德街—西进口—自行车","行为类型"设置为"自行车道(任意超车)","车道数"设置为"1","宽度"设置为 3.6m。在"自行

车左转弯待转区"新建一条路段,"名称"设置为"常德街—西进口—自行车左转弯待转区","行为类型"设置为"自行车道(任意超车)","车道数"设置为"1","宽度"设置为1.8m。

⑦运用"创建反方向"操作创建路段"常德街—西进口—自行车"的反向路段,将其"名称"设置为"常德街—西出口—自行车",并将其移动到常德街西出口自行车道的位置。

说明:以上操作在路网编辑器的背景图上创建了常德街西段的仿真模型,如图12-2-2所示。进口道上游路段和进口道之间的空隙以及出口道和出口道下游路段之间的空隙是路段的渐变段,是车辆变换车道进出交叉口的关键地点,将由"连接器"进行仿真。

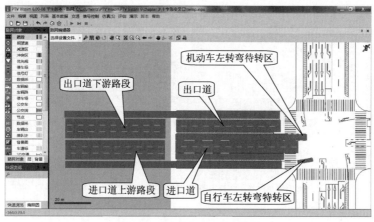

图 12-2-2 常德街西段仿真模型

⑧运用"复制"操作复制常德街西段的每条路段;运用"方向反转"操作反转所复制路段的方向,并将其移动到常德街东段的相应位置。最后,对这些路段的"名称"做相应调整。这样,就创建了常德街东段所有道路交通设施的仿真模型,它们分别是:"常德街—东进口道—机动车—左转"、"常德街—东进口道—机动车—直行"、"常德街—东进口道—机动车—右转"、"常德街—东出口道—机动车"、"常德街—东出口下游路段—机动车"、"常德街—东进口上游路段—机动车"、"常德街—东进口—自行车"、"常德街—东进口—自行车左转弯待转区"和"常德街—东出口—自行车"。

说明:以上操作在路网编辑器的背景图上创建了常德街东段的仿真模型。除了人行横道外,整个常德街交通仿真模型已经全部构建起来,如图12-2-3所示。

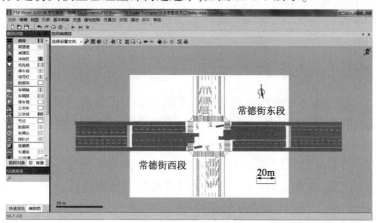

图 12-2-3 常德街仿真模型

12.2.2 虎贲路交通仿真

根据表12-1-1中的数据,按照常德街交通仿真模型的构建方法,在路网编辑器的背景图上建立虎贲路各个道路交通设施的仿真模型,如图12-2-4所示。在进口道和出口道的布局、几何设计方面,虎贲路与常德街非常类似。然而,虎贲路是一条承担了长距离交通的干线性道路,其交叉口功能区长度明显大于常德街。因此,在构建交通仿真模型时,给予虎贲路更大的仿真范围。

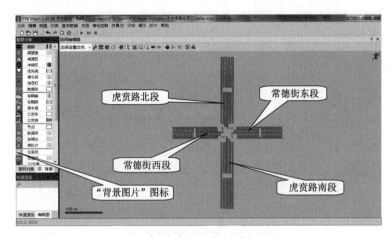

图12-2-4 常德街与虎贲路仿真模型空间布局

虎贲路南段的仿真路段有:"虎贲路—南进口道—机动车—左转"、"虎贲路—南进口道—机动车—直行"、"虎贲路—南进口道—机动车—右转"、"虎贲路—南出口道—机动车"、"虎贲路—南出口下游路段—机动车"、"虎贲路—南进口上游路段—机动车"、"虎贲路—南进口—自行车"、"虎贲路—南进口—自行车左转弯待转区"和"虎贲路—南出口—自行车"。

虎贲路北段的仿真路段有:"虎贲路—北进口道—机动车—左转"、"虎贲路—北进口道—机动车—直行"、"虎贲路—北进口道—机动车—右转"、"虎贲路—北出口道—机动车"、"虎贲路—北出口下游路段—机动车"、"虎贲路—北进口上游路段—机动车"、"虎贲路—北进口—自行车"、"虎贲路—北进口—自行车左转弯待转区"和"虎贲路—北出口—自行车"。

说明:以上操作创建了虎贲路仿真模型。隐藏背景图片(单击路网对象栏中的"背景图片"图标)并且缩小路网编辑器的图像(向下滚动鼠标中间的滚珠),可以看到仿真设施的全景,如图12-2-4所示。

12.2.3 路段之间的连接

上述操作建立起常德街与虎贲路交叉口各类道路交通设施的仿真模型。然而,这些设施之间的相互联系没有建立起来(图12-2-4中,上、下游路段之间存在空白)。道路交通设施之间的联系将由"连接器"完成,包括以下四个方面的连接:机动车进口道上游路段和进口道路段;机动车出口道路段和出口道下游路段;机动车进口道路段和出口道路段;自行车进口道路段和出口道路段。下面,以常德街西段为例,说明连接器的构建过程。

(1)常德街西段机动车进口道上游路段和进口道路段

如图12-1-1所示,常德街西进口道有四条机动车道,分别是:一条左转车道、二条直行车道和一条右转车道,分别由三条仿真路段进行仿真,它们是:"常德街—西进口道—机动车—左转"、"常德街—西进口道—机动车—直行"和"常德街—西进口道—机动车—右转"。进口道上游路段有三条机动车道,由路段"常德街—西进口上游路段—机动车"进行仿真。假定机动车在到达进口道之前已经根据路径的选择进行了相应的车道变换;因此,上游路段的车道1连接进口道右转车道,上游路段的车道3连接进口道左转车道,上游路段的车道2和车道3连接进口道两条直行车道。

根据上述分析,将路段"常德街—西进口上游路段—机动车"的车道3连接路段"常德街—西进口道—机动车—左转"的车道1,其名称设置为"西进口上游路段—西进口左转车道";将路段"常德街—西进口上游路段—机动车"的车道1连接路段"常德街—西进口道—机动车—右转"的车道1,其名称设置为"西进口上游路段—西进口右转车道";以上设置如图12-2-5所示。将路段"常德街—西进口上游路段—机动车"的车道2和车道3连接路段"常德街—西进口道—机动车—直行"的车道1和车道2,其名称设置为"西进口上游路段—西进口直行车道",如图12-2-6所示。

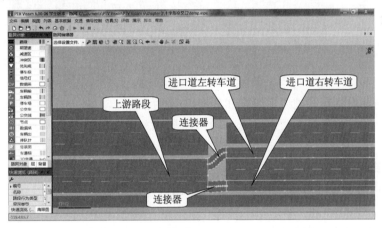

图12-2-5 常德街机动车西进口上游路段与进口道左转车道和右转车道的连接

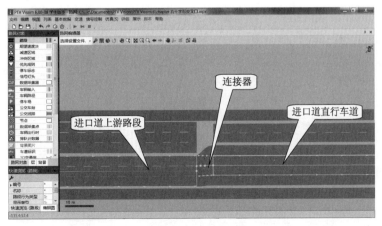

图12-2-6 常德街机动车西进口上游路段与进口道直行车道的连接

(2)常德街西段机动车出口道路段和出口道下游路段

如图12-1-1所示,常德街机动车西出口道有两条车道,由路段"常德街—西出口道—机动车"进行仿真。常德街机动车西出口道下游路段有三条车道，由路段"常德街—西出口下游路段—机动车"进行仿真。机动车最大可能的行驶轨迹是由出口道路段的车道 1 和车道 2 到达下游路段的车道 1 和车道 2。根据这一分析，将路段"常德街—西出口道—机动车"的车道 1 和车道 2 连接路段"常德街—西出口下游路段—机动车"的车道 1 和车道 2，其名称设置为"西出口—西出口下游路段"，如图 12-2-7 所示。

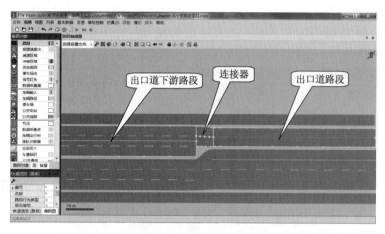

图 12-2-7　常德街西出口道路段和出口道下游路段的连接

（3）常德街西段机动车进口道路段和其他出口道路段

由图 12-1-1 可知，常德街西进口道左转机动车从左转车道驶出后最有可能选择的车道，是虎贲路北出口道的左侧机动车道（车道 2）；常德街西进口道直行机动车从直行车道驶出后，可以选择常德街机动车东出口道的两条车道（车道 1 和车道 2）；常德街西进口道右转机动车从右转车道驶出后最有可能选择的车道，是虎贲南出口道的右侧机动车道（车道 1）。根据上述分析，执行以下操作：

①将路段"常德街—西进口道—机动车—左转"的车道 1 连接路段"虎贲路—北出口道—机动车"的车道 2，连接器的名称设置为"西进口—北出口—左转—机动车"。连接器的起点要超过左转弯待转区停车线的位置并且尽量靠近上游路段的终点，连接器的终点要尽量靠近下游路段的起点，如图 12-2-8 所示。

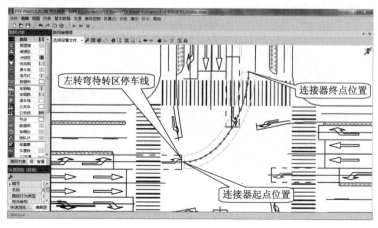

图 12-2-8　西进口北出口左转机动车道连接器

②将路段"常德街—西进口道—机动车—直行"的车道1和车道2连接路段"常德街—东出口道—机动车"的车道1和车道2,连接器的名称设置为"西进口—东出口—直行—机动车"。连接器的起点要尽量靠近上游路段的终点,连接器的终点要尽量靠近下游路段的起点。此外,连接器还应与"东进口机动车左转弯待转区"保存一定距离,如图12-2-9所示。

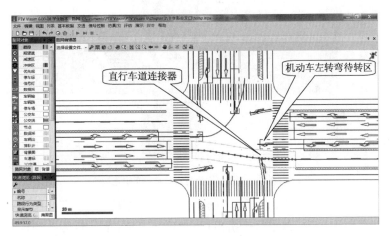

图12-2-9　西进口东出口直行机动车道连接器

③将路段"常德街—西进口道—机动车—右转"的车道1连接路段"虎贲路—南出口道—机动车"的车道1,连接器的名称设置为"西进口—南出口—右转—机动车"。连接器的起点要尽量靠近上游路段的终点,连接器的终点要尽量靠近下游路段的起点,如图12-2-10所示。

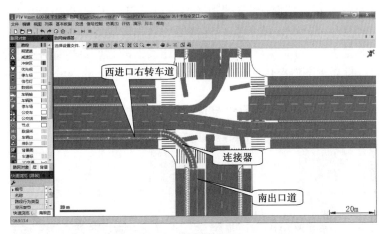

图12-2-10　西进口南出口右转机动车道连接器

(4)常德街西段自行车进口道路段和其他出口道路段

如图12-1-1所示,常德街西进口道有一条自行车道。自行车驶出后可以直行到达常德街自行车东出口道,也可以右转进入虎贲路自行车南出口道。而左转的自行车需要经过常德街西进口自行车左转弯待转区,然后再到达虎贲路自行车北出口道。根据上述分析,执行下述操作:

①将路段"常德街—西进口—自行车"的车道1连接路段"常德街—东出口—自行车"的车道1,连接器的名称设置为"西进口—东出口—直行—自行车",行为类型设置为"自行车道(任意超车)"。连接器的起点要尽量靠近上游路段的终点,连接器的终点要尽量靠近下游路

段的起点,如图 12-2-11 所示。

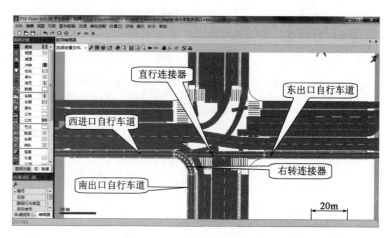

图 12-2-11　西进口直行与右转自行车道连接器

②将路段"常德街—西进口—自行车"的车道 1 连接路段"虎贲路—南出口—自行车"的车道 1,连接器的名称设置为"西进口—南出口—右转—自行车",行为类型设置为"自行车道(任意超车)"。连接器的起点要尽量靠近上游路段的终点,连接器的终点要尽量靠近下游路段的起点,如图 12-2-11 所示。

③将路段"常德街—西进口—自行车"的车道 1 连接路段"常德街—西进口—自行车左转弯待转区"的车道 1,连接器的名称设置为"西进口—左转弯待转区—自行车",行为类型设置为"自行车道(任意超车)"。将路段"常德街—西进口—自行车左转弯待转区"的车道 1 连接路段"虎贲路—北出口—自行车"的车道 1,连接器的名称设置为"左转弯待转区—北出口—自行车",行为类型设置为"自行车道(任意超车)"。连接器的起点要尽量靠近上游路段的终点,连接器的终点要尽量靠近下游路段的起点,如图 12-2-12 所示。

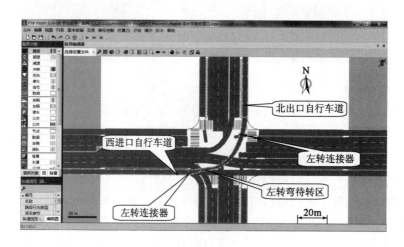

图 12-2-12　西进口左转自行车道连接器

(5)其他路段的连接

上面,以常德街西段为例,说明了路段之间的连接方法。按照这种方法,连接其他相关路段,具体步骤如下:

①连接常德街机动车东进口上游路段和东进口道,连接器的名称依次是:"东进口上游路段—东进口左转车道"、"东进口上游路段—东进口右转车道"和"东进口上游路段—东进口直行车道";连接虎贲路机动车北进口上游路段和北进口道,连接器的名称依次是:"北进口上游路段—北进口左转车道"、"北进口上游路段—北进口右转车道"和"北进口上游路段—北进口直行车道";连接虎贲路机动车南进口上游路段和南进口道,连接器的名称依次是:"南进口上游路段—南进口左转车道"、"南进口上游路段—南进口右转车道"和"南进口上游路段—南进口直行车道"。

②连接常德街机动车东出口道和东出口下游路段,连接器的名称设置为"东出口—东出口下游路段";连接虎贲路机动车北出口道和北出口下游路段,连接器的名称设置为"北出口—北出口下游路段";连接虎贲路机动车南出口道和南出口下游路段,连接器的名称设置为"南出口—南出口下游路段"。

③将常德街机动车东进口道的左转车道、直行车道和右转车道连接各对应的下游车道,连接器的名称依次是:"东进口—南出口—左转—机动车"、"东进口—西出口—直行—机动车"和"东进口—北出口—右转—机动车";按照直行、右转和左转的顺序,依次连接常德街自行车东进口道和对应的下游车道,连接器的名称依次是:"东进口—西出口—直行—自行车"、"东进口—北出口—右转—自行车"、"东进口—左转弯待转区—自行车"和"左转弯待转区—南出口—自行车",连接器的行为类型设置为"自行车道(任意超车)"。

④将虎贲路机动车北进口道的左转车道、直行车道和右转车道连接各自对应的下游车道,连接器的名称依次是:"北进口—东出口—左转—机动车"、"北进口—南出口—直行—机动车"和"北进口—西出口—右转—机动车";按照直行、右转和左转的顺序,依次连接虎贲路自行车北进口道和对应的下游车道,连接器的名称依次是:"北进口—南出口—直行—自行车"、"北进口—西出口—右转—自行车"、"北进口—左转弯待转区—自行车"和"左转弯待转区—东出口—自行车",连接器的行为类型设置为"自行车道(任意超车)"。

⑤将虎贲路机动车南进口道的左转车道、直行车道和右转车道连接各自对应的下游车道,连接器的名称依次是:"南进口—西出口—左转—机动车"、"南进口—北出口—直行—机动车"和"南进口—东出口—右转—机动车";按照直行、右转和左转的顺序,依次连接虎贲路自行车南进口道和对应的下游车道,连接器的名称依次是:"南进口—北出口—直行—自行车"、"南进口—东出口—右转—自行车"、"南进口—左转弯待转区—自行车"和"左转弯待转区—西出口—自行车",连接器的行为类型设置为"自行车道(任意超车)"。

12.2.4 人行横道交通仿真

如图12-1-1所示,在交叉口的四个进口道各有一条人行横道,它们位于停车线的前面,并且彼此相互靠近。这样,就需要在交叉口的四个角落设置行人面域,然后再创建人行横道。具体步骤如下:

①在交叉口的四个角落(西北、西南、东北和东南)分别创建四个面域,它们紧贴自行车进口道和出口道,如图12-2-13所示(操作方法详见7.3.1)。其名称分别设置为:"常德街西—虎贲路北"、"常德街西—虎贲路南"、"常德街东—虎贲路北"、"常德街东—虎贲路南"。

②在四条人行横道所在位置,分别创建四条路段,"是否作为行人面域使用"设置为"是",

"车道数"设置为"1","宽度"设置为"6.0"。其名称分别设置为:"常德街西—人行横道—自北向南"、"常德街东—人行横道—自北向南"、"虎贲路北—人行横道—自西向东"和"虎贲路南—人行横道—自西向东",将对偶路段的名称分别设置为:"常德街西—人行横道—自南向北"、"常德街东—人行横道—自南向北"、"虎贲路北—人行横道—自东向西"和"虎贲路南—人行横道—自东向西"(具体操作可参考例3.3的步骤④和步骤⑤)。四条人行横道在交叉口的四个角落里与行人面域相互重叠,如图12-2-14所示。

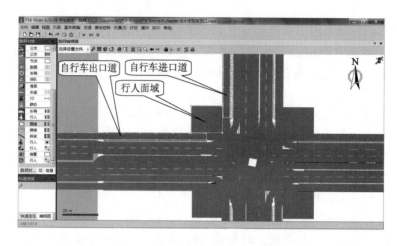

图12-2-13　行人面域

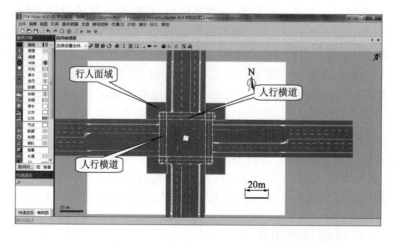

图12-2-14　人行横道与行人面域相互重叠

12.2.5　检查仿真模型

以上操作建立了常德街与虎贲路交叉口各类道路交通设施的仿真模型。为了确保所建立的模型准确无误,需要进行全面检查,主要检查内容包括以下两个方面:检查各个设施(路段)是否有遗漏的情况,各个设施的主要设计参数是否正确;检查设施之间的连接(连接器)是否有遗漏的情况,连接是否正确(检查方法详见10.2.7节相关内容)。为便于检查,可开启线框显示,如图12-2-15所示。

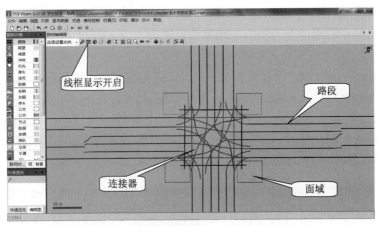

图 12-2-15　常德街与虎贲路交叉口仿真模型线框显示

12.3　交通管理与控制仿真

12.3.1　交通管理仿真

在 VISSIM 仿真系统中,可以运用"冲突区域"仿真彼此存在冲突关系的交通流之间的让行关系。依据该交叉口的交通管理规则,可以通过以下步骤,实现对交通管理的仿真:

①单击用户界面左侧"路网对象"栏中的"冲突区域"按钮(文字"冲突区域"所在位置);在主菜单栏依次选择"列表"、"交叉口控制"、"冲突区域",打开冲突区域列表。

②设置连接器"西进口上游路段—西进口左转车道"与连接器"西进口上游路段—西进口直行车道"之间的冲突区域,将冲突区域的状态属性设置为"未明确的",如图 12-3-1 所示。以同样的方式,分别设置连接器"东进口上游路段—东进口左转车道"与连接器"东进口上游路段—东进口直行车道"、连接器"北进口上游路段—北进口左转车道"与连接器"北进口上游路段—北进口直行车道"、连接器"南进口上游路段—南进口左转车道"与连接器"南进口上游路段—南进口直行车道"之间的冲突区域,将冲突区域的状态属性均设置为"未明确的"。

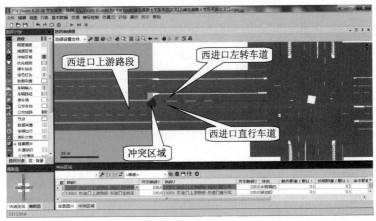

图 12-3-1　机动车西进口上游路段分流冲突区域

③设置连接器"西进口—南出口—右转—机动车"与连接器"左转弯待转区—南出口—自行车"之间的冲突区域,将冲突区域的状态属性设置为"1 等待 2 先行"。设置连接器"左转弯待转区—北出口—自行车"与连接器"东进口—北出口—右转—机动车"之间的冲突区域,将冲突区域的状态属性设置为"2 等候 1 先行"。设置连接器"北进口—西出口—右转—机动车"与连接器"左转弯待转区—西出口—自行车"之间的冲突区域,将冲突区域的状态属性设置为"1 等待 2 先行"。设置连接器"左转弯待转区—东出口—自行车"与连接器"南进口—东出口—右转—机动车"之间的冲突区域,将冲突区域的状态属性设置为"2 等候 1 先行"。以上操作设置的冲突区域如图 12-3-2 所示。

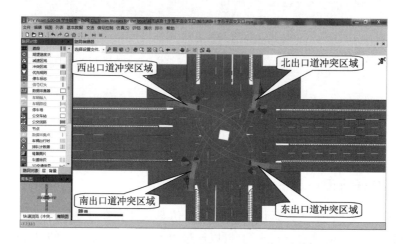

图 12-3-2　左转自行车与对向右转机动车的冲突区域

④设置连接器"西进口—南出口—右转—机动车"与连接器"西进口—左转弯待转区—自行车"之间的冲突区域,将冲突区域的状态属性设置为"1 等待 2 先行";设置路段"常德街—西进口—自行车左转弯待转区"与连接器"西进口—南出口—右转—机动车"之间的冲突区域,将冲突区域的状态属性设置为"2 等候 1 先行"。设置连接器"东进口—北出口—右转—机动车"与连接器"东进口—左转弯待转区—自行车"之间的冲突区域,将冲突区域的状态属性设置为"1 等待 2 先行";设置路段"常德街—东进口—自行车左转弯待转区"与连接器"东进口—北出口—右转—机动车"之间的冲突区域,将冲突区域的状态属性设置为"2 等候 1 先行"。设置连接器"南进口—东出口—右转—机动车"与连接器"南进口—左转弯待转区—自行车"之间的冲突区域,将冲突区域的状态属性设置为"1 等待 2 先行";设置路段"虎贲路—南进口—自行车左转弯待转区"与连接器"南进口—东出口—右转—机动车"之间的冲突区域,将冲突区域的状态属性设置为"2 等候 1 先行"。设置连接器"北进口—西出口—右转—机动车"与连接器"北进口—左转弯待转区—自行车"之间的冲突区域,将冲突区域的状态属性设置为"1 等待 2 先行";设置路段"虎贲路—北进口—自行车左转弯待转区"与连接器"北进口—西出口—右转—机动车"之间的冲突区域,将冲突区域的状态属性设置为"2 等候 1 先行"。以上操作设置的冲突区域如图 12-3-3 所示。

⑤设置路段"常德街—西进口—自行车左转弯待转区"与连接器"左转弯待转区—南出口—自行车"的冲突区域,将冲突区域的状态属性设置为"2 等候 1 先行";设置路段"常德街—东进口—自行车左转弯待转区"与连接器"左转弯待转区—北出口—自行车"的冲突区

域，将冲突区域的状态属性设置为"2等候1先行"；设置路段"虎贲路—南进口—自行车左转弯待转区"与连接器"左转弯待转区—东出口—自行车"的冲突区域，将冲突区域的状态属性设置为"2等候1先行"；设置路段"虎贲路—北进口—自行车左转弯待转区"与连接器"左转弯待转区—西出口—自行车"的冲突区域，将冲突区域的状态属性设置为"2等候1先行"。以上操作设置的冲突区域如图12-3-4所示。

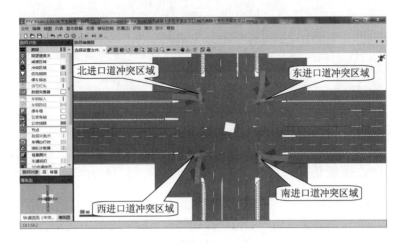

图12-3-3　同一进口道左转自行车与右转机动车的冲突区域

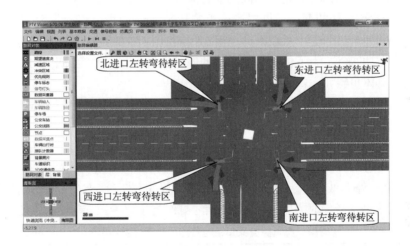

图12-3-4　左转弯待转区自行车与对向左转自行车的冲突区域

⑥设置连接器"西进口—南出口—右转—自行车"与连接器"左转弯待转区—南出口—自行车"的冲突区域，将冲突区域的状态属性设置为"1等待2先行"；设置连接器"左转弯待转区—北出口—自行车"与连接器"东进口—北出口—右转—自行车"的冲突区域，将冲突区域的状态属性设置为"2等候1先行"；设置连接器"北进口—西出口—右转—自行车"与连接器"左转弯待转区—西出口—自行车"的冲突区域，将冲突区域的状态属性设置为"1等待2先行"；设置连接器"左转弯待转区—东出口—自行车"与连接器"南进口—东出口—右转—自行车"的冲突区域，将冲突区域的状态属性设置为"2等候1先行"。以上操作设置的冲突区域如图12-3-5所示。

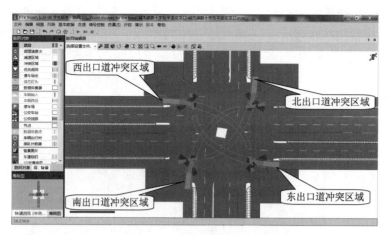

图 12-3-5　右转自行车与左转自行车的合流冲突区域

12.3.2　交通控制仿真

(1) 信号控制机

分析常德街与虎贲路交叉口的四相位信号控制方案(图 12-1-2)可知,南北进口道的直行车辆和东西进口道的直行车辆在完全不同的时间内通过停车线,需要由两个信号灯组进行控制,四个进口道的右转车辆具有完全相同的通行时间(相位 2 和相位 4),可以用一组信号灯组进行控制。左转弯待转区的存在使得左转车辆需要先后通过两个停车线,而且左转车辆通过这两个停车线的时间也不完全一致;因此,相位 2 和相位 4 中的左转车辆分别需要由两个信号灯组进行仿真。总的来说,为了仿真该交叉口的四相位信号控制方案(图 12-1-2),需要使用 7 个信号灯组,其具体步骤如下:

① 新建信号控制机,将其"名称"设置为"常德街与虎贲路交叉口",将其"类型"设置为"定时"。

② 打开信号控制编辑器,新建 7 个信号灯组,并将其"名称"分别设置为"东西进口—直行"、"东西进口—左转第一停车线"、"东西进口—左转第二停车线"、"南北进口—直行"、"南北进口—左转第一停车线"、"南北进口—左转第二停车线"和"右转",默认的序列设置为"红—绿—黄";根据信号配时方案,计算各个信号灯组的主要参数,具体见表 12-3-1。

常德街与虎贲路交叉口信号灯组的主要参数(单位:s)　　表 12-3-1

信号灯组	红灯1(结束)	绿灯1(结束)	红灯2(结束)	绿灯2(结束)	黄灯
东西进口—直行	0	25	—	—	3
东西进口—左转第一停车线	0	50	—	—	3
东西进口—左转第二停车线	30	50	—	—	3
南北进口—直行	55	91	—	—	3
南北进口—左转第一停车线	55	110	—	—	3
南北进口—左转第二停车线	96	110	—	—	3
右转	30	50	96	110	3

③新建"信号配时方案 1",将其周期时间设置为 115s,并按照表 12-3-1 编辑各个信号灯组的属性,设置的参数如图 12-3-6 所示。

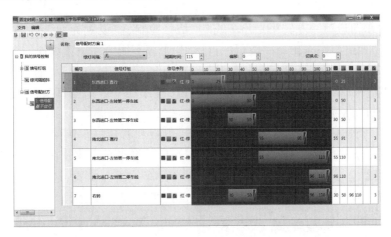

图 12-3-6　常德街与虎贲路交叉口信号配时参数的设置

(2) 信号灯头

在创建上述信号控制机的基础上,按照下述步骤,逐步在交叉口的各个进口道添加信号灯头,设置其所对应的信号灯组。

①单击用户界面左侧"路网对象"栏中的"信号灯头"按钮。在路段"常德街—西进口道—机动车—左转"上第一停车线所在位置添加一个信号灯头,"名称"设置为"东西进口—左转第一停车线","信号控制机"设置为"1","信号灯组"设置为"2";在路段"常德街—西进口道—机动车—左转"上第二停车线所在位置添加一个信号灯头,"名称"设置为"东西进口—左转第二停车线","信号控制机"设置为"1","信号灯组"设置为"3"。在路段"常德街—西进口道—机动车—直行"的两个车道上停车线所在位置分别添加一个信号灯头,"名称"设置为"东西进口—直行","信号控制机"设置为"1","信号灯组"设置为"1"。在路段"常德街—西进口道—机动车—右转"上停车线所在位置添加一个信号灯头,"名称"设置为"右转","信号控制机"设置为"1","信号灯组"设置为"7"。以上设置如图 12-3-7 所示。

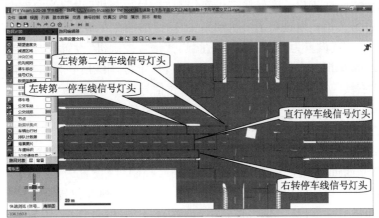

图 12-3-7　机动车西进口道信号灯头的设置

②在连接器"西进口—左转弯待转区—自行车"上停车线所在位置添加一个信号灯头，"名称"设置为"东西进口—左转第一停车线"，"信号控制机"设置为"1"，"信号灯组"设置为"2"；在路段"常德街—西进口—自行车左转弯待转区"上停车线所在位置添加一个信号灯头，"名称"设置为"东西进口—左转第二停车线"，"信号控制机"设置为"1"，"信号灯组"设置为"3"。在连接器"西进口—东出口—直行—自行车"上停车线所在位置添加一个信号灯头，"名称"设置为"东西进口—直行"，"信号控制机"设置为"1"，"信号灯组"设置为"1"。在连接器"西进口—南出口—右转—自行车"上停车线所在位置添加一个信号灯头，"名称"设置为"右转"，"信号控制机"设置为"1"，"信号灯组"设置为"7"。

说明： 由于自行车进口道只有一个车道，左转、直行和右转的车辆使用同一条停车线。在构建仿真模型时，分别控制左转、直行和右转的三个信号灯头必须放置在与这三个运动方向相对应的三个连接器上；此外，为了将信号灯头放置在停车线所在位置，这三个连接器的起点应设置在停车线的上游，并尽量靠近停车线。以上设置如图 12-3-8 所示。

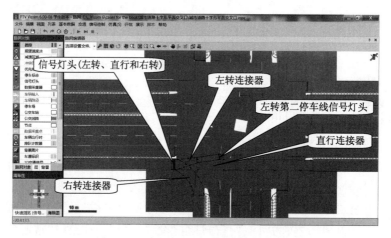

图 12-3-8　自行车西进口道信号灯头的设置

③在路段"常德街—东进口道—机动车—左转"上第一停车线所在位置添加一个信号灯头，"名称"设置为"东西进口—左转第一停车线"，"信号控制机"设置为"1"，"信号灯组"设置为"2"；在路段"常德街—东进口道—机动车—左转"上第二停车线所在位置添加一个信号灯头，"名称"设置为"东西进口—左转第二停车线"，"信号控制机"设置为"1"，"信号灯组"设置为"3"。在路段"常德街—东进口道—机动车—直行"的两个车道上停车线所在位置分别添加一个信号灯头，"名称"设置为"东西进口—直行"，"信号控制机"设置为"1"，"信号灯组"设置为"1"。在路段"常德街—东进口道—机动车—右转"上停车线所在位置添加一个信号灯头，"名称"设置为"右转"，"信号控制机"设置为"1"，"信号灯组"设置为"7"。

④在连接器"东进口—左转弯待转区—自行车"上停车线所在位置添加一个信号灯头，"名称"设置为"东西进口—左转第一停车线"，"信号控制机"设置为"1"，"信号灯组"设置为"2"；在路段"常德街—东进口—自行车左转弯待转区"上停车线所在位置添加一个信号灯头，"名称"设置为"东西进口—左转第二停车线"，"信号控制机"设置为"1"，"信号灯组"设置为"3"。在连接器"东进口—西出口—直行—自行车"上停车线所在位置添加一个信号灯头，"名称"设置为"东西进口—直行"，"信号控制机"设置为"1"，"信号灯组"设置为"1"。在连接器"东进口—北出口—右转—自行车"上停车线所在位置添加一个信号灯头，"名称"设置为"右

转","信号控制机"设置为"1","信号灯组"设置为"7"。

⑤在路段"虎贲路—南进口道—机动车—左转"上第一停车线所在位置添加一个信号灯头,"名称"设置为"南北进口—左转第一停车线","信号控制机"设置为"1","信号灯组"设置为"5";在路段"虎贲路—南进口道—机动车—左转"上第二停车线所在位置添加一个信号灯头,"名称"设置为"南北进口—左转第二停车线","信号控制机"设置为"1","信号灯组"设置为"6"。在路段"虎贲路—南进口道—机动车—直行"的两个车道上停车线所在位置分别添加一个信号灯头,"名称"设置为"南北进口—直行","信号控制机"设置为"1","信号灯组"设置为"4"。在路段"虎贲路—南进口道—机动车—右转"上停车线所在位置添加一个信号灯头,"名称"设置为"右转","信号控制机"设置为"1","信号灯组"设置为"7"。

⑥在连接器"南进口—左转弯待转区—自行车"上停车线所在位置添加一个信号灯头,"名称"设置为"南北进口—左转第一停车线","信号控制机"设置为"1","信号灯组"设置为"5";在路段"虎贲路—南进口—自行车左转弯待转区"上停车线所在位置添加一个信号灯头,"名称"设置为"东西进口—左转第二停车线","信号控制机"设置为"1","信号灯组"设置为"6"。在连接器"南进口—北出口—直行—自行车"上停车线所在位置添加一个信号灯头,"名称"设置为"南北进口—直行","信号控制机"设置为"1","信号灯组"设置为"4"。在连接器"南进口—东出口—右转—自行车"上停车线所在位置添加一个信号灯头,"名称"设置为"右转","信号控制机"设置为"1","信号灯组"设置为"7"。

⑦在路段"虎贲路—北进口道—机动车—左转"上第一停车线所在位置添加一个信号灯头,"名称"设置为"南北进口—左转第一停车线","信号控制机"设置为"1","信号灯组"设置为"5";在路段"虎贲路—北进口道—机动车—左转"上第二停车线所在位置添加一个信号灯头,"名称"设置为"南北进口—左转第二停车线","信号控制机"设置为"1","信号灯组"设置为"6"。在路段"虎贲路—北进口道—机动车—直行"的两个车道上停车线所在位置分别添加一个信号灯头,"名称"设置为"南北进口—直行","信号控制机"设置为"1","信号灯组"设置为"4"。在路段"虎贲路—北进口道—机动车—右转"上停车线所在位置添加一个信号灯头,"名称"设置为"右转","信号控制机"设置为"1","信号灯组"设置为"7"。

⑧在连接器"北进口—左转弯待转区—自行车"上停车线所在位置添加一个信号灯头,"名称"设置为"南北进口—左转第一停车线","信号控制机"设置为"1","信号灯组"设置为"5";在路段"虎贲路—北进口—自行车左转弯待转区"上停车线所在位置添加一个信号灯头,"名称"设置为"东西进口—左转第二停车线","信号控制机"设置为"1","信号灯组"设置为"6"。在连接器"北进口—南出口—直行—自行车"上停车线所在位置添加一个信号灯头,"名称"设置为"南北进口—直行","信号控制机"设置为"1","信号灯组"设置为"4"。在连接器"北进口—西出口—右转—自行车"上停车线所在位置添加一个信号灯头,"名称"设置为"右转","信号控制机"设置为"1","信号灯组"设置为"7"。

⑨在路段"虎贲路南—人行横道—自西向东"上人行横道的西端添加一个信号灯头,在路段"虎贲路南—人行横道—自东向西"上人行横道的东端添加一个信号灯头,在路段"虎贲路北—人行横道—自西向东"上人行横道的西端添加一个信号灯头,在路段"虎贲路北—人行横道—自东向西"上人行横道的东端添加一个信号灯头;将上述四个信号灯头的"名称"设置为"东西进口—直行","信号控制机"设置为"1","信号灯组"设置为"1"。在路段"常德街东—人行横道—自北向南"上人行横道的北端添加一个信号灯头,在路段"常德街东—人行横道—

自南向北"上人行横道的南端添加一个信号灯头,在路段"常德街西—人行横道—自北向南"上人行横道的北端添加一个信号灯头,在路段"常德街西—人行横道—自南向北"上人行横道的南端添加一个信号灯头;将上述四个信号灯头的"名称"设置为"南北进口—直行","信号控制机"设置为"1","信号灯组"设置为"4"。

警告:虽然仿真人行横道的"路段"是"作为行人面域使用"的,但它仍然具有方向性,应将人行横道的信号灯头放置在"路段"的起点附近,如图12-3-9所示。

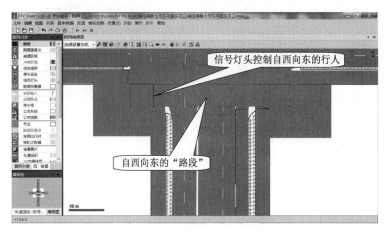

图12-3-9　人行横道信号灯头的设置

12.4　车辆和行人仿真

常德街与虎贲路交叉口的服务对象非常复杂,既有机动车(包括小汽车和大型客车),又有自行车,还有行人。为了进行系统仿真,需要按照车辆(包括机动车和自行车)和行人这两大类别分别进行操作。

12.4.1　车辆仿真

为了对车辆进行仿真,首先需要定义车辆的期望速度,然后定义车辆组成,进行车辆的输入,最后设置车辆的路径。按照这一思路,主要操作步骤如下:

①在主菜单栏依次单击"基本数据"、"分布"和"期望速度",打开"期望速度—分布"列表。在列表内分别新建三个期望速度分布,其编号分别为:"1008"、"1009"和"1010"。将其名称分别设置为"小汽车"、"大型客车"和"自行车",其下限值和上限值分别设置为:46和56,43和55,15和30。

②在主菜单栏依次单击"交通"和"车辆组成",打开"车辆构成/车辆构成的相对流量"列表。在列表内分别新建四个车辆构成,其名称分别为"机动车—东进口"、"机动车—西进口"、"机动车—南进口"和"机动车—北进口",编号分别为:"2"、"3"、"4"和"5"。这四个车辆构成都是由两种车型组成:小汽车和大型客车;这两种车型的期望速度分布设置为:"1008:小汽车"和"1009:大型客车"。车辆构成"机动车—东进口"所包含两种车型的相对车流设置为:"98"和"2";车辆构成"机动车—西进口"所包含两种车型的相对车流设置为:"97"和"3";车

辆构成"机动车—南进口"所包含两种车型的相对车流设置为："95"和"5"；车辆构成"机动车—北进口"所包含两种车型的相对车流设置为："94"和"6"。在列表内新建一个名称为"自行车"的车辆构成，编号为"6"，其车辆类型为"600：自行车"，期望速度分布设置为"1010：自行车"。

③单击用户界面左侧"路网对象"栏中的"车辆输入"按钮（文字"车辆输入"所在位置）。在路段"常德街—西进口上游路段—机动车"添加车辆输入，将其名称设置为"机动车—西进口"，车辆构成设置为"3：机动车—西进口"，流量设置为"1160"。在路段"常德街—东进口上游路段—机动车"添加车辆输入，将其名称设置为"机动车—东进口"，车辆构成设置为"2：机动车—东进口"，流量设置为"1140"。在路段"虎贲路—北进口上游路段—机动车"添加车辆输入，将其名称设置为"机动车—北进口"，车辆构成设置为"5：机动车—北进口"，流量设置为"1330"。在路段"虎贲路—南进口上游路段—机动车"添加车辆输入，将其名称设置为"机动车—南进口"，车辆构成设置为"4：机动车—南进口"，流量设置为"1290"。

④在路段"常德街—西进口—自行车"添加车辆输入，将其名称设置为"自行车—西进口"，车辆构成设置为"6：自行车"，流量设置为"478"。在路段"常德街—东进口—自行车"添加车辆输入，将其名称设置为"自行车—东进口"，车辆构成设置为"6：自行车"，流量设置为"536"。在路段"虎贲路—北进口—自行车"添加车辆输入，将其名称设置为"自行车—北进口"，车辆构成设置为"6：自行车"，流量设置为"820"。在路段"虎贲路—南进口—自行车"添加车辆输入，将其名称设置为"自行车—南进口"，车辆构成设置为"6：自行车"，流量设置为"870"。

⑤单击用户界面左侧"路网对象"栏中的"车辆路径"按钮（文字"车辆路径"所在位置）；在主菜单栏依次单击"列表"、"私人交通"、"路径"和"静态路径决策"，打开"静态车辆路径决策点/静态车辆路径"列表。在路段"常德街—西进口上游路段—机动车"添加静态车辆路径决策点，将其名称设置为"机动车—西进口"；分别以路段"虎贲路—北出口下游路段—机动车"、路段"常德街—东出口下游路段—机动车"和路段"虎贲路—南出口下游路段—机动车"为目的地路段设置三条静态车辆路径，路径的名称分别设置为"左转"、"直行"和"右转"，路径的相对车流分别设置为"240"、"610"和"310"，如图12-4-1所示。在路段"常德街—东进口上游路段—机动车"添加静态车辆路径决策点，将其名称设置为"机动车—东进口"；分别以路段"虎贲路—南出口下游路段—机动车"、路段"常德街—西出口下游路段—机动车"和路段"虎贲路—北出口下游路段—机动车"为目的地路段设置三条静态车辆路径，路径的名称分别设置为"左转"、"直行"和"右转"，路径的相对车流分别设置为"210"、"650"和"280"。

⑥在路段"虎贲路—南进口上游路段—机动车"添加静态车辆路径决策点，将其名称设置为"机动车—南进口"；分别以路段"常德街—西出口下游路段—机动车"、路段"虎贲路—北出口下游路段—机动车"和路段"常德街—东出口下游路段—机动车"为目的地路段设置三条静态车辆路径，路径的名称分别设置为"左转"、"直行"和"右转"，路径的相对车流分别设置为"180"、"870"和"240"。在路段"虎贲路—北进口上游路段—机动车"添加静态车辆路径决策点，将其名称设置为"机动车—北进口"；分别以路段"常德街—东出口下游路段—机动车"、路段"虎贲路—南出口下游路段—机动车"和路段"常德街—西出口下游路段—机动车"为目的地路段设置三条静态车辆路径，路径的名称分别设置为"左转"、"直行"和"右转"，路径的相对车流分别设置为"160"、"960"和"210"。

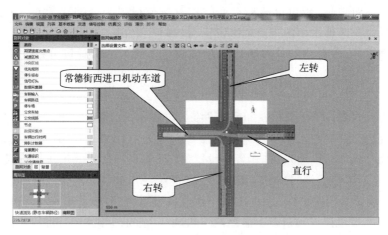

图 12-4-1　常德街西进口机动车路径的设置

⑦在路段"常德街—西进口—自行车"添加静态车辆路径决策点,将其名称设置为"自行车—西进口";分别以路段"虎贲路—北出口—自行车"、路段"常德街—东出口—自行车"和路段"虎贲路—南出口—自行车"为目的地路段设置三条静态车辆路径,路径的名称分别设置为"左转"、"直行"和"右转",路径的相对车流分别设置为"108"、"260"和"110",如图 12-4-2 所示。在路段"常德街—东进口—自行车"添加静态车辆路径决策点,将其名称设置为"自行车—东进口";分别以路段"虎贲路—南出口—自行车"、路段"常德街—西出口—自行车"和路段"虎贲路—北出口—自行车"为目的地路段设置三条静态车辆路径,路径的名称分别设置为"左转"、"直行"和"右转",路径的相对车流分别设置为"96"、"320"和"120"。

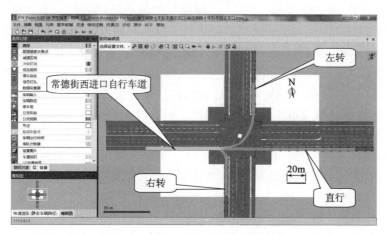

图 12-4-2　常德街西进口自行车路径的设置

⑧在路段"虎贲路—南进口—自行车"添加静态车辆路径决策点,将其名称设置为"自行车—南进口";分别以路段"常德街—西出口—自行车"、路段"虎贲路—北出口—自行车"和路段"常德街—东出口—自行车"为目的地路段设置三条静态车辆路径,路径的名称分别设置为"左转"、"直行"和"右转",路径的相对车流分别设置为"190"、"490"和"190"。在路段"虎贲路—北进口—自行车"添加静态车辆路径决策点,将其名称设置为"自行车—北进口";分别以路段"常德街—东出口—自行车"、路段"虎贲路—南出口—自行车"和路段"常德街—西出口—自行车"为目的地路段设置三条静态车辆路径,路径的名称分别设置为"左转"、"直行"和

"右转",路径的相对车流分别设置为"160"、"450"和"210"。

12.4.2 行人仿真

行人仿真的步骤与车辆仿真非常类似,首先需要定义行人的期望速度,然后定义行人构成,输入行人的交通量,并设置行人的路径。主要操作步骤如下:

①在主菜单栏依次单击"基本数据"、"分布"和"期望速度",打开"期望速度—分布"列表。在列表内新建一个期望速度分布,其编号为"1011",名称为"行人",下限值和上限值分别设置为"4"和"7"。

②在主菜单栏依次单击"交通"和"行人构成",打开"行人构成/行人构成的相对流量"列表。在列表内新建一个行人构成,其名称为"行人—人行横道",行人类型包括:"100:男人"和"200:女人",这两种行人类型的期望速度分布均设置为"1011:行人",相对车流设置为:"1"和"1"。

③单击用户界面左侧"路网对象"栏中的"行人输入"按钮(文字"行人输入"所在位置)。在面域"常德街西—虎贲路南"添加行人输入,将其名称设置为"西南",行人构成设置为"2:行人—人行横道",流量设置为"344"。在面域"常德街西—虎贲路北"添加行人输入,将其名称设置为"西北",行人构成设置为"2:行人—人行横道",流量设置为"333"。在面域"常德街东—虎贲路南"添加行人输入,将其名称设置为"东南",行人构成设置为"2:行人—人行横道",流量设置为"342"。在面域"常德街东—虎贲路北"添加行人输入,将其名称设置为"东北",行人构成设置为"2:行人—人行横道",流量设置为"329"。

④单击用户界面左侧"路网对象"栏中的"行人路径"按钮[文字"行人路径(静态的)"所在位置]。在面域"常德街西—虎贲路南"添加静态行人路径决策点,分别以面域"常德街东—虎贲路南"和面域"常德街西—虎贲路北"为目的地面域设置两条静态行人路径,这两条路径的相对流量为"123"和"221",如图 12-4-3 所示。在面域"常德街东—虎贲路南"添加静态行人路径决策点,分别以面域"常德街东—虎贲路北"和面域"常德街西—虎贲路南"为目的地面域设置两条静态行人路径,这两条路径的相对流量为"210"和"132"。

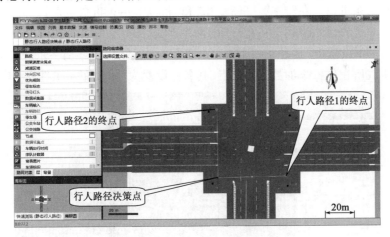

图 12-4-3 行人路径的设置

⑤在面域"常德街东—虎贲路北"添加静态行人路径决策点,分别以面域"常德街西—虎贲路北"和面域"常德街东—虎贲路南"为目的地面域设置两条静态行人路径,这两条路径的相对流量为"126"和"203"。在面域"常德街西—虎贲路北"添加静态行人路径决策点,分别以

面域"常德街东—虎贲路北"和面域"常德街西—虎贲路南"为目的地面域设置两条静态行人路径,这两条路径的相对流量为"119"和"214"。

12.5 仿真评估

根据常德街与虎贲路交叉口的基本情况,通过对道路设施、交通管理与控制以及车辆和行人的仿真,建立该交叉口完整的仿真模型。仿真运行表明,交叉口各进口道的交通运行较为畅通,没有出现严重的拥堵现象。总的来说,由于适当采取机动车交通流的渠化措施,左转、直行和右转车辆分道行驶,其运行状况好于自行车。

12.5.1 仿真数据采集

为了更加客观、准确地评估交叉口的服务水平,需要采集有关车辆运行状况的数据。鉴于常德街与虎贲路交叉口采取信号控制,红灯期间到达进口道的车辆需要在停车线之前停车等待。因此,评估该交叉口服务水平的关键在于分析车辆在停车线之前的排队延误,可以通过设置数据采集设施收集相关数据,包括以下操作步骤:

①单击用户界面左侧"路网对象"栏中的"数据采集点"按钮(文字"数据采集点"所在位置)。在路段"常德街—西进口道—机动车—左转"上的第一停车线和第二停车线所在位置分别添加一个数据采集点,其名称分别设置为"机动车—西进口—左转—第一停车线"和"机动车—西进口—左转—第二停车线";在路段"常德街—西进口道—机动车—直行"的两个车道上的停车线所在位置分别添加一个数据采集点,其名称均设置为"机动车—西进口—直行";在路段"常德街—西进口道—机动车—右转"上的停车线所在位置添加数据采集点,其名称设置为"机动车—西进口—右转"。以上设置如图12-5-1所示。在路段"常德街—东进口道—机动车—左转"上的第一停车线和第二停车线所在位置分别添加一个数据采集点,其名称分别设置为"机动车—东进口—左转—第一停车线"和"机动车—东进口—左转—第二停车线";在路段"常德街—东进口道—机动车—直行"的两个车道上的停车线所在位置分别添加一个数据采集点,其名称都设置为"机动车—东进口—直行";在路段"常德街—东进口道—机动车—右转"上的停车线所在位置添加数据采集点,其名称设置为"机动车—东进口—右转"。

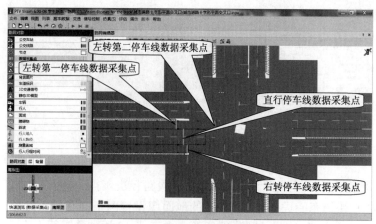

图 12-5-1　机动车西进口道数据采集点的设置

②在路段"虎贲路—南进口道—机动车—左转"上的第一停车线和第二停车线所在位置分别添加一个数据采集点,其名称分别设置为"机动车—南进口—左转—第一停车线"和"机动车—南进口—左转—第二停车线";在路段"虎贲路—南进口道—机动车—直行"的两个车道上的停车线所在位置分别添加一个数据采集点,其名称都设置为"机动车—南进口—直行";在路段"虎贲路—南进口道—机动车—右转"上的停车线所在位置添加数据采集点,其名称设置为"机动车—南进口—右转"。在路段"虎贲路—北进口道—机动车—左转"上的第一停车线和第二停车线所在位置分别添加一个数据采集点,其名称分别设置为"机动车—北进口—左转—第一停车线"和"机动车—北进口—左转—第二停车线";在路段"虎贲路—北进口道—机动车—直行"的两个的车道上的停车线所在位置分别添加一个数据采集点,其名称都设置为"机动车—北进口—直行";在路段"虎贲路—北进口道—机动车—右转"上的停车线所在位置添加数据采集点,其名称设置为"机动车—北进口—右转"。

③在连接器"西进口—左转弯待转区—自行车"上的第一停车线所在位置添加一个数据采集点,其名称设置为"自行车—西进口—左转—第一停车线";在路段"常德街—西进口—自行车左转弯待转区"上的第二停车线所在位置添加一个数据采集点,其名称设置为"自行车—西进口—左转—第二停车线";在连接器"西进口—东出口—直行—自行车"上的停车线所在位置添加一个数据采集点,其名称设置为"自行车—西进口—直行";在连接器"西进口—南出口—右转—自行车"上的停车线所在位置添加一个数据采集点,其名称设置为"自行车—西进口—右转"。以上设置如图12-5-2所示。在连接器"东进口—左转弯待转区—自行车"上的第一停车线所在位置添加一个数据采集点,其名称设置为"自行车—东进口—左转—第一停车线";在路段"常德街—东进口—自行车左转弯待转区"上的第二停车线所在位置添加一个数据采集点,其名称设置为"自行车—东进口—左转—第二停车线";在连接器"东进口—西出口—直行—自行车"上的停车线所在位置添加一个数据采集点,其名称设置为"自行车—东进口—直行";在连接器"东进口—北出口—右转—自行车"上的停车线所在位置添加一个数据采集点,其名称设置为"自行车—东进口—右转"。

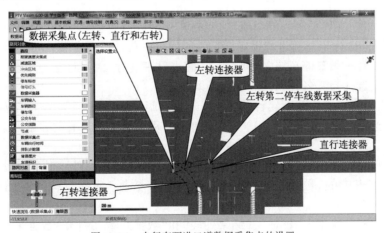

图12-5-2　自行车西进口道数据采集点的设置

说明:由于自行车进口道只有一个车道,左转、直行和右转的车辆使用同一条停车线。在添加数据采集点时,需要将采集自行车左转、直行和右转运行状况的三个数据采集点分别添加在与这三个运动方向相对应的三个连接器上,放置在停车线所在位置,以便获取这三个运动方向的排队延误。

④在连接器"南进口—左转弯待转区—自行车"上的第一停车线所在位置添加一个数据采集点,其名称设置为"自行车—南进口—左转—第一停车线";在路段"虎贲路—南进口—自行车左转弯待转区"上的第二停车线所在位置添加一个数据采集点,其名称设置为"自行车—南进口—左转—第二停车线";在连接器"南进口—北出口—直行—自行车"上的停车线所在位置添加一个数据采集点,其名称设置为"自行车—南进口—直行";在连接器"南进口—东出口—右转—自行车"上的停车线所在位置添加一个数据采集点,其名称设置为"自行车—南进口—右转"。在连接器"北进口—左转弯待转区—自行车"上的第一停车线所在位置添加一个数据采集点,其名称设置为"自行车—北进口—左转—第一停车线";在路段"虎贲路—北进口—自行车左转弯待转区"上的第二停车线所在位置添加一个数据采集点,其名称设置为"自行车—北进口—左转—第二停车线";在连接器"北进口—南出口—直行—自行车"上的停车线所在位置添加一个数据采集点,其名称设置为"自行车—北进口—直行";在连接器"北进口—西出口—右转—自行车"上的停车线所在位置添加一个数据采集点,其名称设置为"自行车—北进口—右转"。

⑤在主菜单栏依次单击"评估"、"测量定义"和"数据采集设施",打开"截面数据采集"列表。在列表中新建36个数据采集设施(数据采集法),其名称依次是:"机动车—西进口—左转—第一停车线"、"机动车—西进口—左转—第二停车线"、"机动车—西进口—直行"、"机动车—西进口—直行"、"机动车—西进口—右转"、"机动车—东进口—左转—第一停车线"、"机动车—东进口—左转—第二停车线"、"机动车—东进口—直行"、"机动车—东进口—直行"、"机动车—东进口—右转"、"机动车—南进口—左转—第一停车线"、"机动车—南进口—左转—第二停车线"、"机动车—南进口—直行"、"机动车—南进口—直行"、"机动车—南进口—右转"、"机动车—北进口—左转—第一停车线"、"机动车—北进口—左转—第二停车线"、"机动车—北进口—直行"、"机动车—北进口—直行"、"机动车—北进口—右转"、"自行车—西进口—左转—第一停车线"、"自行车—西进口—左转—第二停车线"、"自行车—西进口—直行"、"自行车—西进口—右转"、"自行车—东进口—左转—第一停车线"、"自行车—东进口—左转—第二停车线"、"自行车—东进口—直行"、"自行车—东进口—右转"、"自行车—南进口—左转—第一停车线"、"自行车—南进口—左转—第二停车线"、"自行车—南进口—直行"、"自行车—南进口—右转"、"自行车—北进口—左转—第一停车线"、"自行车—北进口—左转—第二停车线"、"自行车—北进口—直行"、"自行车—北进口—右转"。以上数据采集设施选择与其名称相同的数据采集点。

说明:以上操作可以通过新建若干个数据采集设施,然后逐个手动设置其属性;也可以在弹出的菜单中选择"创建所有的(1:1)",则软件将自动新建上述所有的数据采集设施,并对其属性进行相应设置。

⑥在主菜单栏依次单击"评估"和"配置",打开"评估设置"对话框。编辑"结果特征属性"选项卡,对列表中的"数据采集"进行设置:"收集数据"属性打钩;"时间间隔"设置为"600"(单位:秒)。

⑦在主菜单栏依次单击"评估"、"结果列表"和"数据采集",打开"数据采集评价—结果"列表;运行仿真模型,则在该列表中显示多项评价指标。

12.5.2 仿真数据分析

仿真结束后,对"数据采集评价—结果"列表中的数据进行处理和分析,得到常德街与虎费路交叉口进口道各流向(左转、直行和右转)机动车和自行车的平均排队延误,如图 12-5-3 所示。分析该图可知,该交叉口的总体运行状况良好,除了东进口和南进口左转自行车的平均排队延误较高之外,其他各个流向的平均排队延误都处于一个合理的范围(小于 90s)。除了个别进口道的个别流向外,机动车的平均排队延误明显低于自行车。此外,该图还表明,无论机动车还是自行车,左转方向的延误明显高于直行和右转方向的延误。

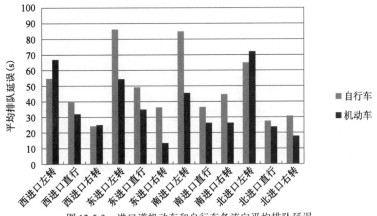

图 12-5-3 进口道机动车和自行车各流向平均排队延误

根据《通行能力手册》有关机动车服务水平的评价标准,西进口机动车的左转达到 E 级服务水平,而西进口机动车的直行和右转则达到 C 级服务水平。东进口机动车的左转、直行和右转分别达到 D 级、C 级和 B 级服务水平。南进口机动车的左转达到 D 级服务水平,而南进口机动车的直行和右转则达到 C 级服务水平。北进口机动车的左转达到 E 级服务水平,北进口机动车的直行和右转则分别达到 C 级和 B 级服务水平。

以图 12-5-3 中的数据为基础,计算交叉口各个进口道的平均排队延误,结果如图 12-5-4 所示。该图表明,四个进口道的机动车平均排队延误都低于自行车。虽然南进口道的机动车平均排队延误最小,然而其自行车的平均排队延误却是其中最大者。根据《通行能力手册》有关机动车服务水平的评价标准,西进口的机动车达到 D 级服务水平,而东进口、南进口和北进口机动车服务水平则达到 C 级服务水平。整个交叉口机动车的平均排队延误为 32.5s,达到 C 级服务水平。

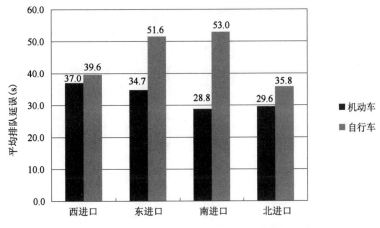

图 12-5-4 各个进口道机动车和自行车平均排队延误

参 考 文 献

[1] 陈峻,徐良杰,朱顺应,等. 交通管理与控制[M]. 北京:人民交通出版社股份有限公司,2015.

第 13 章
环形交叉口

环形交叉口的空间布局是在几条相交道路的中央设置一个中心岛,所有经过交叉口的直行和左转车辆都围绕中心岛作逆时针方向行驶,将车流的冲突点变为交织点,从而改善交叉口的行车安全,提高交叉口的通行能力。由于占地面积较大,环形交叉口多用于城郊道路网络中。在交通量不大的道路系统中,环形交叉口的使用可以降低车辆的行驶速度,有效组织交通流的运行,对于提高交通安全和服务水平有重要作用。

13.1 基本情况

13.1.1 道路状况

图 13-1-1 是一个环形交叉口,其与淞沪路、兰封路、南浔路和万家岭路相连,环岛半径 50m,交织区宽度 15m。进口道和出口道各有 3 条车道,环道有 4 条车道。在接近环岛的路段上设置人行横道,便于行人穿越道路。进环的车辆让行出环车辆,环内的车辆按逆时针方向行驶。道路交通设施几何设计参数见表 13-1-1。

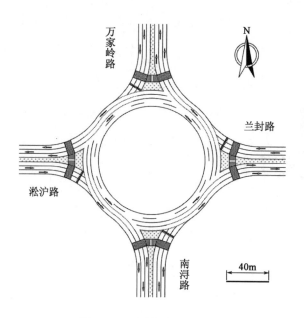

图 13-1-1　环形交叉口空间布局

环形交叉口道路交通设施几何设计参数　　　　　　表 13-1-1

道路名称	交通设施	数量（条）	宽度（m）	长度（m）
环道	环道	4	3.75	361
淞沪路	进口道	3	3.75	70
淞沪路	出口道	3	3.75	70
淞沪路	人行横道	1	6.5	33
兰封路	进口道	3	3.75	70
兰封路	出口道	3	3.75	70
兰封路	人行横道	1	6.5	33
南浔路	进口道	3	3.75	70
南浔路	出口道	3	3.75	70
南浔路	人行横道	1	6.5	33
万家岭路	进口道	3	3.75	70
万家岭路	出口道	3	3.75	70
万家岭路	人行横道	1	6.5	33

13.1.2　交通状况

该环形交叉口位于城市的郊区，其机动车主要由两种车型组成：小汽车和货车。由于人行横道和环形交叉口的存在，机动车驾驶员的驾驶行为比较谨慎，期望速度较低。两种车型的期望速度近似服从均匀分布，小汽车的期望速度分布区间为 40～50km/h，大型客车的期望速度分布区间为 38～45km/h。环形交叉口各进口道的机动车交通量数据见表 13-1-2。

环形交叉口各进口道的机动车交通量   表13-1-2

进 口 道	交通组成	运动方向	交通量(辆)	合计(辆)	总计(辆)
淞沪路	小汽车	左转	130	890	1017
		直行	510		
		右转	250		
	货车	左转	15	127	
		直行	76		
		右转	36		
兰封路	小汽车	左转	140	960	1103
		直行	540		
		右转	280		
	货车	左转	18	143	
		直行	83		
		右转	42		
南浔路	小汽车	左转	150	1070	1237
		直行	610		
		右转	310		
	货车	左转	23	167	
		直行	91		
		右转	53		
万家岭路	小汽车	左转	147	1003	1160
		直行	560		
		右转	296		
	货车	左转	21	157	
		直行	87		
		右转	49		

如图13-1-1所示,在进出环形交叉口的道路上有人行横道,有一定数量的行人使用这些设施。行人在人行横道上行走的速度近似服从均匀分布,其期望速度分布区间为 5~7km/h。行人在这些设施上的交通量详见表13-1-3。

环形交叉口人行横道行人交通量   表13-1-3

设 施 名 称	运动方向	交通量(辆)	合计(辆)
淞沪路人行横道	自南向北	121	255
	自北向南	134	
兰封路人行横道	自南向北	130	243
	自北向南	113	
南浔路人行横道	自东向西	96	203
	自西向东	107	

续上表

设 施 名 称		交通量(辆)	合计(辆)
万家岭路人行横道	自东向西	116	211
	自西向东	95	

13.1.3 交通管理规则

环形交叉口的主要优势在于消除了平面交叉口普遍存在的大量的交叉冲突,从而使得交叉口的复杂性得到极大降低,交通管理的实施更加简单。在环形交叉口,机动车之间的交通冲突主要有:入环车辆和环道车辆之间的合流冲突,出环车辆和环道车辆之间的分流冲突。此外,在进出环形交叉口的道路上,还存在人行横道上的行人和机动车道上的机动车辆之间的交叉冲突。下面简要介绍这些冲突的分布地点及其在交通管理中的让行规则:

(1)机动车之间的合流冲突。这类冲突主要分布在以下地点:在淞沪路进口道与环道的连接处,来自淞沪路的车辆与环道内的车辆存在合流冲突;在兰封路进口道与环道的连接处,来自兰封路的车辆与环道内的车辆存在合流冲突;在南浔路进口道与环道的连接处,来自南浔路的车辆与环道内的车辆存在合流冲突;在万家岭路进口道与环道的连接处,来自万家岭路的车辆与环道内的车辆存在合流冲突。交通管理规定了环道内的车辆具有更高的通行权。为避免这类合流冲突,要求进口道的入环车辆让行环道内的车辆。

(2)机动车之间的分流冲突。这类冲突主要分布在以下地点:在淞沪路出口道与环道的连接处,前往淞沪路的车辆与环道内的其他车辆存在分流冲突;在兰封路出口道与环道的连接处,前往兰封路的车辆与环道内的其他车辆存在分流冲突;在南浔路出口道与环道的连接处,前往南浔路的车辆与环道内的其他车辆存在分流冲突;在万家岭路出口道与环道的连接处,前往万家岭路的车辆与环道内的其他车辆存在分流冲突。为避免这类分流冲突,要求车辆按照先来后到的顺序进行让行。

(3)机动车与行人的交叉冲突。这类冲突主要分布在以下地点:在淞沪路上的人行横道与机动车道的交叉处,机动车道上进出环道的机动车与人行横道上的行人之间存在交叉冲突;在兰封路上的人行横道与机动车道的交叉处,机动车道上进出环道的机动车与人行横道上的行人之间存在交叉冲突;在南浔路上的人行横道与机动车道的交叉处,机动车道上进出环道的机动车与人行横道上的行人之间存在交叉冲突;在万家岭路上的人行横道与机动车道的交叉处,机动车道上进出环道的机动车与人行横道上的行人之间存在交叉冲突。为避免这类分流冲突,要求机动车道上的机动车辆让行人行横道上的行人。

13.2 道路设施仿真

为构建上述环形交叉口的仿真模型,首先需要添加背景图片(操作方法详见10.2.2节相关内容)。以此为底图,分别构建环形交叉口的进口道、出口道、环道和人行横道的仿真模型;依据交通流的运行路径连接相邻路段,完成道路基础设施仿真模型的构建。

13.2.1　进口道和出口道交通仿真

由图 13-1-1 可知,环形交叉口的进口道和出口道在几何设计方面完全对称,只是方向相反。因此,可以首先创建进口道,然后应用路段的"创建反方向"操作创建其所对应的出口道。具体操作如下:

①以鼠标左键单击 VISSIM 用户界面左侧"路网对象"中的"路段和连接器"按钮。

②在淞沪路进口道的位置新建路段,在弹出的"路段属性"对话框中进行以下编辑:"名称"设置为"淞沪路—进口道";"车道数"设置为"3";"行为类型"设置为"城市道路(机动车道)";三条机动车道的"宽度"均设置为 3.75m。

③运用"创建反方向"操作,创建路段"淞沪路—进口道"的反向路段,将其"名称"设置为"淞沪路—出口道",并参考背景图片将其移动到相应位置。

④在兰封路进口道的位置新建路段,在弹出的"路段属性"对话框中进行以下编辑:"名称"设置为"兰封路—进口道";"车道数"设置为"3";"行为类型"设置为"城市道路(机动车道)";三条机动车道的"宽度"均设置为 3.75m。

⑤运用"创建反方向"操作,创建路段"兰封路—进口道"的反向路段,将其"名称"设置为"兰封路—出口道",并参考背景图片将其移动到相应位置。

⑥在南浔路进口道的位置新建路段,在弹出的"路段属性"对话框中进行以下编辑:"名称"设置为"南浔路—进口道";"车道数"设置为"3";"行为类型"设置为"城市道路(机动车道)";三条机动车道的"宽度"均设置为 3.75m。

⑦运用"创建反方向"操作,创建路段"南浔路—进口道"的反向路段,将其"名称"设置为"南浔路—出口道",并参考背景图片将其移动到相应位置。

⑧在万家岭路进口道的位置新建路段,在弹出的"路段属性"对话框中进行以下编辑:"名称"设置为"万家岭路—进口道";"车道数"设置为"3";"行为类型"设置为"城市道路(机动车道)";三条机动车道的"宽度"均设置为 3.75m。

⑨运用"创建反方向"操作,创建路段"万家岭路—进口道"的反向路段,将其"名称"设置为"万家岭路—出口道",并参考背景图片将其移动到相应位置。

说明:以上操作建立了环形交叉口的进口道和出口道交通仿真模型,如图 13-2-1 所示。

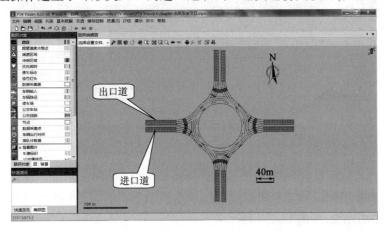

图 13-2-1　环形交叉口进口道和出口道交通仿真模型

13.2.2 环道交通仿真

环道是一条沿逆时针方向围绕环岛的闭环行道路,需要使用一条曲线路段进行仿真(有关曲线路段的操作详见 3.2),并且在曲线路段的起点和终点之间以"连接器"相连,使其成为闭合的结构。具体操作如下:

①沿逆时针方向在环道所在位置添加路段(起点位于进口道与环道合流点的上游),在弹出的"路段属性"对话框中进行以下编辑:"名称"设置为"环道";"车道数"设置为"4";"行为类型"设置为"城市道路(机动车道)";四条机动车道的"宽度"均设置为 3.75m。具体如图 13-2-2 所示。

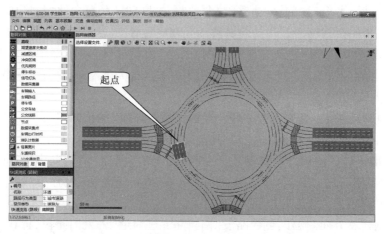

图 13-2-2 添加"环道"

②在"线框显示"状态下修改"环道"的形状和长度:沿逆时针方向拖动路段的终点,在路段中间均匀地添加点,调整各个点的位置,使其位于环道的中央位置,如图 13-2-3 所示。

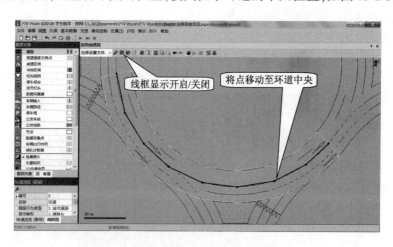

图 13-2-3 路段中间添加点并且移动至环道中央

③继续步骤②的操作,直到路段的终点接近路段起点;然后,应用"创建多义线"操作,使得路段的形状更加光滑,如图 13-2-4 所示。

④用"连接器"连接环道的终点和起点,使得其成为一个闭合的环路,如图 13-2-5 所示。

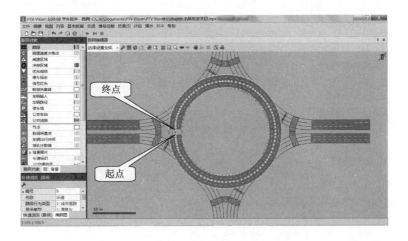

图 13-2-4 环道路段

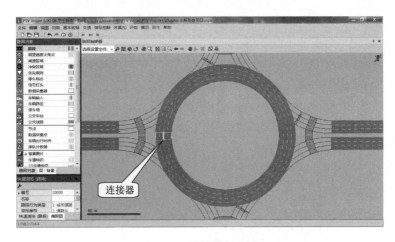

图 13-2-5 环道路段的连接

13.2.3 周边道路与环道的连接

用"连接器"将进口道与环道以及环道与出口道连接起来。所建立的"连接器"应符合道路的几何线形,可以通过"添加点"、"移动点"和"创建多义线"等操作实现该目标。具体操作如下:

①用"连接器"将路段"淞沪路—进口道"的车道 1、车道 2 和车道 3 与路段"环道"的车道 1、车道 2 和车道 3 连接起来。

②"连接器"对话框中进行以下编辑:"名称"设置为"淞沪路—环道";"行为类型"设置为"城市道路(机动车道)"。

③在"线框显示"状态下,在连接器"淞沪路—环道"上添加若干个点,并将这些点移动到道路的中心。

④应用"创建多义线"操作,在"连接器"内加入更多的点,使得"连接器"更加光滑地与底图曲线段道路相吻合,如图 13-2-6 所示。

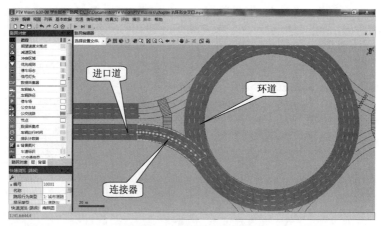

图 13-2-6 进口道与环道的连接

应用上述方法,分别将兰封路、南浔路和万家岭路与环道连接起来,构建连接器"兰封路—环道"、"南浔路—环道"、和"万家岭路—环道"。将环道与周边出口道路连接起来,分别构建连接器"环道—淞沪路"、"环道—兰封路"、"环道—南浔路"和"环道—万家岭路"。上述操作建立了周边道路与环道的连接关系,如图 13-2-7 所示。

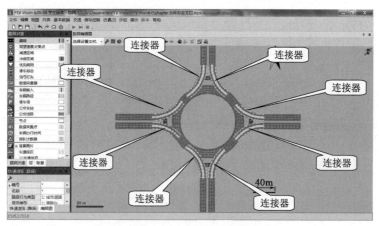

图 13-2-7 周边道路与环道的连接

13.2.4 人行横道交通仿真

人行横道横穿环形交叉口的进口道和出口道,如图 13-1-1 所示。通过综合应用"路段"和"面域",构建人行横道仿真模型。由于人行横道是一条弯曲的路径,需要用三条路段进行仿真。现以淞沪路人行横道交通仿真模型的构建为例,进行说明。

①参照背景图片,在人行横道所在位置(进口道、中央分隔带和出口道)分别创建三条路段(图 13-2-8),并对其属性进行如下编辑:"是否作为行人面域使用"设置为"是"(以鼠标左键单击其右侧的方框,使得方框内出现勾号);"车道数"设置为"1";"车道"选项卡的"宽度"设置为"6.5"。其名称分别设置为:"淞沪路—进口道—人行横道—自北向南";"淞沪路—中央分隔带—人行横道—自北向南";"淞沪路—出口道—人行横道—自北向南"。将其对偶路段名称分别设置为:"淞沪路—进口道—人行横道—自南向北";"淞沪路—中央分隔带—人行横道—自南向北";"淞沪路—出口道—人行横道—自南向北"(具体操作可参考例 3.3 的步骤

④和步骤⑤）。

②在"面域（四边形）"模式下（以鼠标左键单击路网对象栏的"面域"按钮），新建两个"面域"，并分别将其移动到人行横道的南、北两端，如图 13-2-8 所示（操作方法详见 7.3.1）。其名称分别设置为："淞沪路—南端"；"淞沪路—北端"。

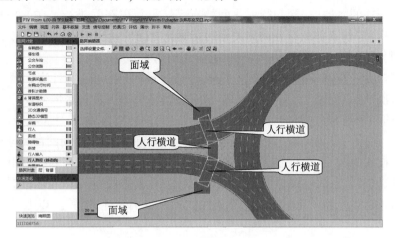

图 13-2-8　人行横道仿真模型

提示：由于"作为行人面域使用"的路段不能添加中间点（因此不能发生弯曲），曲折的人行横道需要由多条路段进行仿真。

说明：在上述构建的仿真模型中，面域和人行横道之间以及人行横道与人行横道之间要有部分重叠，以便构成一个相互连接的路径。

按照上述方法，分别在兰封路、南浔路和万家岭路建立人行横道的仿真模型。

13.2.5　仿真模型的检查

以上操作建立了环形交叉口道路交通设施的仿真模型。为了确保所建立的模型准确无误，需要进行全面检查，主要检查内容包括以下两个方面：检查各个设施（路段）是否有遗漏的情况，各个设施的主要设计参数是否正确；检查设施之间的连接（连接器）是否有遗漏的情况，连接是否正确（检查方法详见 10.2.7 节相关内容）。为便于检查，可开启线框显示，如图 13-2-9 所示。

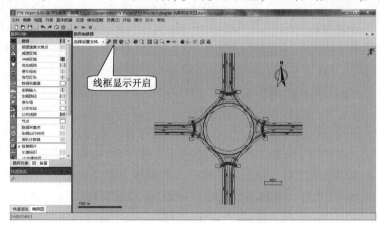

图 13-2-9　环形交叉口仿真模型线框显示

13.3 交通管理仿真

通过交通管理的实施,车辆和行人之间的有序让行得以正常进行。在 VISSIM 仿真系统中,运用"冲突区域"仿真彼此存在冲突关系的交通流之间的让行关系。依据该环形交叉口的交通管理规则,可以通过以下步骤实现对交通管理的仿真:

①单击用户界面左侧"路网对象"栏中的"冲突区域"按钮(文字"冲突区域"所在位置);在主菜单栏依次选择"列表"、"交叉口控制"、"冲突区域",打开冲突区域列表。

②设置路段"环道"与连接器"淞沪路—环道"之间的冲突区域,将冲突区域的状态属性设置为"2 等候 1 先行";设置路段"环道"与连接器"兰封路—环道"之间的冲突区域,将冲突区域的状态属性设置为"2 等候 1 先行";设置路段"环道"与连接器"南浔路—环道"之间的冲突区域,将冲突区域的状态属性设置为"2 等候 1 先行";设置路段"环道"与连接器"万家岭路—环道"之间的冲突区域,将冲突区域的状态属性设置为"2 等候 1 先行"。以上设置如图 13-3-1 所示。

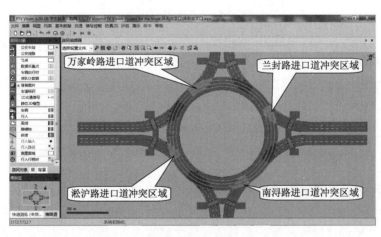

图 13-3-1 环道与进口道之间的冲突区域

③设置路段"环道"与连接器"环道—淞沪路"之间的冲突区域,将冲突区域的状态属性设置为"未明确的";设置路段"环道"与连接器"环道—兰封路"之间的冲突区域,将冲突区域的状态属性设置为"未明确的";设置路段"环道"与连接器"环道—南浔路"之间的冲突区域,将冲突区域的状态属性设置为"未明确的";设置路段"环道"与连接器"环道—万家岭路"之间的冲突区域,将冲突区域的状态属性设置为"未明确的"。以上设置如图 13-3-2 所示。

④设置路段"淞沪路—进口道—人行横道—自南向北"与连接器"淞沪路—环道"之间的冲突区域,将冲突区域的状态属性设置为"2 等候 1 先行";设置路段"淞沪路—出口道—人行横道—自南向北"与连接器"环道—淞沪路"之间的冲突区域,将冲突区域的状态属性设置为"2 等候 1 先行"。设置路段"兰封路—进口道—人行横道—自北向南"与连接器"兰封路—环道"之间的冲突区域,将冲突区域的状态属性设置为"2 等候 1 先行";设置路段"兰封路—出口道—人行横道—自北向南"与连接器"环道—兰封路"之间的冲突区域,将冲突区域的状态属性设置为"2 等候 1 先行"。

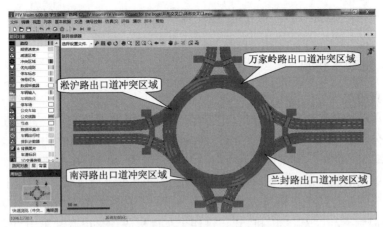

图 13-3-2 环道与出口道之间的冲突区域

⑤设置路段"南浔路—进口道—人行横道—自东向西"与连接器"南浔路—环道"之间的冲突区域,将冲突区域的状态属性设置为"2 等候 1 先行";设置路段"南浔路—出口道—人行横道—自西向东"与连接器"环道—南浔路"之间的冲突区域,将冲突区域的状态属性设置为"2 等候 1 先行"。设置路段"万家岭路—进口道—人行横道—自西向东"与连接器"万家岭路—环道"之间的冲突区域,将冲突区域的状态属性设置为"2 等候 1 先行";设置路段"万家岭路—出口道—人行横道—自东向西"与连接器"环道—万家岭路"之间的冲突区域,将冲突区域的状态属性设置为"2 等候 1 先行"。

说明:在设置"作为行人面域使用"的路段(人行横道的仿真模型)与其他路段的冲突区域时,其对偶路段与之相对应的冲突区域同时被自动设定,并且后者的状态属性与前者的状态属性完全相同。以上有关人行横道冲突区域的设置如图 13-3-3 所示。

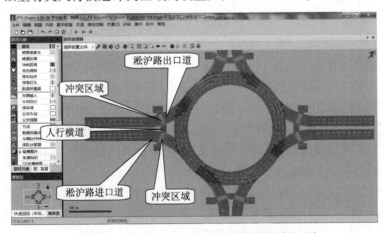

图 13-3-3 人行横道与进口道和出口道之间的冲突区域

13.4 机动车和行人仿真

由该环形交叉口的基本情况(详见 13.1 节相关内容)可知,道路设施所服务的交通对象包括两类:机动车辆和行人。为了仿真机动车辆和行人,首先需要定义其各自的期望速度分布。在此基础上,定义车辆组成和行人构成。最后,进行车辆和行人的输入及其路径选择的设置。

13.4.1 机动车仿真

机动车仿真的过程包括以下主要步骤:

①在主菜单栏依次单击"基本数据"、"分布"和"期望速度",打开"期望速度—分布"列表。在列表内分别新建二个期望速度分布,其编号分别为:"1008"和"1009"。将其名称分别设置为"小汽车"和"货车",其下限值和上限值分别设置为:40 和 50;38 和 45。

②在主菜单栏依次单击"交通"和"车辆组成",打开"车辆构成/车辆构成的相对流量"列表。在列表内分别新建四个车辆构成,其名称分别为"淞沪路"、"兰封路"、"南浔路"和"万家岭路",编号分别为:"2"、"3"、"4"和"5"。这四个车辆构成均是由两种车型组成:小汽车和货车,这两种车型的期望速度分布设置为:"1008:小汽车"和"1009:货车"。车辆构成"淞沪路"所包含两种车型的相对车流设置为:"890"和"127";车辆构成"兰封路"所包含两种车型的相对车流设置为:"960"和"143";车辆构成"南浔路"所包含两种车型的相对车流设置为:"1070"和"167";车辆构成"万家岭路"所包含两种车型的相对车流设置为:"1003"和"157"。

③单击用户界面左侧"路网对象"栏中的"车辆输入"按钮(文字"车辆输入"所在位置)。在路段"淞沪路—进口道"添加车辆输入,将其名称设置为"淞沪路",车辆构成设置为"2:淞沪路",流量设置为"1017"。在路段"兰封路—进口道"添加车辆输入,将其名称设置为"兰封路",车辆构成设置为"3:兰封路",流量设置为"1103"。在路段"南浔路—进口道"添加车辆输入,将其名称设置为"南浔路",车辆构成设置为"4:南浔路",流量设置为"1237"。在路段"万家岭路—进口道"添加车辆输入,将其名称设置为"万家岭路",车辆构成设置为"5:万家岭路",流量设置为"1160"。

④单击用户界面左侧"路网对象"栏中的"车辆路径"按钮(文字"车辆路径"所在位置);在主菜单栏依次单击"列表"、"私人交通"、"路径"和"静态路径决策",打开"静态车辆路径决策点/静态车辆路径"列表。在路段"淞沪路—进口道"添加静态车辆路径决策点,将其名称设置为"淞沪路—小汽车",取消属性"所有车辆类型"的勾号,将车辆类别设置为"小汽车";分别以路段"万家岭路—出口道"、路段"兰封路—出口道"和路段"南浔路—出口道"为目的地路段设置三条静态车辆路径,路径的名称分别设置为"左转"、"直行"和"右转",路径的相对车流分别设置为"130"、"510"和"250",如图 13-4-1 所示。在路段"兰封路—进口道"添加静态车辆路径决策点,将其名称设置为"兰封路—小汽车",取消属性"所有车辆类型"的勾号,将车辆类别设置为"小汽车";分别以路段"南浔路—出口道"、路段"淞沪路—出口道"和路段"万家岭路—出口道"为目的地路段设置三条静态车辆路径,路径的名称分别设置为"左转"、"直行"和"右转",路径的相对车流分别设置为"140"、"540"和"280"。

⑤在路段"南浔路—进口道"添加静态车辆路径决策点,将其名称设置为"南浔路—小汽车",取消属性"所有车辆类型"的勾号,将车辆类别设置为"小汽车";分别以路段"淞沪路—出口道"、路段"万家岭路—出口道"和路段"兰封路—出口道"为目的地路段设置三条静态车辆路径,路径的名称分别设置为"左转"、"直行"和"右转",路径的相对车流分别设置为"150"、"610"和"310"。在路段"万家岭路—进口道"添加静态车辆路径决策点,将其名称设置为"万家岭路—小汽车",取消属性"所有车辆类型"的勾号,将车辆类别设置为"小汽车";

分别以路段"兰封路—出口道"、路段"南浔路—出口道"和路段"淞沪路—出口道"为目的地路段设置三条静态车辆路径,路径的名称分别设置为"左转"、"直行"和"右转",路径的相对车流分别设置为"147"、"560"和"296"。

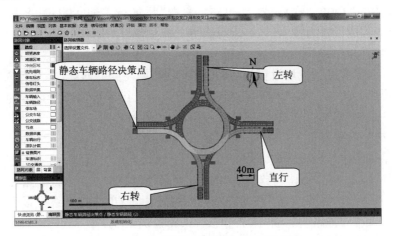

图 13-4-1　淞沪路进口道静态车辆路径的设置

⑥在"静态车辆路径决策点/静态车辆路径"列表中,以鼠标右键单击路径决策点"淞沪路—小汽车"所在行的最左侧(也即"数量"列),在弹出的菜单中选择"复制"。对复制的路径决策点进行编辑,将其名称修改为"淞沪路—货车",将车辆类别修改为"货车",将其路径"左转"、"直行"和"右转"的相对车流分别修改为"15"、"76"和"36"。

⑦按照上述方式复制路径决策点"兰封路—小汽车";对复制的路径决策点进行编辑,将其名称修改为"兰封路—货车",将车辆类别修改为"货车",将其路径"左转"、"直行"和"右转"的相对车流分别修改为"18"、"83"和"42"。复制路径决策点"南浔路—小汽车";对复制的路径决策点进行编辑,将其名称修改为"南浔路—货车",将车辆类别修改为"货车",将其路径"左转"、"直行"和"右转"的相对车流分别修改为"23"、"91"和"53"。复制路径决策点"万家岭路—小汽车";对复制的路径决策点进行编辑,将其名称修改为"万家岭路—货车",将车辆类别修改为"货车",将其路径"左转"、"直行"和"右转"的相对车流分别修改为"21"、"87"和"49"。

13.4.2　行人仿真

行人仿真的过程包括以下主要步骤:

①在主菜单栏依次单击"基本数据"、"分布"和"期望速度",打开"期望速度—分布"列表。在列表内新建一个期望速度分布,其编号为"1010",名称为"行人",下限值和上限值分别设置为"5"和"7"。

②在主菜单栏依次单击"交通"和"行人构成",打开"行人构成/行人构成的相对流量"列表。在列表内新建一个行人构成,其名称为"行人—人行横道",行人类型包括:"100:男人"和"200:女人"。这两种行人类型的期望速度分布都设置为"1010:行人",相对车流设置为:"1"和"1"。

③单击用户界面左侧"路网对象"栏中的"行人输入"按钮(文字"行人输入"所在位置)。在面域"淞沪路—南端"添加行人输入,将其名称设置为"淞沪路—南端",行人构成设置为"2:

行人—人行横道",流量设置为"121"。在面域"淞沪路—北端"添加行人输入,将其名称设置为"淞沪路—北端",行人构成设置为"2:行人—人行横道",流量设置为"134"。在面域"兰封路—南端"添加行人输入,将其名称设置为"兰封路—南端",行人构成设置为"2:行人—人行横道",流量设置为"130"。在面域"兰封路—北端"添加行人输入,将其名称设置为"兰封路—北端",行人构成设置为"2:行人—人行横道",流量设置为"113"。

④在面域"南浔路—东端"添加行人输入,将其名称设置为"南浔路—东端",行人构成设置为"2:行人—人行横道",流量设置为"96"。在面域"南浔路—西端"添加行人输入,将其名称设置为"南浔路—西端",行人构成设置为"2:行人—人行横道",流量设置为"107"。在面域"万家岭路—东端"添加行人输入,将其名称设置为"万家岭路—东端",行人构成设置为"2:行人—人行横道",流量设置为"116"。在面域"万家岭路—西端"添加行人输入,将其名称设置为"万家岭路—西端",行人构成设置为"2:行人—人行横道",流量设置为"95"。

⑤单击用户界面左侧"路网对象"栏中的"行人路径"按钮[文字"行人路径(静态的)"所在位置]。在面域"淞沪路—南端"添加静态行人路径决策点,并将其终点设置在面域"淞沪路—北端";在面域"淞沪路—北端"添加静态行人路径决策点,并将其终点设置在面域"淞沪路—南端"。在面域"兰封路—南端"添加静态行人路径决策点,并将其终点设置在面域"兰封路—北端";在面域"兰封路—北端"添加静态行人路径决策点,并将其终点设置在面域"兰封路—南端"。

⑥在面域"南浔路—东端"添加静态行人路径决策点,并将其终点设置在面域"南浔路—西端";在面域"南浔路—西端"添加静态行人路径决策点,并将其终点设置在面域"南浔路—东端"。在面域"万家岭路—东端"添加静态行人路径决策点,并将其终点设置在面域"万家岭路—西端";在面域"万家岭路—西端"添加静态行人路径决策点,并将其终点设置在面域"万家岭路—东端"。

13.5 仿真评估

根据该环形交叉口的基本情况,通过对道路设施、交通管理以及车辆和行人的仿真,建立完整的系统仿真模型。仿真运行表明,环形交叉口的交通运行非常畅通,有部分入环车辆不需停车等待即可进入环道,人行横道的行人交通对入环车辆的影响非常小。

13.5.1 仿真数据采集

为客观准确地评估环形交叉口的运行状况和服务水平,需要采集有关数据。评估环形交叉口服务水平的关键在于分析入环车辆避让人行横道的行人和环道车辆所经受的排队延误,可以通过设置数据采集设施获取关键数据,该过程包括以下操作步骤:

①单击用户界面左侧"路网对象"栏中的"数据采集点"按钮(文字"数据采集点"所在位置)。在连接器"淞沪路—环道"的每条车道上的减速让行线所在位置(入环冲突区域的前方)添加数据采集点(图13-5-1),名称均设置为"淞沪路—进口道";在连接器"兰封路—环道"的每条车道上的减速让行线所在位置添加数据采集点,名称均设置为"兰封路—进口道";在连接器"南浔路—环道"的每条车道上的减速让行线所在位置添加数据采集点,名称均设置为

"南浔路—进口道";在连接器"万家岭路—环道"的每条车道上减速让行线所在位置添加数据采集点,名称均设置为"万家岭路—进口道"。

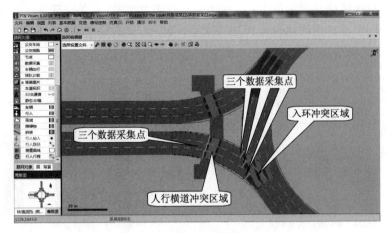

图 13-5-1　环形交叉口数据采集点的设置

②在连接器"淞沪路—环道"的每条车道上的人行横道冲突区域的前方添加数据采集点(图 13-5-1),名称均设置为"淞沪路—人行横道";在连接器"兰封路—环道"的每条车道上的人行横道冲突区域的前方添加数据采集点,名称均设置为"兰封路—人行横道";在连接器"南浔路—环道"的每条车道上的人行横道冲突区域的前方添加数据采集点,名称均设置为"南浔路—人行横道";在连接器"万家岭路—环道"的每条车道上的人行横道冲突区域的前方添加数据采集点,名称均设置为"万家岭路—人行横道"。

③在主菜单栏依次单击"评估"、"测量定义"和"数据采集设施",打开"截面数据采集"列表。在列表中新建 8 个数据采集设施(数据采集法),其名称依次是:"淞沪路—进口道"、"兰封路—进口道"、"南浔路—进口道"、"万家岭路—进口道"、"淞沪路—人行横道"、"兰封路—人行横道"、"南浔路—人行横道"和"万家岭路—人行横道";分别为上述数据采集设施选择与其名称相同的 3 个数据采集点。

④在主菜单栏依次单击"评估"和"配置",打开"评估设置"对话框。编辑"结果特征属性"选项卡,对列表中的"数据采集"进行设置:"收集数据"属性打勾;"时间间隔"设置为"600"(单位:秒)。

⑤在主菜单栏依次单击"评估"、"结果列表"和"数据采集",打开"数据采集评价—结果"列表;运行仿真模型,则在列表中显示多项评价指标。

13.5.2　仿真数据分析

仿真结束后,对"数据采集评价—结果"列表中的数据进行处理和分析,得到机动车辆在环形交叉口的人行横道冲突区域和入环冲突区域所经受的平均排队延误,如图 13-5-2 所示。该图表明,车辆在进入环形交叉口的过程中,其延误主要是由环道内的冲突交通所引起。由于人行横道上的行人交通量不大(表 13-1-3),行人横穿道路对机动车的影响非常小。此外,该图还表明,与其他道路相比,南浔路入环机动车在人行横道和减速让行线所经受的平均排队延误均是最小的。这表明南浔路的车辆在进入环道的过程中所经受的干扰非常小,这通常与人行横道较低的行人交通量、环道较低的机动车交通量有关。

219

将车辆在人行横道和减速让行线所经受的平均排队延误加在一起,得到车辆在各个进口道的平均排队延误,结果如图 13-5-3 所示。该图表明,车辆在环形交叉口四个进口道所经受的延误非常小,平均排队延误都低于 6s。根据《通行能力手册》有关环形交叉口机动车服务水平的评价标准,四个进口道均达到 A 级服务水平。此外,该图还表明,南浔路进口道的平均排队延误明显低于其他进口道。

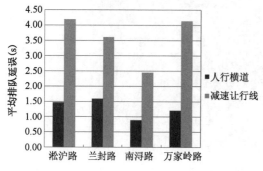

图 13-5-2　人行横道和减速让行线平均排队延误

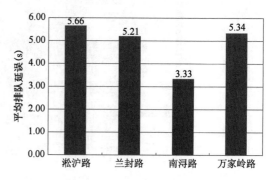

图 13-5-3　进口道平均排队延误

第14章
立体交叉口

立体交叉口简称立交,是指用跨线桥或地道使相交道路在不同的平面上相互交叉的交通设施。立体交叉口将相互冲突的交通流在空间上进行分离,从而避免和减少了大量的交通冲突,保证交通安全,极大地提高了相交道路的通行能力、运输效率和服务水平,主要应用于高速公路系统和快速道路系统。

14.1 基本情况

14.1.1 道路状况

该立体交叉口是一座苜蓿叶形立交桥,将两条快速路紫金大道和彩虹桥连接,如图14-1-1所示。紫金大道是一条东西走向的快速道路,位于地面,双向八车道,有中央分隔带;横跨在紫金大道上方的彩虹桥是一条南北走向的高架道路,双向八车道,有中央分隔带。立体交叉口道路交通设施几何设计参数见表14-1-1。

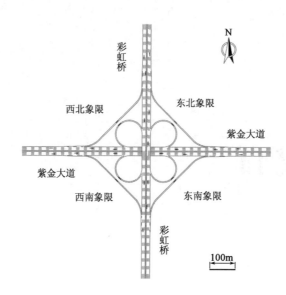

图 14-1-1 紫金大道与彩虹桥立体交叉口

立体交叉口道路交通设施几何设计参数　　　　　　　表 14-1-1

道路名称	方　向	车道数(条)	车道宽度(m)	长度(m)	高度(m)
紫金大道	自西向东	4	3.75	980	0
	自东向西	4	3.75	980	0
彩虹桥	自南向北	4	3.75	980	6
	自北向南	4	3.75	980	6

14.1.2 交通状况

该立体交叉口位于城市的郊区,其机动车主要由两种车型组成:小汽车和货车。高标准的道路设计提高了机动车驾驶员的期望速度。两种车型的期望速度近似服从均匀分布,小汽车的期望速度分布区间为 80～110km/h,货车的期望速度分布区间为 70～100km/h。立体交叉口各进口道的机动车交通量数据见表 14-1-2。

立体交叉口各进口道机动车交通量　　　　　　　表 14-1-2

进口道	交通组成	运动方向	交通量(辆/h)	合计(辆/h)	总计(辆/h)
紫金大道东	小汽车	左转	420	3790	4260
		直行	2650		
		右转	720		
	货车	左转	60	470	
		直行	320		
		右转	90		
紫金大道西	小汽车	左转	380	3930	4470
		直行	2730		
		右转	820		

续上表

进口道	交通组成	运动方向	交通量(辆/h)	合计(辆/h)	总计(辆/h)
紫金大道西	货车	左转	70	540	4470
		直行	340		
		右转	130		
彩虹桥南	小汽车	左转	360	3730	4200
		直行	2580		
		右转	790		
	货车	左转	50	470	
		直行	310		
		右转	110		
彩虹桥北	小汽车	左转	340	3470	3890
		直行	2370		
		右转	760		
	货车	左转	40	420	
		直行	280		
		右转	100		

14.1.3 交通管理规则

苜蓿叶形立体交叉口高规格的几何设计消除所有可能的交叉冲突点,能够保障交通流运行的安全、有序和畅通。虽然如此,依然存在其他形式的冲突点,对车辆的运行产生影响,由相应的交通管理规则对其运行的秩序进行规范。这些冲突的分布地点及其在交通管理中的让行规则如下:

(1)右转车辆与其他车辆之间的分流冲突。这类冲突主要分布在以下地点:在立体交叉口东北象限右转弯匝道与紫金大道的连接处,准备离开主路的右转车辆与主路其他车辆之间存在分流冲突;在立体交叉口西北象限右转弯匝道与彩虹桥的连接处,准备离开主路的右转车辆与主路其他车辆之间存在分流冲突;在立体交叉口西南象限右转弯匝道与紫金大道的连接处,准备离开主路的右转车辆与主路其他车辆之间存在分流冲突;在立体交叉口东南象限右转弯匝道与彩虹桥的连接处,准备离开主路的右转车辆与主路其他车辆之间存在分流冲突。为避免这类分流冲突,车辆按照先来后到的顺序进行让行。

(2)左转车辆与其他车辆之间的分流冲突。这类冲突主要分布在以下地点:在立体交叉口东北象限左转弯匝道与彩虹桥的连接处,准备离开主路的左转车辆与主路其他车辆之间存在分流冲突;在立体交叉口西北象限左转弯匝道与紫金大道的连接处,准备离开主路的左转车辆与主路其他车辆之间存在分流冲突;在立体交叉口西南象限左转弯匝道与彩虹桥的连接处,准备离开主路的左转车辆与主路其他车辆之间存在分流冲突;在立体交叉口东南象限左转弯匝道与紫金大道的连接处,准备离开主路的左转车辆与主路其他车辆之间存在分流冲突。为避免这类分流冲突,车辆按照先来后到的顺序进行让行。

(3)右转车辆与其他车辆之间的合流冲突。在立体交叉口东北象限右转弯匝道与彩虹桥的连接处，从匝道驶入主路的右转车辆与主路其他车辆之间存在合流冲突；在立体交叉口西北象限右转弯匝道与紫金大道的连接处，从匝道驶入主路的右转车辆与主路其他车辆之间存在合流冲突；在立体交叉口西南象限右转弯匝道与彩虹桥的连接处，从匝道驶入主路的右转车辆与主路其他车辆之间存在合流冲突；在立体交叉口东南象限右转弯匝道与紫金大道的连接处，从匝道驶入主路的右转车辆与主路其他车辆之间存在合流冲突。为避免这类合流冲突，从匝道驶入主路的右转弯车辆让行主路其他车辆。

（4）左转车辆与其他车辆之间的合流冲突。在立体交叉口东北象限左转弯匝道与紫金大道的连接处，从匝道驶入主路的左转车辆与主路其他车辆之间存在合流冲突；在立体交叉口西北象限左转弯匝道与彩虹桥的连接处，从匝道驶入主路的左转车辆与主路其他车辆之间存在合流冲突；在立体交叉口西南象限左转弯匝道与紫金大道的连接处，从匝道驶入主路的左转车辆与主路其他车辆之间存在合流冲突；在立体交叉口东南象限左转弯匝道与彩虹桥的连接处，从匝道驶入主路的左转车辆与主路其他车辆之间存在合流冲突。为避免这类合流冲突，从匝道驶入主路的左转弯车辆让行主路其他车辆。

14.2 道路设施仿真

为构建紫金大道与彩虹桥立体交叉口的仿真模型，首先需要添加背景图片（操作方法详见10.2.2节相关内容）。以此为底图，分别构建紫金大道和彩虹桥的仿真模型；然后，依据各个匝道与主路之间的连接关系，在立体交叉口的各个象限建立匝道仿真模型。

14.2.1 紫金大道交通仿真

东西走向的紫金大道被中央分隔带分隔为两个完全对称的路段。因此，可以首先建立紫金大道自西向东路段仿真模型；然后，运用"创建反方向"操作建立紫金大道自东向西路段仿真模型。根据上述分析，主要操作步骤如下：

①以鼠标左键单击VISSIM用户界面左侧"路网对象"中的"路段和连接器"按钮。

②以路网编辑器的背景图为底图，在紫金大道自西向东路段所在的位置新建路段，在弹出的"路段属性"对话框中进行以下编辑："名称"设置为"紫金大道—自西向东"；"车道数"设置为"4"；"行为类型"设置为"城市道路（机动车道）"；四条机动车道的"宽度"均设置为3.75m。

③运用"创建反方向"操作，创建路段"紫金大道—自西向东"的反向路段，将其"名称"设置为"紫金大道—自东向西"，并参考背景图片将其移动到相应位置。

14.2.2 彩虹桥交通仿真

南北走向的彩虹桥被中央分隔带分隔为两个完全对称的路段。因此，可以首先建立彩虹桥自南向北路段仿真模型；然后，运用"创建反方向"操作建立彩虹桥自北向南路段仿真模型。此外，由于彩虹桥是一条高架道路，应对其"显示"选项卡进行设置。根据上述分析，主要操作步骤如下：

①以鼠标左键单击VISSIM用户界面左侧"路网对象"中的"路段和连接器"按钮。

②以路网编辑器的背景图为底图，在彩虹桥自南向北路段所在的位置新建路段，在弹出的

"路段属性"对话框中进行以下编辑:"名称"设置为"彩虹桥—自南向北";"车道数"设置为"4";"行为类型"设置为"城市道路(机动车道)";四条机动车道的"宽度"均设置为3.75m;此外,单击"路段属性"对话框的"显示"选项卡,进行如下设置:"z-偏移(开始)"设置为6;"z-偏移(结束)"设置为6。

③运用"创建反方向"操作创建路段"彩虹桥—自南向北"的反向路段,将其"名称"设置为"彩虹桥—自北向南",并参考背景图片将其移动到相应位置。

14.2.3 匝道交通仿真

由图14-1-1可知,苜蓿叶形立交桥的匝道可以分为两类:右转弯匝道和左转弯匝道。右转弯车辆经由道路右侧的右转弯匝道旋转90°进入相交道路。左转弯车辆直行通过相交道路后经由道路右侧的左转弯匝道旋转270°进入相交道路。根据右转弯匝道和左转弯匝道的上述特点,由"连接器"连接主线道路,模拟每个匝道几何设计的主要特征,建立其仿真模型。具体操作如下:

①在立体交叉口西南象限右转弯匝道与主路的连接点处,用"连接器"将路段"紫金大道—自西向东"的车道1和路段"彩虹桥—自北向南"的车道1连接起来,在弹出的"连接器"对话框中进行以下编辑:"名称"设置为"西南象限—右转弯匝道";"行为类型"设置为"城市道路(机动车道)"。在"连接器"上添加若干个点,并移动这些点,使得"连接器"的形状与底图的匝道形状相吻合,如图14-2-1所示。

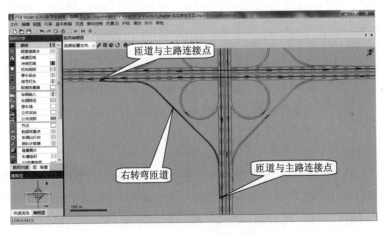

图14-2-1　西南象限右转弯匝道

②在立体交叉口西南象限左转弯匝道与主路的连接点处,用"连接器"将路段"彩虹桥—自北向南"的车道1和路段"紫金大道—自西向东"的车道1连接起来,在弹出的"连接器"对话框中进行以下编辑:"名称"设置为"西南象限—左转弯匝道";"行为类型"设置为"城市道路(机动车道)"。在"连接器"上添加若干个点,并移动这些点,使得"连接器"的形状与底图的匝道形状相吻合。最后,应用"创建多义线"操作在"连接器"上加入更多的点,使得"连接器"更加光滑地与底图的匝道形状相吻合,如图14-2-2所示。

③在立体交叉口西北象限右转弯匝道与主路的连接点处,用"连接器"将路段"彩虹桥—自北向南"的车道1和路段"紫金大道—自东向西"的车道1连接起来,在弹出的"连接器"对话框中进行以下编辑:"名称"设置为"西北象限—右转弯匝道";"行为类型"设置为"城市道

路(机动车道)"。在"连接器"上添加若干个点,并移动这些点,使得"连接器"的形状与底图的匝道形状相吻合。

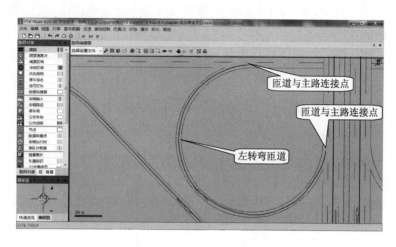

图 14-2-2　西南象限左转弯匝道

④在立体交叉口西北象限左转弯匝道与主路的连接点处,用"连接器"将路段"紫金大道—自东向西"的车道 1 和路段"彩虹桥—自北向南"的车道 1 连接起来,在弹出的"连接器"对话框中进行以下编辑:"名称"设置为"西北象限—左转弯匝道";"行为类型"设置为"城市道路(机动车道)"。在"连接器"上添加若干个点,并移动这些点,使得"连接器"的形状与底图的匝道形状相吻合。最后,应用"创建多义线"操作在"连接器"上加入更多的点,使得"连接器"更加光滑地与底图的匝道形状相吻合。

⑤在立体交叉口东北象限右转弯匝道与主路的连接点处,用"连接器"将路段"紫金大道—自东向西"的车道 1 和路段"彩虹桥—自南向北"的车道 1 连接起来,在弹出的"连接器"对话框中进行以下编辑:"名称"设置为"东北象限—右转弯匝道";"行为类型"设置为"城市道路(机动车道)"。在"连接器"上添加若干个点,并移动这些点,使得"连接器"的形状与底图的匝道形状相吻合。

⑥在立体交叉口东北象限左转弯匝道与主路的连接点处,用"连接器"将路段"彩虹桥—自南向北"的车道 1 和路段"紫金大道—自东向西"的车道 1 连接起来,在弹出的"连接器"对话框中进行以下编辑:"名称"设置为"东北象限—左转弯匝道";"行为类型"设置为"城市道路(机动车道)"。在"连接器"上添加若干个点,并移动这些点,使得"连接器"的形状与底图的匝道形状相吻合。最后,应用"创建多义线"操作在"连接器"上加入更多的点,使得"连接器"更加光滑地与底图的匝道形状相吻合。

⑦在立体交叉口东南象限右转弯匝道与主路的连接点处,用"连接器"将路段"彩虹桥—自南向北"的车道 1 和路段"紫金大道—自西向东"的车道 1 连接起来,在弹出的"连接器"对话框中进行以下编辑:"名称"设置为"东南象限—右转弯匝道";"行为类型"设置为"城市道路(机动车道)"。在"连接器"上添加若干个点,并移动这些点,使得"连接器"的形状与底图的匝道形状相吻合。

⑧在立体交叉口东南象限左转弯匝道与主路的连接点处,用"连接器"将路段"紫金大道—自西向东"的车道 1 和路段"彩虹桥—自南向北"的车道 1 连接起来,在弹出的"连接器"

对话框中进行以下编辑:"名称"设置为"东南象限—左转弯匝道";"行为类型"设置为"城市道路(机动车道)"。在"连接器"上添加若干个点,并移动这些点,使得"连接器"的形状与底图的匝道形状相吻合。最后,应用"创建多义线"操作在"连接器"上加入更多的点,使得"连接器"更加光滑地与底图的匝道形状相吻合。

14.2.4 仿真模型的检查

以上操作建立了紫金大道与彩虹桥立体交叉口各类道路交通设施的仿真模型。为了确保所建立的模型准确无误,须进行全面检查,主要检查内容包括以下两个方面:检查各个设施(路段)是否有遗漏的情况,各个设施的主要设计参数是否正确;检查设施之间的连接(连接器)是否有遗漏的情况,连接是否正确(检查方法详见 10.2.7 节相关内容)。为便于检查,可开启线框显示,如图 14-2-3 所示。

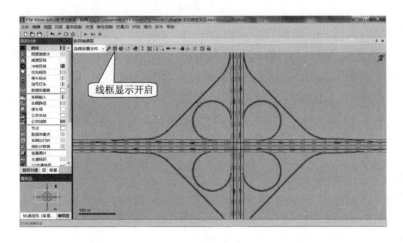

图 14-2-3　紫金大道与彩虹桥立体交叉口仿真模型线框显示

14.3　交通管理仿真

在 VISSIM 仿真系统中,"冲突区域"是仿真相互冲突的车辆互相让行的主要工具。依据交通管理对该立体交叉口车辆让行规则的规定,通过以下步骤实现对交通管理效果的仿真:

①单击用户界面左侧"路网对象"栏中的"冲突区域"按钮(文字"冲突区域"所在位置);在主菜单栏依次选择"列表"、"交叉口控制"、"冲突区域",打开冲突区域列表。

②设置路段"紫金大道—自东向西"与连接器"东北象限—右转弯匝道"之间的冲突区域,将冲突区域的状态属性设置为"未明确的";设置路段"彩虹桥—自南向北"与连接器"东北象限—右转弯匝道"之间的冲突区域,将冲突区域的状态属性设置为"2 等候 1 先行";设置路段"彩虹桥—自南向北"与连接器"东北象限—左转弯匝道"之间的冲突区域,将冲突区域的状态属性设置为"未明确的";设置路段"紫金大道—自东向西"与连接器"东北象限—左转弯匝道"之间的冲突区域,将冲突区域的状态属性设置为"2 等候 1 先行"。以上设置如图 14-3-1 所示。

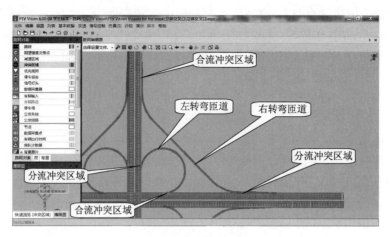

图 14-3-1 东北象限冲突区域的设置

③设置路段"彩虹桥—自北向南"与连接器"西北象限—右转弯匝道"之间的冲突区域,将冲突区域的状态属性设置为"未明确的";设置路段"紫金大道—自东向西"与连接器"西北象限—右转弯匝道"之间的冲突区域,将冲突区域的状态属性设置为"2 等候 1 先行";设置路段"紫金大道—自东向西"与连接器"西北象限—左转弯匝道"之间的冲突区域,将冲突区域的状态属性设置为"未明确的";设置路段"彩虹桥—自北向南"与连接器"西北象限—左转弯匝道"之间的冲突区域,将冲突区域的状态属性设置为"2 等候 1 先行"。

④设置路段"紫金大道—自西向东"与连接器"西南象限—右转弯匝道"之间的冲突区域,将冲突区域的状态属性设置为"未明确的";设置路段"彩虹桥—自北向南"与连接器"西南象限—右转弯匝道"之间的冲突区域,将冲突区域的状态属性设置为"2 等候 1 先行";设置路段"彩虹桥—自北向南"与连接器"西南象限—左转弯匝道"之间的冲突区域,将冲突区域的状态属性设置为"未明确的";设置路段"紫金大道—自西向东"与连接器"西南象限—左转弯匝道"之间的冲突区域,将冲突区域的状态属性设置为"2 等候 1 先行"。

⑤设置路段"彩虹桥—自南向北"与连接器"东南象限—右转弯匝道"之间的冲突区域,将冲突区域的状态属性设置为"未明确的";设置路段"紫金大道—自西向东"与连接器"东南象限—右转弯匝道"之间的冲突区域,将冲突区域的状态属性设置为"2 等候 1 先行";设置路段"紫金大道—自西向东"与连接器"东南象限—左转弯匝道"之间的冲突区域,将冲突区域的状态属性设置为"未明确的";设置路段"彩虹桥—自南向北"与连接器"东南象限—左转弯匝道"之间的冲突区域,将冲突区域的状态属性设置为"2 等候 1 先行"。

14.4 车辆仿真

立体交叉口的车辆包括小汽车和货车,其仿真过程包括以下主要步骤:

①在主菜单栏依次单击"基本数据"、"分布"和"期望速度",打开"期望速度—分布"列表。在列表内分别新建两个期望速度分布,其编号分别为:"1008"和"1009"。将其名称分别设置为"小汽车"和"货车",其下限值和上限值分别设置为:80 和 110;70 和 100。

②在主菜单栏依次单击"交通"和"车辆组成",打开"车辆构成/车辆构成的相对流量"列

表。在列表内分别新建四个车辆构成,其名称分别为"紫金大道东"、"紫金大道西"、"彩虹桥南"和"彩虹桥北",编号分别为:"2"、"3"、"4"和"5"。这四台车辆构成都是由两种车型所组成:小汽车和货车,这两种车型的期望速度分布设置为:"1008:小汽车"和"1009:货车"。车辆构成"紫金大道东"所包含两种车型的相对车流设置为:"3790"和"470";车辆构成"紫金大道西"所包含两种车型的相对车流设置为:"3930"和"540";车辆构成"彩虹桥南"所包含两种车型的相对车流设置为:"3730"和"470";车辆构成"彩虹桥北"所包含两种车型的相对车流设置为:"3470"和"420"。

③单击用户界面左侧"路网对象"栏中的"车辆输入"按钮(文字"车辆输入"所在位置)。在路段"紫金大道—自东向西"添加车辆输入,将其名称设置为"紫金大道东",车辆构成设置为"2:紫金大道东",流量设置为"4260"。在路段"紫金大道—自西向东"添加车辆输入,将其名称设置为"紫金大道西",车辆构成设置为"3:紫金大道西",流量设置为"4470"。在路段"彩虹桥—自南向北"添加车辆输入,将其名称设置为"彩虹桥南",车辆构成设置为"4:彩虹桥南",流量设置为"4200"。在路段"彩虹桥—自北向南"添加车辆输入,将其名称设置为"彩虹桥北",车辆构成设置为"5:彩虹桥北",流量设置为"3890"。

④单击用户界面左侧"路网对象"栏中的"车辆路径"按钮(文字"车辆路径"所在位置);在主菜单栏依次单击"列表"、"私人交通"、"路径"和"静态路径决策",打开"静态车辆路径决策点/静态车辆路径"列表。在路段"紫金大道—自东向西"添加静态车辆路径决策点,将其名称设置为"紫金大道东—小汽车",取消属性"所有车辆类型"的勾号,将车辆类别设置为"小汽车";分别以路段"彩虹桥—自北向南"、路段"紫金大道—自东向西"和路段"彩虹桥—自南向北"为目的地路段设置三条静态车辆路径,路径的名称分别设置为"左转"、"直行"和"右转",路径的相对车流分别设置为"420"、"2650"和"720",如图 14-4-1 所示。在路段"紫金大道—自西向东"添加静态车辆路径决策点,将其名称设置为"紫金大道西—小汽车",取消属性"所有车辆类型"的勾号,将车辆类别设置为"小汽车";分别以路段"彩虹桥—自南向北"、路段"紫金大道—自西向东"和路段"彩虹桥—自北向南"为目的地路段设置三条静态车辆路径,路径的名称分别设置为"左转"、"直行"和"右转",路径的相对车流分别设置为"380"、"2730"和"820"。

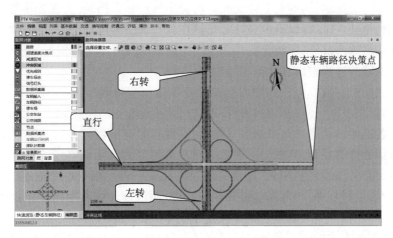

图 14-4-1　紫金大道东进口静态车辆路径的设置

⑤在路段"彩虹桥—自南向北"添加静态车辆路径决策点,将其名称设置为"彩虹桥南—小汽车",取消属性"所有车辆类型"的勾号,将车辆类别设置为"小汽车";分别以路段"紫金大道—自东向西"、路段"彩虹桥—自南向北"和路段"紫金大道—自西向东"为目的地路段设置三条静态车辆路径,路径的名称分别设置为"左转"、"直行"和"右转",路径的相对车流分别设置为"360"、"2580"和"790"。在路段"彩虹桥—自北向南"添加静态车辆路径决策点,将其名称设置为"彩虹桥北—小汽车",取消属性"所有车辆类型"的勾号,将车辆类别设置为"小汽车";分别以路段"紫金大道—自西向东"、路段"彩虹桥—自北向南"和路段"紫金大道—自东向西"为目的地路段设置三条静态车辆路径,路径的名称分别设置为"左转"、"直行"和"右转",路径的相对车流分别设置为"340"、"2370"和"760"。

⑥在"静态车辆路径决策点/静态车辆路径"列表中,以鼠标右键单击路径决策点"紫金大道东—小汽车"所在行的最左侧(也即"数量"列),在弹出菜单中选择"复制"。对复制的路径决策点进行编辑,将其名称修改为"紫金大道东—货车",将车辆类别修改为"货车",将其路径"左转"、"直行"和"右转"的相对车流分别修改为"60"、"320"和"90"。

⑦按照上述方式,复制路径决策点"紫金大道西—小汽车";对复制的路径决策点进行编辑,将其名称修改为"紫金大道西—货车",将车辆类别修改为"货车",将其路径"左转"、"直行"和"右转"的相对车流分别修改为"70"、"340"和"130"。复制路径决策点"彩虹桥南—小汽车";对复制的路径决策点进行编辑,将其名称修改为"彩虹桥南—货车",将车辆类别修改为"货车",将其路径"左转"、"直行"和"右转"的相对车流分别修改为"50"、"310"和"110"。复制路径决策点"彩虹桥北—小汽车";对复制的路径决策点进行编辑,将其名称修改为"彩虹桥北—货车",将车辆类别修改为"货车",将其路径"左转"、"直行"和"右转"的相对车流分别修改为"40"、"280"和"100"。

14.5 仿真评估

根据该立体交叉口的基本情况,通过对道路设施、交通管理以及车辆的仿真,建立了完整系统的仿真模型。仿真运行表明,立体交叉口的交通运行非常畅通;大部分转弯车辆不需要停车等待便能顺利地驶入匝道;仅有少量转弯车辆在驶入主路的过程中出现停车行为,并因此而影响后续车辆的运行。此外,匝道车辆汇入主线交通流的过程也非常流畅,仅有少量转弯车辆在由匝道进入主路的过程中出现停车等待行为。

14.5.1 仿真数据采集

为客观准确地评估立体交叉口的运行状况,需要采集有关数据。苜蓿叶形立体交叉口完全取消了交通信号灯的控制,其延误主要由不同方向的车辆在匝道连接处的合流和分流所引起。与普通平面交叉口的区别在于,其延误的发生地点不再局限于一个固定的地点(如停车线),譬如:在分流的过程中,转弯车辆需要变换车道,而该行为的发生往往需要在一个比较长的区间内完成,并且其发生的地点也是不固定的,具有很大的随机性。鉴于此,可以应用"车辆出行时间"采集各个方向的交通流在通过立体交叉口的过程中所经受的延误。具体的操作步骤如下:

①单击用户界面左侧"路网对象"栏中的"车辆出行时间"按钮(文字"车辆出行时间"所在位置)。在路段"紫金大道—自东向西"的起点附近添加"车辆出行时间测量",设置起始位置;在路段"彩虹桥—自北向南"上临近连接器"西北象限—左转弯匝道"终点的下游区域设置结束位置,其名称设置为"紫金大道东—左转"。在路段"紫金大道—自东向西"的起点附近添加"车辆出行时间测量",设置起始位置;在路段"紫金大道—自东向西"上连接器"西北象限—右转弯匝道"终点的下游区域设置结束位置,其名称设置为"紫金大道东—直行"。在路段"紫金大道—自东向西"的起点附近添加"车辆出行时间测量",设置起始位置;在路段"彩虹桥—自南向北"上临近连接器"东北象限—右转弯匝道"终点的下游区域设置结束位置,其名称设置为"紫金大道东—右转"。以上设置如图14-5-1所示(三个测量的起始位置非常接近于同一断面)。

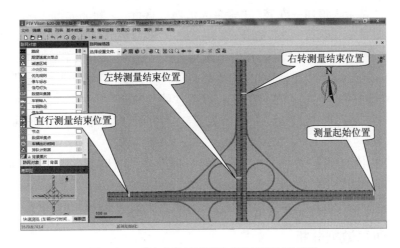

图14-5-1　紫金大道东"车辆出行时间测量"的设置

②在路段"紫金大道—自西向东"的起点附近添加"车辆出行时间测量",设置起始位置;在路段"彩虹桥—自南向北"上临近连接器"东南象限—左转弯匝道"终点的下游区域设置结束位置,其名称设置为"紫金大道西—左转"。在路段"紫金大道—自西向东"的起点附近添加"车辆出行时间测量",设置起始位置;在路段"紫金大道—自西向东"上连接器"东南象限—右转弯匝道"终点的下游区域设置结束位置,其名称设置为"紫金大道西—直行"。在路段"紫金大道—自西向东"的起点附近添加"车辆出行时间测量",设置起始位置;在路段"彩虹桥—自北向南"上临近连接器"西南象限—右转弯匝道"终点的下游区域设置结束位置,其名称设置为"紫金大道西—右转"。

③在路段"彩虹桥—自南向北"的起点附近添加"车辆出行时间测量",设置起始位置;在路段"紫金大道—自东向西"上临近连接器"东北象限—左转弯匝道"终点的下游区域设置结束位置,其名称设置为"彩虹桥南—左转"。在路段"彩虹桥—自南向北"的起点附近添加"车辆出行时间测量",设置起始位置;在路段"彩虹桥—自南向北"上连接器"东北象限—右转弯匝道"终点的下游区域设置结束位置,其名称设置为"彩虹桥南—直行"。在路段"彩虹桥—自南向北"的起点附近添加"车辆出行时间测量",设置起始位置;在路段"紫金大道—自西向东"上临近连接器"东南象限—右转弯匝道"终点的下游区域设置结束位置,其名称设置为"彩虹桥南—右转"。

④在路段"彩虹桥—自北向南"的起点附近添加"车辆出行时间测量",设置起始位置;在路段"紫金大道—自西向东"上临近连接器"西南象限—左转弯匝道"终点的下游区域设置结束位置,其名称设置为"彩虹桥北—左转"。在路段"彩虹桥—自北向南"的起点附近添加"车辆出行时间测量",设置起始位置;在路段"彩虹桥—自北向南"上连接器"西南象限—右转弯匝道"终点的下游区域设置结束位置,其名称设置为"彩虹桥北—直行"。在路段"彩虹桥—自北向南"的起点附近添加"车辆出行时间测量",设置起始位置;在路段"紫金大道—自东向西"上临近连接器"西北象限—右转弯匝道"终点的下游区域设置结束位置,其名称设置为"彩虹桥北—右转"。

⑤在主菜单栏依次单击"评估"、"测量定义"和"延误测量",打开"延误测量"列表。在列表中新建12个延误测量,其名称依次是:"紫金大道东—左转"、"紫金大道东—直行"、"紫金大道东—右转"、"紫金大道西—左转"、"紫金大道西—直行"、"紫金大道西—右转"、"彩虹桥南—左转"、"彩虹桥南—直行"、"彩虹桥南—右转"、"彩虹桥北—左转"、"彩虹桥北—直行"和"彩虹桥北—右转"。分别为上述延误测量选择与其名称相同的"车辆出行时间测量"。

⑥在主菜单栏依次单击"评估"和"配置",打开"评估设置"对话框。编辑"结果特征属性"选项卡,对列表中的"车辆行程时间"进行设置:"收集数据"属性打勾;"时间间隔"设置为"600"(单位:秒)。对列表中的"延误"进行设置:"收集数据"属性打勾;"时间间隔"设置为"600"(单位:秒)。

⑦在主菜单栏依次单击"评估"、"结果列表"和"车辆出行时间",打开"车辆出行时间结果"列表;在主菜单栏依次单击"评估"、"结果列表"和"延误",打开"延误—结果"列表;运行仿真模型,则在该列表中显示与车辆出行时间和延误有关的多项评价指标。

14.5.2 仿真数据分析

仿真结束后,对"延误—结果"列表中的数据进行处理,得到立体交叉口的各个进口道各流向机动车辆先后经过两个测量断面("车辆出行时间测量"的起始位置和结束位置)所经受的平均延误对比,如图14-5-2所示。此图表明,该立体交叉口的运行非常畅通,各进口道各流向的车辆经过测量断面的平均延误在18s以下。比较各个流向的机动车辆平均延误可以发现,直行交通流所经受的平均延误最小,其次是左转车辆,平均延误最大的是右转车辆。

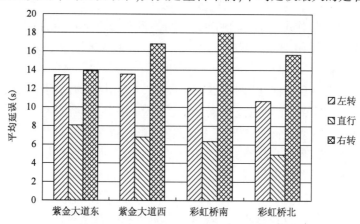

图14-5-2 立体交叉口进口道各流向机动车辆平均延误

综合"延误—结果"列表和"车辆出行时间结果"列表中的数据,可以得到立体交叉口进口道各流向延误占出行时间百分比,如图14-5-3所示。该图呈现的结果与图14-5-2非常类似:直行交通流的延误占出行时间百分比明显低于转弯交通流(左转和右转交通流),这与交通管理规则有关;转弯车辆在经由匝道进入主线时,需要避让主线的交通,从而带来更多的延误。直行交通流的延误占出行时间百分比低于20%,而转弯交通流的延误占出行时间百分比高于25%;而且与左转弯交通流相比,右转弯交通流的这一指标值更高(大于30%),这与右转车辆较高的交通量有关(表14-1-2)。

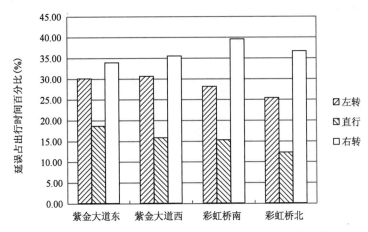

图14-5-3 立体交叉口进口道各流向机动车辆延误占出行时间百分比

第 15 章

公共交通

地面公交是城市公交系统的重要组成部分,其既依托于城市道路系统,自身又具有独特的属性。本章以直线式和港湾式公交停靠站为例,说明如何构建简单的地面公交系统,以及如何利用构建的模型进行公交评估。

15.1 基本情况

15.1.1 公交环境

公交站所在道路由翠竹路和红岭路相交而成,道路宽度、车道数如图 15-1-1 所示。红岭路北进出口各设置一对公交站台(华润广场站),进口道为港湾式公交站台,出口道为直线式公交站台。翠竹路和红岭路交叉口的各进口道交通量数据见表 15-1-1。

该交叉口采用四相位信号控制,控制方案如图 15-1-2 所示。

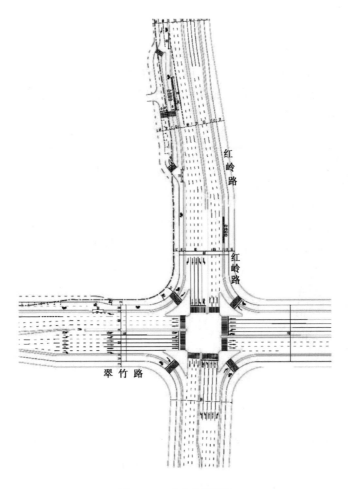

图 15-1-1　公共交通环境

翠竹路和红岭路交叉口的各进口道交通量(单位:辆)　　表 15-1-1

交叉口名称	进　口　道	左	直	右	合　　计
翠竹路—红岭路	东进口	300	920	240	1460
	南进口	136	224	160	520
	西进口	232	1084	332	1648
	北进口	400	308	84	792

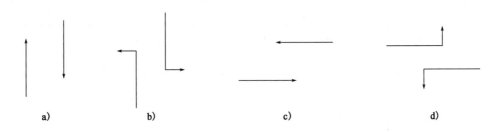

图 15-1-2　交通信号控制方案

15.1.2 公交运行状况

红岭路华润广场公交站进口公交站为港湾式公交站,公交站台设施条件如图 15-1-3 所示,站台长度 30m,渐变段 25m,港湾车道宽度 4m,站台宽度 1.5m。红岭路华润广场公交站出口公交站为直线式公交站,公交站台设施条件如图 15-1-4 所示,站台长度 30m,路侧车道宽度 3.5m,站台宽度 1.5m。

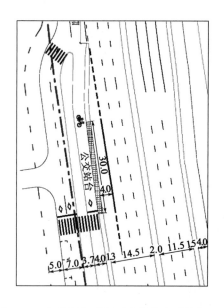 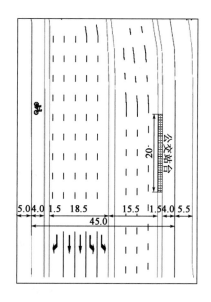

图 15-1-3　红岭路进口港湾式公交站(尺寸单位:m)　　图 15-1-4　红岭路出口直线式公交站(尺寸单位:m)

红岭路华润广场公交站现经停公交线路 6 条,发车间隔 5~10min,6 条公交线路行驶方向不同,进入交叉口方向分为直行、左转、右转。公交线路运行情况见表 15-1-2。

红岭路华润广场公交站运行情况　　　　　　　　　　　　　表 15-1-2

公交线路	起讫点	发车间隔(min)	公交线路方向	车型
1	火车北站—公交琴谭车场	5	右转	大型车
2	叠彩山—琴潭车场	5	直行	大型车
12	琴潭车场—凯风路南	5	直行	大型车
23	五里店—琴潭客运站	8	左转	大型车
36	北斗商区—北斗商区	5	左转	大型车
81	园林植物园—市车管所	10	左转	小型车

因此,通过调查,统计各站点乘客上下车人数,具体见表 15-1-3 和表 15-1-4。

红岭路进口站上下车人数　　　　　　　　　　　　　　　　表 15-1-3

线路	1	2	12	23	36	81
上车	10	13	18	10	8	8
下车	16	24	10	16	12	6

红岭路进口站上下车人数 表 15-1-4

线路	1	2	12	23	36	81
上车	5	10	6	8	4	6
下车	4	18	8	4	4	5

15.2 公交设施仿真

15.2.1 创建公交站台

导入底图,画出路网,根据表 15-1-1 输入车辆流量,并按照图 15-1-2 的交通信号控制方案设置信号灯,结果如图 15-2-1 所示。

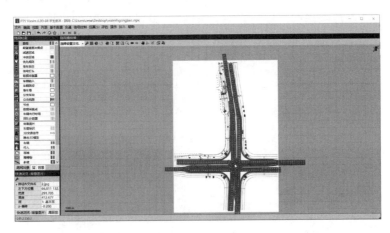

图 15-2-1 公交站台创建

根据图 15-1-3 设置红岭路进口港湾式公交站,图 15-1-4 设置红岭路出口直线式公交站(具体设置方法见第 5 章相关内容),结果如图 15-2-2 和图 15-2-3 所示。

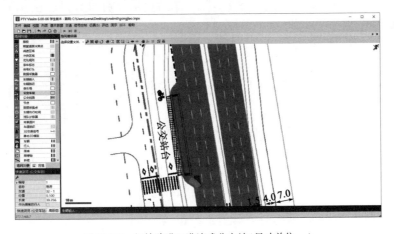

图 15-2-2 红岭路进口港湾式公交站(尺寸单位:m)

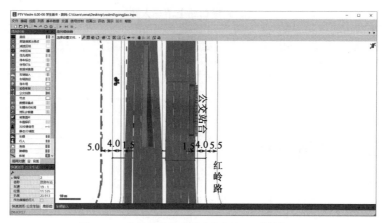

图 15-2-3　红岭路出口直线式公交站(尺寸单位：m)

15.2.2　公交线路数据

根据表 15-1-2 红岭路华润广场公交站运行情况，设置公交线路如图 15-2-4 所示。

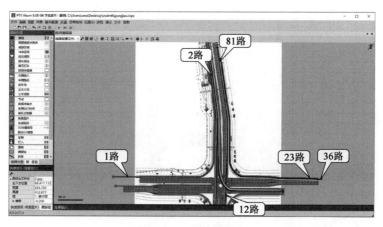

图 15-2-4　公交线路图

设置 1 路公交车发车时间及间隔，如图 15-2-5 所示，根据表 15-1-3 红岭路进口站上下车人数，设置 1 路车进口站上下车人数、公交线路与车站关系分别如图 15-2-6、图 15-2-7 所示，其他线路设置方法类似。

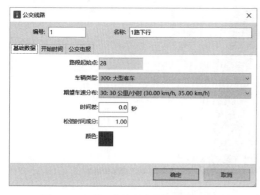

图 15-2-5　设置公交线路车辆类型和车速

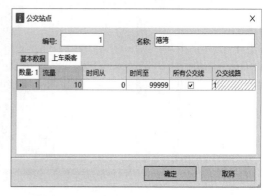

图 15-2-6　设置公交站点上下客数量

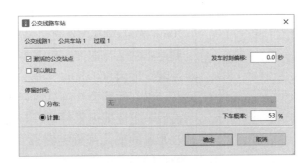

图 15-2-7　设置公交线路与车站关系

15.3　仿真评估与优化

15.3.1　公交运行评估

可以通过车辆记录评估公交车在各站点上下车乘客人数、乘客换乘时间、停留时间、乘客等待时间、公交延误、候车乘客等信息。对于所列的上述特征属性,必须安装相应的附加模块,以便采集正确的值。

VISSIM 普通版本提供了公交的等待时间的评估(图 15-3-1),公交的等待时间是指除了用于乘客换乘导致停车以外的其他公交等待时间。具体操作如下:选择评估—配置—公交的等待时间。

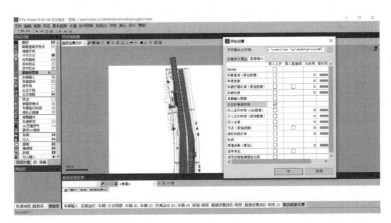

图 15-3-1　公交的等待时间评估界面

输出文件(图 15-3-2)中公交的等待时间评估格式为 *.ovw,包含时间、车辆编号、线路、路段、位于路段的准确位置、等待时间(s)等信息。

15.3.2　公交站台影响路段长度

公交车在进站停靠的过程中会对路段机动车产生影响,为了更准确地描述这种影响程度,须对受公交站台影响的路段长度进行准确界定。公交进站时,从开始减速到进站停靠一般需要 3~6s,监测点距离公交站上游的距离应根据站点公交车辆排队情况来确定,一般在 50~100m 的范围内。公交出站时,从开始加速运行至到达正常运行速度一般需要 6~10s,公交加速影响区域一般为 50~80m。

以红岭路公交停靠站为例,仿真监测公交站台前后一定范围内紧邻站台车道的小汽车的车速,通过车速的变化来确定路段受站台影响的长度。监测点的起点位置位于上游 100m 处,终点位于下游 100m 处,每隔 10m 记录一次,共记录监测点的个数为 24 个(含站台 4 个)。数据采集点的设置如图 15-3-3 所示。

图 15-3-2 公交的等待时间评估结果

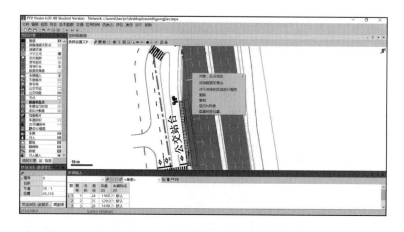

图 15-3-3 公交停靠站影响长度数据采集点的设置

仿真结果见表 15-3-1。由表 15-3-1 可以看出,在公交停靠站点一定范围内小汽车车速变化比较明显,超过一定范围小汽车车速变化趋势不明显。可以通过记录车速稳定与发生变化的点的分界位置作为受公交停靠站影响的路段起终点。

小汽车车速变化表　　　　　　　　　　　表 15-3-1

调查点距离站台位置(m)	直线式站台小汽车车速(km/h)	港湾式站台小汽车车速(km/h)
-100	43.2	43.4
-90	43.1	43.3
-80	43.2	43.3
-70	43.1	43.2
-60	42.9	43.1
-50	42.5	43
-40	41.7	42.6
-30	41	42.1
-20	40.1	40.5
-10	39.4	40.1

续上表

调查点距离站台位置(m)	直线式站台小汽车车速(km/h)	港湾式站台小汽车车速(km/h)
0	38.3	40.2
0	37.6	40.6
0	37.1	40.8
0	36.1	40.3
10	38.4	40.1
20	40.2	40.6
30	40.8	41.2
40	41.4	41.7
50	41.5	41.9
60	41.7	42
70	41.8	41.9
80	41.8	42.1
90	41.9	41.9
100	42.1	42

港湾式和直线式公交停靠站不同监测点车速变化如图15-3-4所示。由图可以直观反映小汽车车速距离公交停靠站远近的车速变化，在图中两侧小汽车车速变化趋于稳定，说明此区域小汽车车速不受公交车停靠影响。由图可以看出直线式和港湾式公交站台对小汽车车速影响的区域基本相同，可以确定影响的起点位于公交停靠站上游50m，终点位于停靠站下游40m。同时可以发现虽然不同类型公交停靠站台对小汽车车速的影响长度基本相同，但是直线式公交停靠站对小汽车车速的影响程度更加严重（速度下降更多）。另外可以设想，不同公交车辆数、不同小汽车流量下公交停靠站的影响长度会有差异，可以利用VISSIM软件对具体情况下公交停靠站的影响长度进行评估。

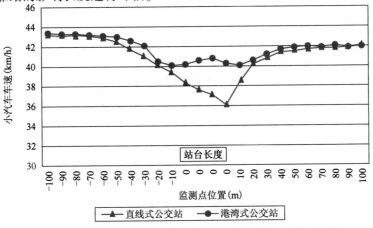

图15-3-4　港湾式、直线式公交停靠站不同监测点小汽车速度变化图

15.3.3 公交站台影响车道数

在研究路段公交停靠对机动车流的影响时,受影响的车道数也是一个不容忽视的问题。由直观观测可知,公交停靠站台对各个车道的影响是有区别的,车道越靠近内侧,则这种影响越小。由此可知,只简单地将所有车道都纳入公交站台的影响范围,则无形中减弱这种影响。因此,通过仿真确定受影响的车道数,使其可以更准确地反映这种受影响的程度。

以红岭路公交停靠站为例,分别对直线式和港湾式公交站设置 5 个监测点,分别位于上游 −50m、0m、15m、30m 以及 80m,记录每个监测点中 4 条车道小汽车的车速,通过小汽车的车速变化情况,判断受公交站台影响的车道数。数据采集点的设置,如图 15-3-5 所示。

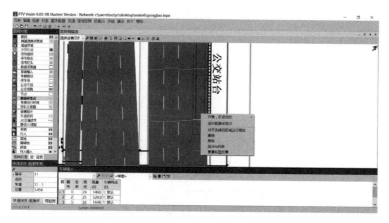

图 15-3-5　公交停靠站影响车道数数据采集点的设置

仿真结果如图 15-3-6、图 15-3-7 所示。由图可以看出无论何种公交停靠站,越靠近公交站台的车道小汽车速度越慢,随着距离公交停靠站的加大,车速变化幅度越小,说明此时公交站台对小汽车几乎不产生影响。对比停靠站类型可以发现,直线式公交停靠站影响的车道数为 2 条,而港湾式仅对最靠近的车道有一定的影响,且影响区域在公交进出站台位置。同样,可以利用 VISSIM 仿真对不同公交车辆数、不同小汽车流量下公交停靠站的影响车道数进行仿真评估。

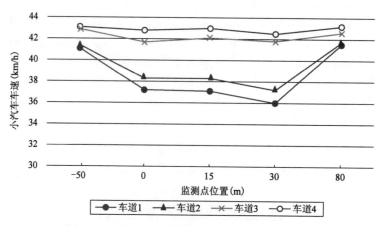

图 15-3-6　直线式公交停靠站不同车道小汽车速度变化

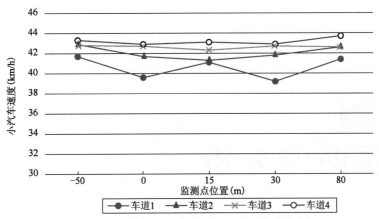

图 15-3-7 港湾式公交停靠站不同车道小汽车速度变化

第 16 章
交通流时空分析

本章首先介绍如何获取一条单车道路段上的车辆时间空间轨迹数据,并用 Excel 曲线图的形式将这些数据展示分析。然后将以一段单向三车道的快速道路为例,介绍如何在 VISSIM 中获取路段各个区段的速度信息,并利用 Excel 对这些数据进行分析展示。

16.1 车辆时空轨迹数据分析

16.1.1 建立路段模型

打开 VISSIM 软件,新建一个单车道路段,单击确定。然后拖动新建路段的一端以增加路段长度,通过几次操作,同时观测路网编辑器窗口左下方的比例尺,将路段长度拖动到 800m 左右,如图 16-1-1 所示。保存文件到自定义的文件夹目录下,根据自身的需求为文件命名,例如:test1。

16.1.2 设置信号控制

单击菜单栏的"信号控制"—"信号控制机",打开信号控制机列表。在列表左侧空白处右键鼠标,单击"新建"创建一个信号控制机(编号为1),弹出信号控制窗口,单击"编辑信号控制"打开"VISSIG"编辑窗口。在"VISSIG"窗口左侧的"信号灯组"行被选中的情况下在窗口右侧空白处右键单击鼠标,在弹出的菜单中选择"新建",为编号为1的信号控制机创建一个信号灯组(编号也为1),如图16-1-2所示。

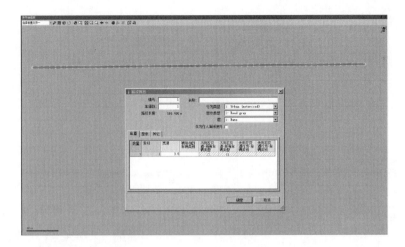

图16-1-1　新建一条单车道路段

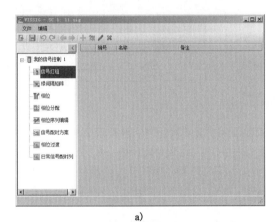
a)

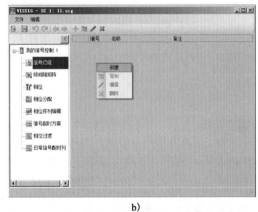
b)

图16-1-2　新建信号灯组

单击"VISSIG"窗口左侧的"信号配时方案"行,然后在窗口右侧的空白处右键单击"新建"创建一个信号配时方案,如图16-1-3所示。

单击"VISSIG"窗口左侧的"信号配时方案"行左侧的"展开"图标,展开项下有刚刚新建好的信号配时方案,如图16-1-4a)所示。单击该配时方案,窗口右侧打开了信号配时方案,此时红灯时间只有1s。

将鼠标放到绿灯开始处,按住左键拖动鼠标到绿灯起始时间到总周期一半左右(例如30s),如图16-1-4b)所示,关闭"VISSIG"窗口,弹出"是否要保存"对话框,单击"是"关闭对话框。单击"信号控制"窗口的确定关闭窗口。此时就设置了一个包含一个信号灯组(编号1)的信号控制机(编号1),其周期为60s,绿灯时长为27s。

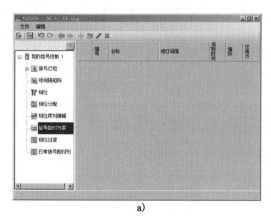
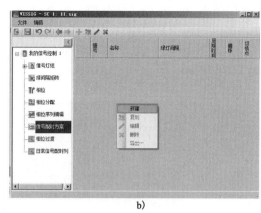

图 16-1-3　新建信号控制方案

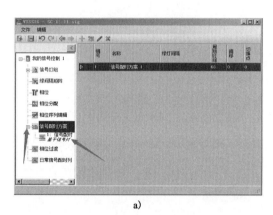
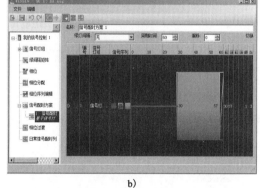

图 16-1-4　编辑信号方案

单击 VISSIM 界面左侧路网对象栏的"信号灯头",激活信号灯头编辑。将鼠标放到新建的路段中间,右键,在弹出的菜单中选择"添加信号灯头",弹出"信号灯"窗口,如图 16-1-5 所示。由于这个模型里只有一个信号控制机,这个信号控制机只包含一个信号灯组,不需要进行额外选择,直接单击"确定",关闭"信号灯"窗口。这样就在路段中设置了一个信号灯头,控制通过的车辆。

图 16-1-5　在路段中"添加信号灯头"

16.1.3　设置车辆输入

单击 VISSIM 界面左侧路网对象栏的"车辆输入",激活车辆输入编辑。将鼠标放到新建的路段起点,右键,在弹出的菜单中选择"添加车辆输入",路段起点出现一根黑线。双击该黑线,弹出"车辆输入"列表,列表中有一行数据,就是刚刚新建的车辆输入,在"流量"列输入 300,车辆构成使用默认值,如图 16-1-6 所示。

由于这个模型只有一个路段,因此不需要额外设置车辆路径。

图 16-1-6　车辆输入列表

16.1.4　设置车辆轨迹数据获取

鼠标左键单击菜单栏的"评估"—"配置",弹出评估设置窗口。选择"直接输出"选项卡。勾选"车辆记录"行的"写入文件"属性,如图 16-1-7 所示。

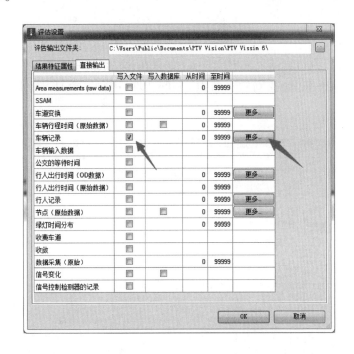

图 16-1-7　车辆记录保存设置

单击该行的"更多"按钮弹出"车辆记录"窗口,如图 16-1-8a)。单击"车辆记录窗口"左下方的"特征属性"按钮,弹出"车辆:选择特征属性"窗口,窗口左侧为仿真中可以记录的车辆属性,右侧是仿真中选择记录的车辆属性,从窗口左侧用鼠标左键双击"速度"属性,"速度"属性被选中到窗口右侧的记录属性中,如图 16-1-8b)。单击确定回到"车辆记录"窗口,继续单击确定回到"评估设置窗口",再单击确定或 OK,关闭"评估设置窗口"。

16.1.5　车辆时空轨迹数据分析

保存刚刚编辑好的文件,单击工具栏的"连续仿真"按钮,待仿真完成(uni 版本仿真时间限制为 600s)。

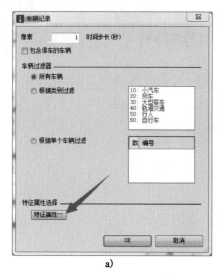 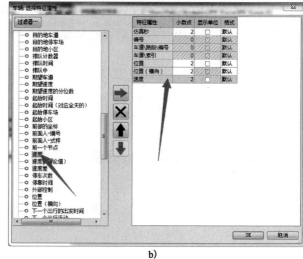

图 16-1-8　车辆记录属性设置

仿真完成后,可以到仿真结果输出文件夹(如果在评估设置中配置过,该文件将与 VISSIM 仿真文件在同一个文件夹下)找到后缀名为 fzp 的文件,用写字板打开,可以看到如图 16-1-9 所示的内容。

图 16-1-9　利用写字板打开 fzp 文件

利用写字板菜单栏"编辑"—"替换"功能,将文件中的";"字符全部替换成制表符(Tab),如图 16-1-10 所示。复制"$VEHICLE…行"开始到文档最后的所有内容粘贴到 Excel 表格中。这样在 Excel 中就有一张列表,这张列表以仿真步长的时刻为序记录了仿真过程中每个步长时刻的每辆车所处的路段位置(POS)、速度(SPEED)等信息。

在 Excel 中以"NO"列对数据进行排序,排序时选择"扩展选定区域"就可以得到以车辆编号为主序、仿真步长时刻为次序的列表。

图 16-1-10　写字板数据替换

选择 NO 值为 1 的所有 POS 数据内容,以仿真时间步长为横坐标,POS 数据为纵坐标,在 Excle 中插入一张折线图,这时可以看到编号为 1 的车辆在整个路段上的时空轨迹图,如图 16-1-11 所示。曲线的斜率代表车辆的速度,如果 1 号车在信号灯前遇到红灯停车或减速,就可以从曲线图中看到车辆在经过信号灯位置时曲线的斜率变化,说明车辆速度下降或停下。

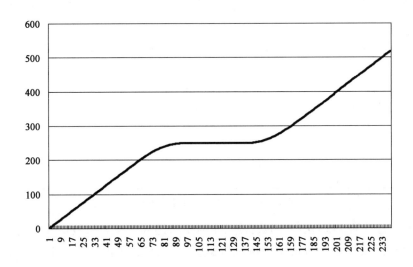

图 16-1-11　编号为 1 的车辆的时空轨迹

将所有车辆的轨迹数据(约 70 辆)按照行为同一仿真步长,列为每个车辆在路段位置进行数据表格整理,得到一张所有车辆的时空数据表。在 Excel 中选中该数据表,并插入以仿真步长为横坐标、车辆在路段位置为纵坐标的曲线图,如图 16-1-12 所示。

从图 16-1-12 中可以看到,经过该路段所有车辆在时间和空间上的轨迹,有部分车辆在路段信号灯处遇到红灯减速或者停车,也有部分车辆遇到绿灯直接通过信号灯位置。

下面简要介绍一下该图的一种制作方法,利用获取的速度数据也可以做类似的图表,感兴趣的读者可以自己尝试。

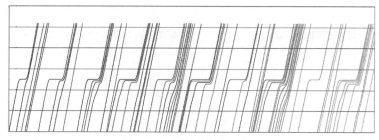

图 16-1-12 所有车辆时空轨迹

首先在 Excel 列表的左侧新建一列,该列数据等于"车辆编号 ×10000 + 仿真步长对应的时刻",如图 16-1-13 所示。该列数据与车辆信息数据的每一行都对应,该数据将作为后续制作车辆时空轨迹表格的索引数据。

在同一 Sheet 的右侧建立一个表格,行编号为从 1 到最大的车辆编号(例如 70),行为仿真步长对应的时刻从 0.2 到 600,如图 16-1-14 所示(本次仿真的精度为 5,每个步长为 0.2s)。

图 16-1-13 建立索引数据

图 16-1-14 建立车辆轨迹时空数据表格

使用 Excel 自带的 VLOOKUP 函数,使每个时空轨迹列表单元格数据等于对应的"列编号 ×10000 + 行编号"对应索引行的车辆位置数据。这样就能将原先的空白车辆轨迹时空数据表格填满,如图 16-1-15 所示。

图 16-1-15 填充车辆轨迹时空数据表格

得到上述表格后,就可以通过 Excel 的图表功能建立相应的图表。

16.2 路段时空数据分析

16.2.1 新建路段

打开 VISSIM 软件,新建一个路段,在路段属性窗口的车道数一栏内输入3,单击确定。然后拖动新建路段的一端以增加路段长度,通过几次操作,同时观测路网编辑器窗口左下方的比例尺,将路段长度拖动到 800m 左右,如图 16-2-1 所示。保存文件到自定义的文件夹目录下,根据自身的需求给文件命名,例如:test。

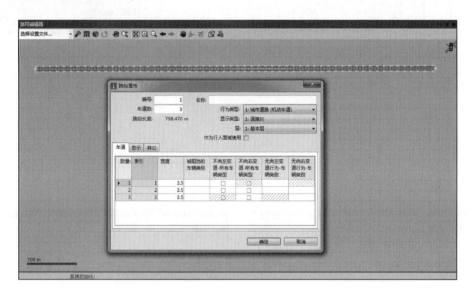

图 16-2-1　新建一段长度约 800m 的三车道路段

16.2.2 添加数据采集点

单击 VISSIM 界面左侧路网对象栏的"数据采集点",激活数据采集点编辑。用鼠标在路网编辑器内的路段最右侧车道上右键单击,弹出菜单中选择"添加数据采集点",路段车道上出现一条竖线,为刚刚新建的数据采集点,如图 16-2-2 所示。

双击路网编辑器内的数据采集点,路网编辑器下方出现数据采集点列表,列表中已经有一个数据采集点,如图 16-2-3 所示。

可以继续用鼠标右键在路网编辑器的路段上逐个新增数据采集点,但是本次实验中要用到较多的数据采集点,所以使用列表进行复制编辑可以极大提高效率。具体操作为:

(1)鼠标右键单击数据采集点列表中的第一行数据的第一列,在弹出的菜单中选择"复制",这时新增了一个数据采集点,并且与原先建立的数据采集点位于同一位置。继续右键操作再新增一个数据采集点,这样数据采集点列表中就有三个数据采集点,如图 16-2-4 所示。

 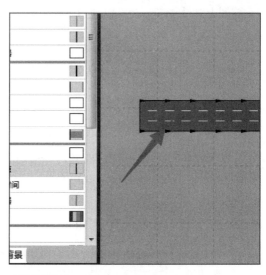

图 16-2-2　添加一个数据采集点

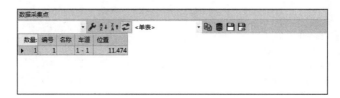

图 16-2-3　数据采集点列表

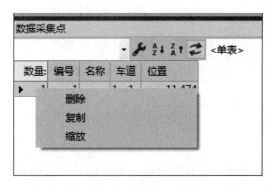 

图 16-2-4　在列表中复制数据采集点

（2）在数据采集点列表中三个数据采集点的"车道"属性下分别选择 1-1、1-2、1-3，在三个数据采集点的"位置"属性下面均输入 20，如图 16-2-5 所示。

（3）继续将鼠标放在第三行数据的第一列上右键单击，在弹出的菜单中选择"复制"，这样就又新建了一个数据采集点，继续复制两个数据采集点，车道信息与已有的三个数据采集点一一对应，将列表中新建的三个数据采集点的"位置"属性中的 20 改为 40，如图 16-2-6 所示（在更新的版本中可以对列表元素进行多重整体复制，这里不进行介绍）。

（4）依次重复上述操作，每隔 20m 创建一组（三个）数据采集点，直到 800m 左右的位置（位置的修改也可以通过在 Excel 表格中进行编辑后统一整体粘贴来进行，这样也可以提高效率）。设置好的路段数据采集点分布如图 16-2-7 所示。

图 16-2-5 在列表中编辑数据采集点

图 16-2-6 在列表中复制一组数据采集点

图 16-2-7 设置好采集点的路段

16.2.3 输入交通量

单击 VISSIM 界面左侧路网对象栏的"车辆输入",激活车辆输入编辑。用鼠标在路网编辑器内的路段上右键单击,弹出菜单中选择"添加车辆输入",路段起始点出现一条黑线,为新添加的输入交通量。用鼠标双击该黑线,路网编辑器下方出现车辆输入列表,列表中有一行车辆输入空白数据,在流量栏中输入 1200,车辆构成采用默认值,如图 16-2-8 所示。

图 16-2-8 编辑车辆输入

16.2.4 设置限速区域

单击 VISSIM 界面左侧路网对象栏的"减速区域",激活减速区域编辑。鼠标在路网编辑器的新建路段中间右键,在弹出的菜单中单击"添加减速区域",如图 16-2-9a)所示。随后弹出减速带窗口,将长度栏内的数据改为 20,在最下面的车辆速度设置栏内空白处右键,在弹出的菜单里单击新建,这时速度设置栏内出现一行数据,将数据的"期望速度分布"栏改为"15:15 公里/小时",如图 16-2-9b)所示,单击确定关闭对话框,这样就在这个路段的一条车道上设置了一个减速区域。

将鼠标放在减速区域上,待减速区域的黄色框变粗,单击鼠标右键,在弹出的菜单中单击第一个"复制",这是一个与先创建的减速区域位于同一位置重叠的一个新的减速区域被创建了,如图 16-2-10a)所示。将鼠标放置在减速区域上,按住左键将刚刚新建的一个减速区域拖动到另外一根车道上。重复刚刚的"复制"操作,继续新建一个减速区域,并将该减速区域拖动到剩余的一根车道上,如图 16-2-10b)所示。这样就在这个路段的一个位置的三个车道设置了一个减速区域,可以模拟道路路面条件不佳引起的车辆速度下降,或者其他减速因素。编辑好的三个减速区域如图 16-2-11 所示。

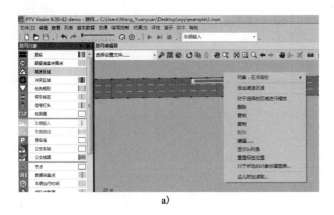 

图 16-2-9　添加减速区域

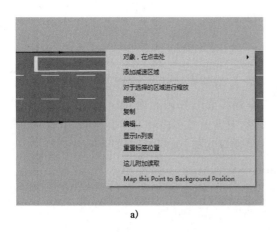 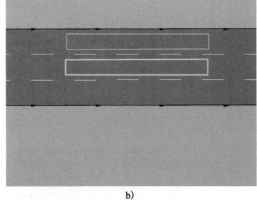

图 16-2-10　复制减速区域并拖动到旁边车道

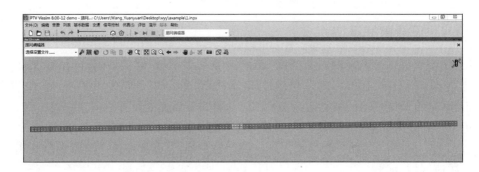

图 16-2-11　编辑好的减速区域

16.2.5　数据检测点评估设置

鼠标左键单击菜单栏的"评估"—"测量定义"—"数据采集设施",路网编辑器下方出现截面数据采集列表,如图 16-2-12 所示。

在截面数据采集列表中空白处右键,选择"创建所有的(组合)",列表中出现一组数据,每行数据为一个数据采集组合,为路段同一位置三条车道的数据采集点的组合,如图 16-2-13 所示。

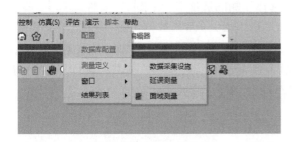

图 16-2-12　打开数据采集设施列表

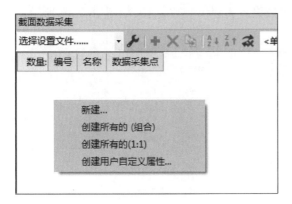

图 16-2-13　创建数据采集组合

数据采集点所采集的数据将以每个组合所包含的数据采集点为整体进行统计。

鼠标左键单击菜单栏的"评估"—"配置",弹出评估设置窗口。在窗口最上方的"评估输出文件夹"栏内选择评估结果直接输出的保存的文件夹位置,一般建议与 VISSIM 的 inpx 文件放在一个文件目录下面,如图 16-2-14 所示。

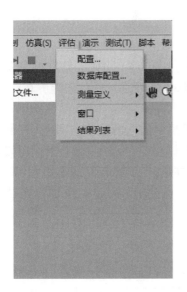
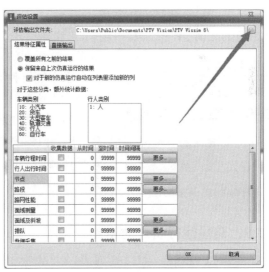

图 16-2-14　打开评估设置窗口

"评估输出文件夹"栏下面有两个选项卡,选择左侧的选项卡"结果特征属性",选中"覆盖所有之前的结果"选项,在收集数据的选项中勾选最下面一行的"数据采集"。在"数据采集"对应行的"时间间隔"属性中输入60,如图16-2-15所示。这样前面定义的每个数据采集组合将在仿真时每隔60仿真秒,对经过数据采集组合各个数据采集点的数据进行统计,最终可以获取比如每个60s时间段内的平均速度、通过车辆数、车头间距等信息。

16.2.6 仿真运行

首先保存编辑好的文件。鼠标左键单击菜单栏的"仿真",弹出"仿真参数"窗口,将仿真运行速度设置为最大值,"多核数量"选项选择为使用所有的核。这样VISSIM将尽最大能力调动计算机CPU来进行仿真计算,仿真精度可以设置为建议参数为10,如图16-2-16所示。

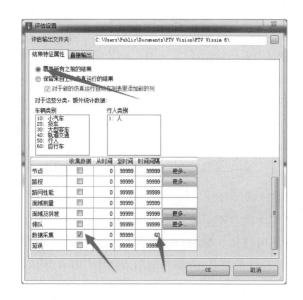

图16-2-15 数据采集评估设置   图16-2-16 仿真参数设置

在开始仿真之前,单击工具栏图标的"快速模式"图标,激活快速仿真模式,如图16-2-17

图16-2-17 快速模式

所示。这样在仿真过程中VISSIM的路网编辑器中将不再显示车辆行驶的动画,而是在后台进行仿真计算,可以加快仿真速度。

最后单击工具栏中的"连续仿真"按钮,开始仿真计算,通过VISSIM窗口左下方的仿真运行时间可以看到仿真秒在增加,后台在进行仿真计算,待放着计算结束,仿真秒显示消失,"连续仿真"按钮也恢复原先的颜色显示,仿真计算完成。

16.2.7 路段运行状态时空图

单击菜单栏的"评估"—"结果列表"—"数据采集",打开数据采集点的结果列表,如图16-2-18所示。列表中有每组数据检测器在每个仿真的指定时间间隔内所采集的各种指标,例如:车辆数、延误、加速度、速度等,本节的分析使用各组检测器所采集的车辆平均速度指标。

第16章 · 交通流时空分析

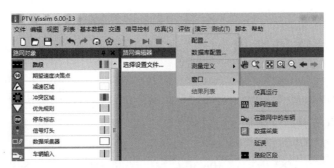

图 16-2-18　打开数据采集结果

将列表中的时间间隔和速度数据复制到 Excel 中,在 Excel 中进行数据整理,将数据整理成以时间间隔为行,数据检测器组为列的数据统计表格。

在 Excel 中使用"条件格式"对统计表格的数据按数值大小对单元格进行填色,可以采用"绿黄红"的色阶来反映不同速度下路段各个断面位置的速度差异,其中颜色越深表示速度越低,如图 16-2-19 所示(Excel 的操作会因不同版本存在差异,本书中用的是 2013 版)。可以发现路段中设置减速区域的断面前后的车辆速度明显降低,其他范围的车速没有太大差别。这里可以将 Excel 表格中的数字显示大小调小,颜色改为白色,使得显示效果更佳。图 16-2-20 为设置好的反映路段各个位置速度变化的时空色阶图,横向与路段长度对应,竖向为时间变化。

图 16-2-19　Excel 中条件格式的设置

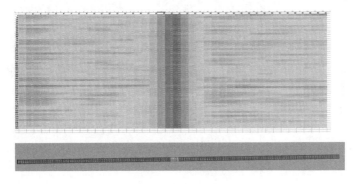

图 16-2-20　路段运行状态时空图

257

16.3　瓶颈路段模拟

瓶颈路段可以由很多情况引起，前面所介绍的减速区域可以理解为道路设施条件发生变化形成了道路瓶颈（车辆速度降低，通行能力下降），下面介绍一种模拟由于道路交通事故车辆堵住一根车道的情况引起道路运行速度下降和拥堵的方法。

假设有一辆车在仿真开始后第 10min 左右由于交通事故停在路段的最右侧车道，在 20min 后车辆事故处理完毕驶离路段（如果是用 uni 版本，可以将时间缩短，例如：改为 3min 和 6min）。

这里通过一个临时停车过程模拟所在路段位置的车辆交通事故。首先将 16.2 节开始创建的路段仿真文件另存为另外一个文件，重新命名，在弹出的对话框"你想要复制之前的评估结果？"中单击否关闭对话框。

将新保存的 VISSIM 路网路段中间的三个减速区域删除，单击 VISSIM 界面左侧路网对象栏的"减速区域"，激活减速区域编辑。用鼠标左键点中需要删除的减速区域，并拖动到路网编辑器的空白处松开鼠标，这时该减速区域就被删除。也可以用鼠标左键单击需要删除的减速区域然后单击右键，在弹出的菜单中单击"删除"。此外还可以通过单击菜单栏的"列表"——"路网"——"减速区"打开减速区域列表，在列表中选中需要删除的减速区域行，右键鼠标在弹出的菜单中单击"删除"，或者直接按键盘上的 Delete 键直接删除选中的减速区域。

单击 VISSIM 界面左侧路网对象栏的"停车场"，激活停车场编辑。在路段中间的最右侧车道右键单击鼠标，在弹出的菜单中单击"添加停车场"，如图 16-3-1 所示。弹出停车场编辑对话框，单击对话框中的"额外属性"选项卡，在"开放时间"栏的"从:"和"到"内分别输入 600 和 1800，如图 16-3-2 所示（uni 版本的时间要小于 600，例如可以在"从:"和"到"内分别输入 200 和 380）。单击确定关闭对话框，这是路段中间的最右侧车道上出现一个停车位，该车为在仿真的第 600 仿真秒到 1800 仿真秒被激活。

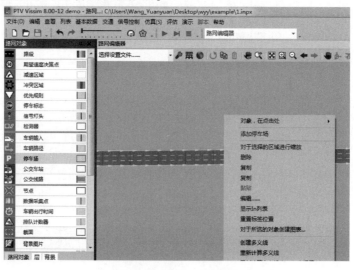

图 16-3-1　添加一个停车场

第16章　交通流时空分析

图 16-3-2　设置停车场

单击菜单栏的"基本数据"—"分布"—"时间",打开时间分布列表,如图 16-3-3 左图。在时间分布列表的空白处右键,在弹出的菜单中单击"新建"—"经验分布",如图 16-3-3b)所示。这时列表中新增一行时间分布,将该分布的下限和上限分别修改为 1200 和 1201,在名称栏中填入 Parking。单击时间分布列表右上角关闭列表,如图 16-3-3c)所示。

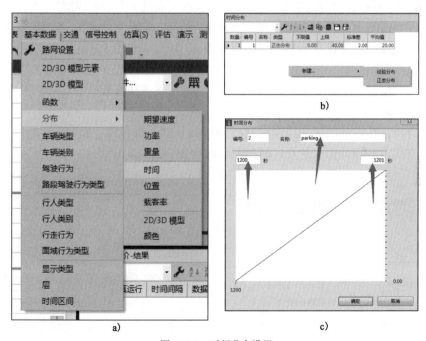

图 16-3-3　时间分布设置

单击 VISSIM 界面左侧路网对象栏的"车辆路径",单击在车辆路径图标右侧的下拉菜单,选择"停车场",这样停车路径的编辑就被激活,如图 16-3-4a)所示。在路段上新建的停车位

259

上游约50m左右的位置右键鼠标,在弹出的菜单中选择"添加停车路径决策点",路段对应位置出现一个断面,通过该断面的车辆将受到该决策点的影响,移动鼠标到新建的停车位上单击鼠标左键,这时停车路径决策点到该停车位之间出现一个路径带(软件界面中为浅蓝色),表示该停车路径决策点与该车为关联,如图16-3-4b)所示。

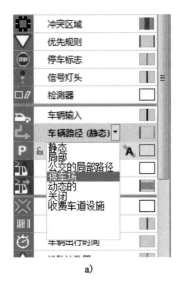
a)

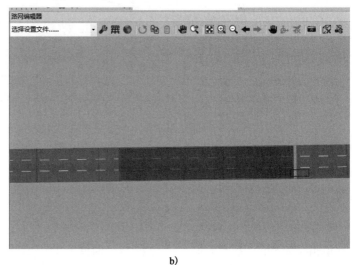
b)

图16-3-4　停车路径设置

鼠标双击停车路径决策点,路网编辑器下方出现停车路径决策点的列表,列表中左侧表示停车路径决策点,右侧表示与选中的停车路径决策点关联的车位。在列表左侧的停车路径决策点栏中的停车时间中选择2parking,停车比率输入100,表格自动添加"%"符号,如图16-3-5所示。单击停车路径决策点右上角图标关闭列表。

单击菜单栏的"评估"—"配置"检查数据采集点的评估设置是否被勾选,如果被勾选,单击确定关闭配置窗口。单击工具栏的"快速模式",激活快速仿真模式,然后单击工具栏的"连续仿真"按钮开始仿真,直到仿真结束。

瓶颈的分析是在本节前述的路段时空图分析的基础上进行的。重复16.2.7小节的路段运行状态时空图方法统计本次仿真过后的路段时空图,可以得到如图16-3-6所示的结果。

图16-3-5　停车路径决策点参数设置

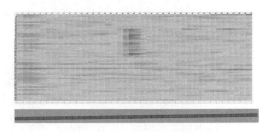

图16-3-6　路段运行状态时空图

可以看到在路段中车辆抛锚的位置在第10至第30min的区间内前后的车速相对较低,从横向可以看出车辆抛锚后对路段车速影响的主要区段,竖向可以看出影响的时间区间。

通过对Excel条件格式的调整,可以让路段状态的时空图表达的内容更为清晰,同时也可以用多种不同数据进行时空图的制作,感兴趣的读者可自己尝试。

第17章
交通冲突分析

本章以一个两条单向单车道道路相交的十字交叉口为例,介绍如何通过 VISSIM 仿真获取车辆的行驶交互状态数据,并统计不同的冲突类型次数数据。

17.1 基本模型建立

打开 VISSIM 软件,新建一个路段,单击确定。拖动该路段的一端以增加长度,通过几次操作,将路段长度拖动到 200m 左右。在与该路段大致垂直方向新建一个同样的路段,形成一个简单的十字交叉口,如图 17-1-1 所示。

单击 VISSIM 界面左侧路网对象栏的"Section(多边形)",激活截面编辑。鼠标右键在路网编辑器刚刚新建的交叉口中间位置右键,在弹出的菜单中单击"添加 Section"。路网编辑器中出现一个正方形的截面元素,用鼠标拖动截面元素的四个边,使得这个截面四边形把交叉口范围能够包住,大致边长可以控制在 30～50m,如图 17-1-2 所示。

单击 VISSIM 界面左侧路网对象栏的"车辆输入",激活车辆输入编辑。用鼠标在路网编辑器内的一条路段上右键单击,弹出菜单中选择"添加车辆输入",路网编辑器下方出现车辆输入列表,列表中有一行车辆输入空白数据,在流量栏中输入 200,车辆构成采用默认值。继续在第

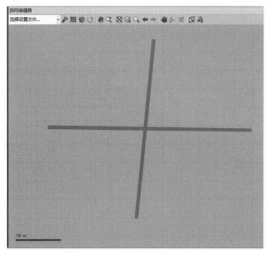

图17-1-1 新建一个简单十字交叉口

二条路段上右键单击,弹出菜单中选择"添加车辆输入",路网编辑器下方出现车辆输入列表,列表中出现第二行车辆输入空白数据,在流量栏中也输入200,车辆构成也采用默认值。

单击 VISSIM 界面左侧路网对象栏的"冲突区域",激活冲突区域编辑。这时在路网编辑器中的交叉口区域路段重叠处出现一个黄色的十字标志(冲突区域),如图17-1-3a)所示。将鼠标移动到黄色标志上先单击左键使得该区域显示亮黄色,从而激活该冲突区域编辑,然后单击右键,在弹出的菜单中选择"set statues to 未明确的",这时冲突区域变为红色,如图17-1-3b)所示(冲突区域的类型和定义请参考相关章节)。

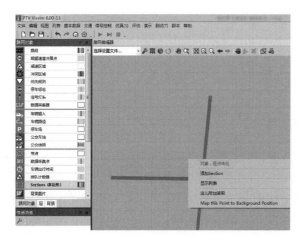 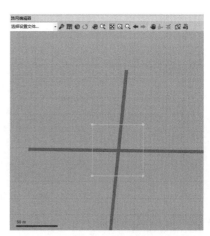

图17-1-2 新建并编辑一个 Section

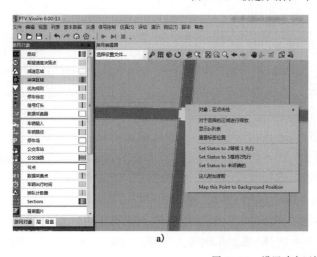 

a) b)

图17-1-3 设置冲突区域

17.2 冲突数据获取

鼠标左键单击菜单栏的"评估"—"配置",弹出评估设置窗口。在窗口最上方的"评估输出文件夹"栏内选择评估结果直接输出的保存的文件夹位置,一般建议与 VISSIM 的 inpx 文件放在一个文件目录下面。选择"直接输出"选项卡。先勾选"SSAM"行的"写入文件"属性,继续勾选"车辆记录"行的"写入文件"属性。具体的设置如图 17-2-1 所示。

单击"车辆记录"行的"更多"按钮弹出"车辆记录"窗口,单击"车辆记录窗口"左下方的"属性"按钮,弹出"车辆:选择特征属性"窗口,从窗口左侧用鼠标左键双击"交叉口状态"属性,如图 17-2-2 所示,这样"交叉口状态"属性被选中到窗口右侧的记录属性中。

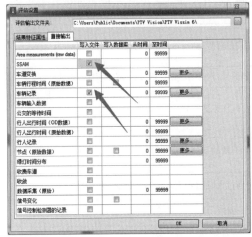

图 17-2-1 评估设置

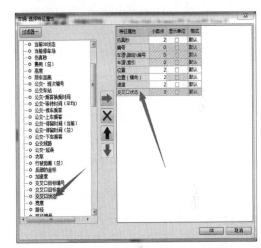

图 17-2-2 车辆记录属性设置

如果 VISSIM 软件的版本为 8.0 或者 9.0,可以根据截面(Section)范围记录车辆交互状态。具体如下:单击确定回到"车辆记录"窗口,在"车辆记录"窗口选中"截面的过滤器",然后鼠标左键单击右侧白框内的"1",这样,仿真过程中就会只记录 1 截面范围内的车辆驾驶状态。

单击确定回到"评估设置"窗口,继续单击确定关闭该窗口(需要说明的是,这里的"交叉口状态"属性对应的英文为 interaction state,实际的中文意思是"交互状态",软件中的"交叉口状态"为汉化时翻译错误)。

保存编辑好的文件。鼠标左键单击菜单栏的"仿真",弹出"仿真参数"窗口,将仿真运行速度设置为最大值,"多核数量"选项选择为使用所有的核。单击工具栏图标的"快速模式"图标,激活快速仿真模式。最后单击工具栏中的"连续仿真"按钮,开始仿真,直至仿真计算完成。

17.3 冲突数据分析

17.3.1 冲突数据内容

在仿真结束后,打开仿真文件所在的文件夹,可以找到一个后缀为 FZP 的文件,可以使用写字板打开该文件。

在打开的文件中可以看到一个以逗号分隔的列表,列表上方有各列数值的属性,最后一列为仿真统计的交互状态(Interact State)。对于车辆的交互状态在 VISSIM 中可以分为 11 种,具体见表 17-3-1。

VISSIM 中的车辆交互类型   表 17-3-1

状　　态	说　　明
自由的 (FREE)	车辆不受相关观察到的车辆所影响。尝试以期望的速度行驶,自由行驶(按 Wiedemann 的交通流模型中的行驶状态)
跟随(FOLLOW)	车辆尝试让前面人以它的速度跟随(按 Wiedemann 的交通流模型中的行驶状态)
安全距离外的制动 (BREMSBX)	刹车至所需的安全距离(到达安全距离前),靠近(按 Wiedemann 的交通流模型中的行驶状态)
紧急制动 (BREMSAX)	刹车至所需的安全距离(到达安全距离后)(按 Wiedemann 的交通流模型中的行驶状态)
靠近(CLOSE UP)	靠近至连续观察到的车辆或障碍物,例如信号灯、停车标志、优先规则、冲突区域
车道变换所需刹车 (ZX)	目标制动至紧急停车距离,以适合车道变换或减速区域
略微减速的刹车 (SPW)	车道变换时略微减速,为了等待相邻车道上从的下一空位
协调刹车(KOOP)	协调刹车,以便其他车辆进行车道变换(通过参数协调刹车的最大减速度设置)
外部控制(PELOPS)	通过外部 DriverModel-DLL 控制加速度/减速度
暂时走神(SLEEP)	参数暂时走神当前激活,这时既不加速也不刹车,除非紧急刹车
侧向间距影响 (PASS)	用以达到允许速度的加速度/减速度,取决于经过相同车道或相邻车道上其他车辆时的侧面间距

注:表中说明来源于 VISSIM 软件自带说明书 PTV AG。

表中 BREMSBX 表示的是车辆和前车距离还未小于但在接近所需的安全距离时的制动,而 BREMSAX 表示的是车辆和前车之间的距离已经小于安全距离的情况下车辆紧急制动。

17.3.2　利用 EXCLE 分析 VISSIM 直接输出的冲突数据

用写字板打开 FZP 文件,可发现其中记录的是每辆车在每个仿真步长的车辆交互状态情况,每行数据代表当前仿真时间步长的状态,并不是一次某种行为。例如,一次刹车行为可以持续 2s,VISSIM 会记录下这辆车在 2s 内每个一个仿真步长(例如 0.2s)的交互状态,这样一次持续 2s 的刹车可能会有 10 条车辆刹车状态记录,图 17-3-1 为 VISSIM 直接记录的车辆信息,其中最后一列为交互状态。

得到截面范围或者整个路网内所有的车辆状态信息后就可以通过其他的工具(例如 Excle)进行该交叉口车辆状态的统计分析,对于冲突行为也可以进行进一步统计。下面介绍一种方法,可以对 VISSIM 原始冲突数据进行数量统计。

首先在写字板中将原始文件的";"字符替换成 Tab 制表符(参照第 16 章的 16.1.5 小节)。然后将数据复制粘贴到 Excel 中。在 Excel 中仅保留$ VEHICLE：SIMSEC、NO、INTERACTSTATE 三列数据,分别为仿真步长对应的仿真时刻、车辆编号和交互状态。

将列 NO(车辆编号)按从小到大的顺序排列,同时扩展选定区域,保证每行其他两列数据与列 NO 的数据在行上保持一致,如图 17-3-2 所示。排序完成后就得到每辆车按仿真时刻的连续状态排列。

将 NO 列和 INTERACTSTATE 列复制粘贴到写字板中,将制表符替换成字符"－",在将替换好的数据复制粘贴到 Excel 中的新 Sheet 中,这样就得到一列以 NO-INTERACTSTATE 命名的车辆交互状态数据,如图 17-3-3 所示。

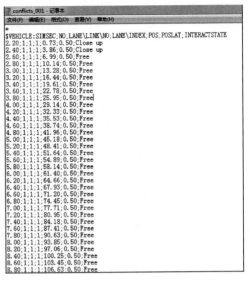

图 17-3-1　VISSIM 直接记录的冲突数据

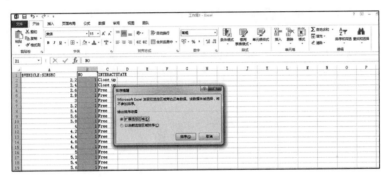

图 17-3-2　Excel 中的冲突数据排序

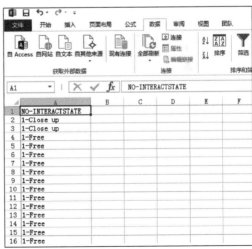

图 17-3-3　车辆交互状态数据

从车辆交互状态数据的排序和内容可知，这列数据是以车辆编号为主序，车辆交互状态为次序排列的。利用 Excel 中的数据分类汇总功能对排好序的 NO-INTERACTSTATE 进行统计，汇总方式可以选择计数(图 17-3-4)。

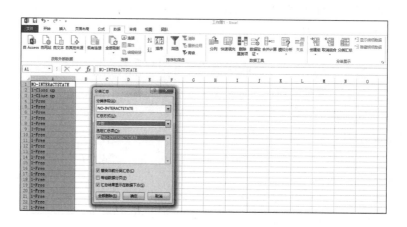

图 17-3-4　对车辆交互状态进行分类汇总

分类汇总统计计算计算结束后，可以得到一个三级目录分类的数据列表，单击第二级数据汇总就能得到每辆车的每个连续驾驶状态统计数据，如图 17-3-5a)所示。数据分为两列，第一列为车辆编号和车辆交互状态，第二列为该状态所持续的仿真步长数量，如图 17-3-5b)所示。本次冲突统计只统计车辆交互状态次数，不统计时间长度，因此只需要复制第一列数据到空白写字板中。

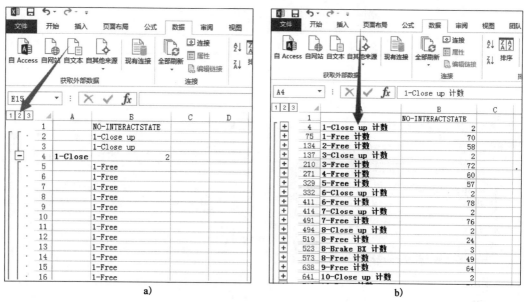

图 17-3-5　对车辆交互状态进行分类汇总

在写字板中将字符"-"替换为制表符"TAB"，将字符串"计数"替换为空字符，再将数据复制粘贴回 Excel 的空白 Sheet 中，就得到两列数据，一列为车辆编号，一列为车辆交互状态，如图 17-3-6 所示。

 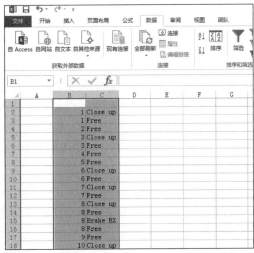

图 17-3-6 获取车辆交互状态数量

删除第一列数据,对第二列数据命名,例如"车辆交互类型",并进行排序(升序或降序都可以),再使用分类汇总对交互状态的数量进行统计,如图 17-3-7 所示。

图 17-3-7 车辆交互状态数量统计

通过以上步骤就可以得到在仿真过程中车辆所有的交互状态变化次数(包括车辆进入路网或统计区段时的初始状态),见表 17-3-2。由于本次模型只有单车道路段,只统计到 5 种交互状态类型。

车辆交互状态统计　　　　　　　　　　　　　　　　表 17-3-2

车辆交互类型	次　　数	车辆交互类型	次　　数
Brake AX	41	Follow	120
Brake BX	166	Free	517
Close up	199		

表中的交互类型与表 17-3-1 中的"BREMSAX"、"BREMSBX"、"靠近"、"跟随"、"自由的"相对应。

从表 17-3-2 中可以看到，仿真记录范围内车辆跟车状态为 120 次，与前车接近状态为 199 次，而由于交叉口的冲突导致的制动行为共有 166 + 41 = 207 次，其中，41 次为小于安全间距的紧急制动。紧急制动次数比例高低可能与车辆的速度限制以及相互让行交叉口相互冲突交通流的交通量大小关系有关。可以调整车辆期望速度以及交通流量再次进行仿真观测。

如果调整交通量数量或者冲突区域的规则，可以同样进行如上步骤的操作，得到不同情况下的冲突数据，对更大的更复杂交叉口也可以同样处理。这些统计的数据可以作为交叉口冲突分析的基础数据。

SSAM 的全称是 Surrogate Safety Assessment Model，是由美国交通部联邦公路管理局开发的一种基于车辆轨迹状态评估车辆交通冲突情况并进行统计分析的一种方法，并有相应的软件包。仿真过程中还记录了 SSAM 数据，在仿真 VISSIM 的文件夹中会找到一个后缀为 trj 的车辆轨迹文件，该文件为二进制文件，无法用写字板打开，但可以导入 SSAM 相关的软件。关于 SSAM 的具体解释，感兴趣的读者可以通过网络查找进一步学习。

了解美国交通部联邦公路管理局相应网页说明可访问如下链接：
https://www.fhwa.dot.gov/publications/research/safety/08049/